高等院校精品课程系列教材

中国政法大学创新创业精品教材

# 股权设计与股权激励

EQUITY DESIGN AND EQUITY INCENTIVE

王宏哲 著

机械工业出版社
CHINA MACHINE PRESS

本书是一本针对中小企业的公司治理教程，是对以大公司为对象的传统治理理论反思的知识创新。由于中小规模或初创企业的股权通常集中于企业家股东及其合伙人手中，因此企业家股东成为公司治理的关键。从这一视角出发，本书以企业家股东为主体，展示企业家股东与其他主体之间的股权关系，内容包括：中小公司需要股权治理、股权结构设计、合伙人制度的股权建构、企业家股权控制与反控制、股权融资中的控制权博弈、股权激励概述、股权激励方案要素等。本书的目标是为企业家股东、创业者及创业服务者铺展一条明晰的治理路径，帮助他们深入理解股权治理的基本原则，树立正确的股权观念，并在实践中有效管理内部股权关系，从而推动企业健康、持续发展。

本书适合作为工商管理、财务管理、金融学、创业管理、法学等专业的教材，也可供企业创始人、管理者等阅读参考。

#### 图书在版编目（CIP）数据

股权设计与股权激励 / 王宏哲著． -- 北京：机械工业出版社，2025．2． --（高等院校精品课程系列教材）．
ISBN 978-7-111-77294-1

Ⅰ．F272.923

中国国家版本馆 CIP 数据核字第 2025RN0176 号

机械工业出版社（北京市百万庄大街22号　邮政编码100037）
策划编辑：伍　曼　　　　　　　　责任编辑：伍　曼　章承林
责任校对：杜丹丹　杨　霞　景　飞　责任印制：张　博
北京联兴盛业印刷股份有限公司印刷
2025年2月第1版第1次印刷
185mm×260mm・12.75印张・274千字
标准书号：ISBN 978-7-111-77294-1
定价：59.00元

| 电话服务 | 网络服务 |
| --- | --- |
| 客服电话：010-88361066 | 机　工　官　网：www.cmpbook.com |
| 　　　　　010-88379833 | 机　工　官　博：weibo.com/cmp1952 |
| 　　　　　010-68326294 | 金　书　网：www.golden-book.com |
| **封底无防伪标均为盗版** | 机工教育服务网：www.cmpedu.com |

# 前 言
PREFACE

对中小公司或创业公司来说,为什么公司治理教材中的治理知识"中看不中用"?为什么公司法中有关董事会、监事会和经理的规定与中小公司关联性较弱?难道中小公司就不需要治理吗?有没有一套适用于中小公司治理需求的知识体系?这些"中小公司治理之问"的实质是在追问:现有公司法和公司治理理论为什么不能满足中小公司的治理需求?因而,必须在现有公司法和公司治理理论的基础上,找到一个新的视角,建构出一套适合中小公司的治理知识体系。本书就是一本回应中小公司治理知识需求的教材。

现有公司法和公司治理理论忽视了中小公司。现有公司治理理论的基础是所有权(控制权)与经营权的分离。分离与他营衍生出代理问题。基于这种认识,公司法以"模范公司"为对象,设置了股东会、董事会、监事会和经理层等治理组织,并配置了权限和责任。但现实是只有大公司才会出现分离与他营现象。公司发展阶段是理解公司类型、公司治理问题及治理体制机制的关键。如果把中小公司看作公司发展的"前半段",很显然,现有公司法和公司治理理论仅回应了公司发展的"后半段"。大公司(尤指上市公司等公众公司)具有广泛的社会影响力,需要利用法律提供具有强制力的治理指引,以避免其治理失败引发的政治、经济和社会危害。所以,现有公司法和公司治理理论将重点放在了大公司,而弱化了与中小公司的关联,导致中小公司无法从中获得治理指引。

中小公司的治理中心是"企业家股东"。传统公司治理理论以大公司为对象,以所有权、控制权与经营权的分离为基础,将公司治理中心分为"经理中心""股东会中心"和"董事会中心"。但越来越多的学者发现:不管企业规模与发展阶段如何,只要股权结构不分散,董事会和股东会就会被控股股东控制,必然会出现"控股股东中心"这一现象。这一点在中小公司和创业公司中体现得最为明显。由于股权集中在企业家股东及其合伙人手中,因此,股东所有(股权)、股东经营(自营)和股东控制(股权控制)实现了"三位一体"。这使得,一方面,公司治理权力直接归属于股东,董事会、监事会和经理被虚置;另一方面，拥有最多股权的企业家股东更容易控制和支配股东会，进而实现个人治理，因为企业家股东以其股权优势、创始地位和个人权威等，使合伙人处于绝对服从地位。企业家股东控制了股东会，法律规定的会议式集体治理变成事实上的个人治理。所以，必须认真对待企业家股东在中小公司中的股权治理地位和价值！

本书就是以企业家股东为治理核心，以股权为治理工具，通过全面深入解析企业家股东与合伙人、员工和投资人之间的股权关系来展示企业家股东对中小公司的股权治理过程。本书第1章基于上述认识，阐述股权治理的必要性及其知识框架；第2章讲述企业家股东作为中小公司股权结构的建构者应如何分配股权；第3章讲述企业家股东如何建构合伙人制度，实现治理核心与合伙人集体之间的平衡；第4章讲述企业家股东与公司的股权关系，展示企业家股东如何通过股权控制公司；第5章讲述企业家股东与投资人之间的股权关系，重在阐述二者围绕公司控制权展开的博弈；第6章和第7章分别从理论和操作角度讲述企业家股东和员工之间的股权激励关系。

作为"股权治理教程"，本书旨在提供以治理理论为基础的、体系化的股权知识。为此，对读者有三点期望：第一，希望读者认真对待股权治理，将其视为一门科学的治理知识，不要夸大本书或其他股权书籍提供的股权技巧；第二，本书作为教材，除用以创业创新教学外，希望创业者（企业家股东），尤其是高科技创业者，能作为股权自学手册，通过自学来掌握股权治理的基本知识和原理，建立起自己的股权思维和认知；第三，本书所述知识也属于"创新"，必然存在缺失，希望读者能有针对性地提出意见和建议，以便帮助作者完善和改进！

王宏哲

邮箱：hongzhewang@sina.com

电话（微信）：13910820957

# 目录
## CONTENTS

前　言

**第1章　中小公司需要股权治理** ⋯⋯⋯⋯ 1
1.1　大公司治理 ⋯⋯⋯⋯⋯⋯⋯⋯⋯⋯ 1
1.2　被忽视的中小公司治理 ⋯⋯⋯⋯ 9
1.3　股权治理：第二种公司治理 ⋯ 14
本章小结 ⋯⋯⋯⋯⋯⋯⋯⋯⋯⋯⋯⋯⋯ 24
批判性思考 ⋯⋯⋯⋯⋯⋯⋯⋯⋯⋯⋯⋯ 24

**第2章　股权结构设计** ⋯⋯⋯⋯⋯⋯⋯ 25
2.1　股权结构是公司治理的基础 ⋯ 25
2.2　最坏的股权结构 ⋯⋯⋯⋯⋯⋯⋯ 33
2.3　最好的股权结构 ⋯⋯⋯⋯⋯⋯⋯ 40
2.4　对待股权结构的正确态度 ⋯⋯ 45
本章小结 ⋯⋯⋯⋯⋯⋯⋯⋯⋯⋯⋯⋯⋯ 53
批判性思考 ⋯⋯⋯⋯⋯⋯⋯⋯⋯⋯⋯⋯ 53

**第3章　合伙人制度的股权建构** ⋯⋯ 54
3.1　合伙主体：企业家及其合伙人 ⋯ 54
3.2　合伙人制度的股权基础 ⋯⋯⋯ 63
3.3　合伙人制度的主要内容 ⋯⋯⋯ 74

3.4　阿里巴巴的合伙人制度评析 ⋯ 85
本章小结 ⋯⋯⋯⋯⋯⋯⋯⋯⋯⋯⋯⋯⋯ 88
批判性思考 ⋯⋯⋯⋯⋯⋯⋯⋯⋯⋯⋯⋯ 88

**第4章　企业家股权控制与反控制** ⋯ 89
4.1　控制的治理价值与分类 ⋯⋯⋯ 89
4.2　企业家的直接股权控制 ⋯⋯⋯ 97
4.3　企业家的间接股权控制 ⋯⋯ 103
4.4　反控制与企业家自律 ⋯⋯⋯ 108
本章小结 ⋯⋯⋯⋯⋯⋯⋯⋯⋯⋯⋯⋯ 114
批判性思考 ⋯⋯⋯⋯⋯⋯⋯⋯⋯⋯⋯ 115

**第5章　股权融资中的控制权博弈** ⋯ 116
5.1　治理视角的股权融资 ⋯⋯⋯ 116
5.2　控制权转移：融资与对赌 ⋯ 124
5.3　特别表决权股 ⋯⋯⋯⋯⋯⋯⋯ 131
5.4　投资协议中的控制博弈 ⋯⋯ 138
本章小结 ⋯⋯⋯⋯⋯⋯⋯⋯⋯⋯⋯⋯ 144
批判性思考 ⋯⋯⋯⋯⋯⋯⋯⋯⋯⋯⋯ 144

# 第6章 股权激励概述 ·············· 145
## 6.1 股权激励理论 ················· 145
## 6.2 员工持股的中美路径 ········· 154
## 6.3 股权激励模式 ················· 163
本章小结 ······························· 172
批判性思考 ··························· 172

# 第7章 股权激励方案要素 ········ 173
## 7.1 目的、模式、时点与来源 ········ 173
## 7.2 激励对象与持股数量 ········· 177
## 7.3 价格、条件与时间 ············ 183
## 7.4 期权池、持股平台、退出机制、异动与争议解决 ··············· 189
本章小结 ······························· 196
批判性思考 ··························· 196

# 参考文献 ··························· 197

# 第 1 章
CHAPTER 1

# 中小公司需要股权治理

在对以大公司为对象的治理理论反思的基础上,本章指出现有公司治理理论不能为中小公司提供有效指导,必须建立一种符合中小公司特点,解决中小公司治理问题的治理理论。而股权治理是满足中小公司治理的一种探索,本章重在建构股权治理的基本知识,如概念、理论、特征和知识体系等。

## 1.1 大公司治理

现有公司治理结构、机制及其理论源于西方。自改革开放以来,特别是公司法制定肇始,以国有企业公司化为基础,我国逐渐引入了西方公司治理系列制度与观念。经过几十年的实践,无论是从国有企业、上市公司,还是从中小公司角度,都需要对现有公司治理理论与制度进行梳理,并深思与质疑,找寻其与中国实践的适配之路,以期可以实现用"西方知识"解决"中国问题"的目的!

### 1.1.1 公司治理定义与历史

股权治理,意为"股东之股权关系治理",它并不是"无根之草",其根是公司治理,它是公司治理体系中的内部治理中的股东治理。因此,公司治理就是股权治理研究的起点。只有回到公司治理,才会发现股权治理的定位和价值。

**1. 代表性定义**

公司治理是从英文"Corporate Governance"直译而来的,学界将公司治理结构、法人治理结构与公司治理交替使用,也有学者将此解释为公司机关权力构造、公司管制和公司治理机制等。

无论在经济学、管理学和法学领域，公司治理都变成了一个世界性话题[一]，但国际上并未对其形成统一的定义。中外学者从各自视角给出了公司治理的定义，以下是我国著述中常见的几种定义，其中境外学者的观点包括：其一，特里克尔（R.L.Tricker）认为，公司治理结构是指对现代公司权力结构进行划分和具体行使公司权力的过程，公司治理并不关心公司运行，而是给企业提供全面的指导，监控管理中的行为，以满足超过企业边界的利益主体的合法预期。[二]其二，柯林·梅耶（Colin Mayer）认为，公司治理是在现代市场经济中公司所有权与控制权相分离的前提下产生的，是公司对外代表和对内服务于它的投资者利益的一种组织安排，它包括从企业董事会到执行人员激励机制的一切过程。[三]其三，青木昌彦和钱颖一认为，在经济学家看来，公司治理结构是一套制度安排，用来支配若干在企业中有重大利益关系的团体——投资者（股东和贷款人）、经理人员、职工之间的关系，并从这种联盟中实现经济利益。公司治理结构包括：如何配置和行使控制权；如何监督和评价董事会、经理人员和职工；如何设置和配置激励机制。[四]

国内学者的代表性定义有：张维迎认为，公司治理包括狭义和广义两种定义，他认为狭义的公司治理是指有关公司董事会的功能、结构、股东的权利等方面的制度安排，而广义的公司治理是指有关公司控制权和剩余索取权分配的一整套法律、文化和制度性安排。[五]李维安也认为，可以从广义和狭义两个角度来理解公司治理。狭义的公司治理是指所有者（主要是股东）对经营者的一种监督和制衡机制，其主要特点是通过股东大会、董事会、监事会和管理层构成的公司治理结构进行内部治理；广义的公司治理则是通过一套包括正式或非正式的内部或外部的制度或机制来协调公司与利益相关者（股东、债权人、供应者、雇员、政府、社区）之间的利益关系。[六]

### 2. 公司治理历史

公司治理实践是随着公司制组织形式的出现而产生的，如果以东印度公司1600年的设立作为标志，公司治理实践已经有400多年的历史。[七]但作为认真对待的制度和知识而言，无论在西方，还是我国，公司治理都是新事物，不同的是，发达的商业文化和丰富的公司实践在西方催生出体系化的公司治理制度和理论。

---

[一] 李建伟. 公司制度、公司治理与公司管理：法律在公司管理中的地位与作用［M］. 北京：人民法院出版社，2005.
[二] 吴淑琨，席酉民. 公司治理与中国企业改革［M］. 北京：机械工业出版社，2001.
[三] 费方域. 企业的产权分析［M］. 上海：上海三联书店，1998.
[四] 青木昌彦，钱颖一. 转轨经济中的公司治理结构：内部人控制和银行的作用［M］. 北京：中国经济出版社，1995.
[五] 张维迎. 企业理论与中国企业改革［M］. 北京：北京大学出版社，1999.
[六] 李维安. 公司治理［M］. 天津：南开大学出版社，2001.
[七] 李维安，郝臣，崔光耀，等. 公司治理研究40年：脉络与展望［J］. 外国经济与管理，2019，41（12）：161-185.

1932年伯利（Berle）和米恩斯（Means）在《现代公司与私有财产》中，首次对所有权和控制权这一公司治理核心问题进行了探讨，被学术界认为是公司治理产生的标志，"公司治理从其理论渊源来说，出现在所有权与控制权分离之后"㊀。公司治理之所以在西方被先构造出来，且被实践重视，是由一系列公司失败的事件所引起的。"公司治理在今天成为'显学'，在很大程度上是由于自20世纪90年代初开始，在世界范围内曾经先后出现过三次比较重要的历史事件。这些事件依次是《卡德伯利报告》的公布、亚洲金融危机和以'安然事件'为核心的美国公司治理危机。"㊁20世纪80年代，英国不少著名公司相继倒闭，引起了社会各方对公司治理的广泛讨论。英国伦敦证券交易所在1991年成立了专门负责调研和研究公司治理问题的卡德伯利委员会（Cadbury Committee）。该委员会于1992年提交了《卡德伯利报告》（公司治理的财务方面、董事会最佳行为准则）。该报告的重点是强化公司内部控制，提出建立审计委员会，以强化内部审计的日常监督功能等。亚洲金融危机使各国从国际整体视角关注公司内部治理问题，公司治理逐渐成为世界议题。经济合作与发展组织（OECD）在1998年成立了"公司治理原则专门委员会"，并发表了《公司治理原则》。在各种国际组织的共同关注和努力下，大多数国家都开始重视本国公司治理问题。2001年开始并集中爆发于2002年的系列美国公司丑闻（安然公司、安达信、世界电信公司、施乐公司、美林证券等），引发了美国监管政策、会计制度、法律制度和上市公司规则等一系列改革。"安然事件"引起了美国乃至全世界对公司治理问题的深刻重视！

我国传统的公司治理研究重点在国有企业和上市公司，而关于民营企业的治理研究主要从经济学和管理学的角度出发。㊂首先，国企治理是以国企改革形式推进的。计划经济时期，国家对企业采取"统收、统支和统配"政策，国企没有自主权，并不是真正意义上的企业。改革开放后，为解决企业缺乏经营自主权、工人缺乏生产积极性和企业效率低下等问题，我国不断探索国企治理的各种方式。1978—1987年为放权让利阶段，通过一系列政策，让部分企业从行政性扩权中得到经营自主权、独立财产权和利润支配权等，企业有了一定活力，但同时带来了"内部人控制"现象；1987—1992年为承包经营责任制阶段，将企业经营权承包给经营者，让经营者获得完全的自主权，但结果并不理想，一方面企业未完全摆脱行政干预，另一方面经营者的短期行为使企业长期受损；随着改革的深入，发现前述国企改革并未触及产权制度，于是，1993年11月，十四届三中全会提出了建立现代企业制度，随后，《中华人民共和国公司法》（以下简称《公司法》）颁布，开启了股份制治理探索时期。2003—2013年加大股份制改革力度，成立了国资委，推进国有企业董事会建设，探索外部董事制度，朝着现代法人治理体系不断迈进。2013年至今国企治理呈现出新的特征，一方面董事会制度进一步完善，外部董事及其过半数探索获得良好效果，2023年公司

---

㊀ 欧阳文和，杜焱. 中欧中小企业公司治理比较[J]. 商业时代，2005（27）：37-38.
㊁ 宁向东. 公司治理理论[M]. 北京：中国发展出版社，2005.
㊂ 田莉莉. 从公司法的角度探讨民营企业公司治理结构的改革与完善[D]. 金华：浙江师范大学，2013.

法⊖已经将此制度作为法律确定下来⊜，另一方面党的领导与法人治理体系深度融合，党委成为国企领导核心，党的领导写入了国有公司章程，党委前置程序也普遍推行，以纪委为中心的"大监督体系"发挥着核心监督功能。此外，相较于不断变化和深入探索的国有企业治理制度，上市公司的治理结构和机制相对成熟，《公司法》和《中华人民共和国证券法》（以下简称《证券法》）均保持相对稳定性，股东大会和董事会在上市公司治理中发挥着基础作用，监事会和独立董事共同监督经理层。尽管依然存在着许多问题，如大股东损害公司利益、独立董事"不独立"、监事会"虚置"等，但整体上，我国上市公司治理结构和机制与世界通行治理原则相吻合。

### 1.1.2 委托代理理论

尽管公司治理理论有管家理论、利益相关者理论等，但最重要也最具代表性的公司治理理论是委托代理理论（Principal-Agency Theory）。"委托代理理论是过去30多年里契约理论最重要的发展之一。它是20世纪60年代末70年代初，一些经济学家不满Arrow-Debreu（阿罗－德布鲁）体系中的企业'黑箱'理论，而深入研究企业内部信息不对称和激励问题发展起来的。"⊜"委托代理理论一经引入公司治理研究领域，就很快牢牢地占据经济学对公司治理研究的制高点。"⊕

**1. 代理问题与解决策略**

委托代理理论的核心观点是：在委托人向代理人委托一项任务后，因为两者利益不一致，且没有有效机制对代理人的代理行为进行监督，所以，可能会出现代理人出于自身利益而做出一些机会主义行为（懒惰、腐败等），这些行为可能会损害委托人的利益，这就是代理问题。委托代理理论对公司治理具有极强的解释力：在公司所有权与控制权分离，股东不直接参与公司治理，而聘请职业经理人来管理公司的过程中，就产生了股东和经理人之间的代理问题。

委托代理理论在"经济人"基础上，用如下两个基本假设来解析代理人和委托人之间的冲突关系：首先，委托人和代理人之间存在着终极的利益冲突，因为双方都是经济人，各自行为的目标都是自身利益的最大化，而一旦进入委托代理关系中，双方利益最大化的方向却是相反的，代理人关心的是自己的收益，而委托人关心的则是代理人的行为结果，代理人收益的最大化和代理人结果的最大化是不一致的，这是二者利益冲突的根源。而代

---

⊖ 《中华人民共和国公司法》由中华人民共和国第十四届全国人民代表大会常务委员会第七次会议于2023年12月29日修订通过，2024年7月1日起施行。本书如无特别注明，《公司法》即2023年《公司法》。

⊜ 《中华人民共和国公司法》第一百七十三条第二款："国有独资公司的董事会成员中，应当过半数为外部董事，并应当有公司职工代表。"

⊜ 刘有贵，蒋年云. 委托代理理论述评[J]. 学术界，2006（1）：69-78.

⊕ 闫冰. 代理理论与公司治理综述[J]. 当代经济科学，2006（6）：80-85；125.

理人为使自己收益最大化，就有可能利用委托人委托的决策权、资源、机会等来谋取自己的利益。其次，委托人和代理人之间存在着信息不对称。委托人无法时刻观察到代理人的工作，无法判定代理人的努力程度，也无法及时督促代理人，但代理人对自己在工作中是否勤奋和廉洁却非常清楚；另外，代理人对其工作中发生的情况最为清楚，其了解代理过程中的机会或风险，而如果代理人不如实且及时汇报的话，委托人就难以了解到这些信息。这样，在委托人和代理人之间就产生了"信息鸿沟"，代理人拥有的信息优势可反向激励其谋取自身利益最大化的同时损害委托人利益。

由于代理问题源于以上两个冲突，同时，也通过假设还原了冲突的来源，因此，公司治理就是提供一系列制度去促使经理完全按照股东的意思行事，确保股东对董事和经理进行有效控制，在激发董事和经理的积极性的同时保障股东的利益。公司治理结构就是在股东会、董事会和经理之间分配公司权力，形成公司权力的制衡和监督关系，同时，设计诸多具体体制来实现以上治理目的。委托代理理论就解决代理问题给出了两种策略：监督和激励。㊀其中，两职分离、独立董事和股权激励是三种最常用的解决方案。两职分离是指将董事长和总经理两个职务分配给两个人，避免因一人同时担任两个职务而导致权力过大，从而产生内部控制和腐败，董事和经理有明显界限，也利于对经理层的监督。独立董事承担内部监督职责，相比外部的监事会或其他监督者而言，独立董事可在事中从内部人视角对内部董事构成制衡，更重要的是对经理及时监督。如果说前两个策略是探索更好地对经理人进行约束或监督的话，那么，股权激励则作为激励策略被寄予厚望，它通过激励契约让董事或经理获得长期且高额的回报，以满足董事或经理的期望，进而，让董事和经理确立"像股东一样思考"的思维和立场。

**2. 代理类型**

在公司治理中，如以公司权力或股东权利为线索，从权力或权利生成到运行结束，会发现存在多个委托主体和代理主体，一个代理主体同时又是另一个代理关系中的委托主体。委托代理理论已由传统的双边委托代理理论发展成多代理人理论、共同代理理论和多任务代理理论。㊁

"委托代理理论逻辑的起点是所有权与控制权的分离"㊂，而两权之所以能分离是因股权分散导致。公司的发展，如果导致股权从集中转向分散，使公司规模扩大，而股东又难以自营，那么公司就不得不雇用经理人来经营，结果就是股东将公司经营权让渡给了经理人。这样，第一种代理关系就自然产生了。需要注意的是：第一种代理关系不是普遍的，而是受限的，仅会产生于股权分散场景。因而，第一种代理关系虽然是最早"被发现"的，并成为公司治理理论和制度最先被研究和规范的代理关系，但它仅多见于上市公司、非上市公众公司等，以及美国、英国等股权分散的国家。

---

㊀ 罗培新. 公司法的法律经济学研究 [M]. 北京：北京大学出版社, 2008.
㊁ 刘有贵, 蒋年云. 委托代理理论述评 [J]. 学术界, 2006（1）：69-78.
㊂ 闫冰. 代理理论与公司治理综述 [J]. 当代经济科学, 2006（6）：80-85；125.

在股权集中的公司或奉行股权集中文化的国家和地区，人们发现第一种代理关系难以解释其中的治理难题。在传统代理理论中，股东被同质化对待。"传统公司代理理论与制度基于股东'同质化'假定的逻辑基础而展开……"[一]，基于"资合性"原理，将股东的表决权、利益、目的等同等对待，却忽视了股东之间的"事实差别"。法律作为一种规范，基于"应然"，赋予股东之间平等地位，使得不同持股主体的股权得到平等法律保护。但法律无法从事实角度来区分股东持股数量、控制力量、持股目的等差别，其结果是：因"资本多数决"导致的股东之间的事实不平等被掩盖！所以，"异质化"是审视股权结构集中的公司治理特性及问题的关键之处。管理学学者用实证方法揭示并验证了这一问题，同时指出了第二种代理关系，即大股东与小股东之间存在着代理关系，这是委托代理理论发展的现代形态。由于股权集中是我国公司股权结构的主要特征，所以，我国公司治理不同于美国的代理问题，主要是第二种代理问题。对中小公司而言，第二种代理问题更为突出，因而，建构以大股东或控制股东为核心的公司内部治理理论就尤为重要。

代理就是做别人的事情。如此观之，代理是一种普遍存在的社会现象。除上述两种代理关系外，还存在诸多代理关系，如"股东大会和董事会的关系，实际上是代理与被代理关系、委托与被委托关系"[二]，再如，执行股东与非执行股东之间、内部董事与外部董事之间、董事长与董事会之间、货币所有者与技术所有者之间等都存在代理关系。

### 1.1.3 公司治理制度

公司治理制度主要包括哪些内容？这些制度的目的是什么？公司治理教材对这些问题做了系统而翔实的回答。国外公司治理教材的内容主要集中在董事会，而我国公司治理教材包括三大知识模块：公司治理理论、公司治理结构和治理机制。下面将从治理主体、治理模式和治理机制三方面来讲述公司治理制度的主要内容。

**1. 治理主体**

公司治理结构的核心是治理主体及其相互关系。公司治理主体主要有股东、董事、监事和经理。这些主体皆通过各自组织参与公司治理。每种组织的组织原则和运行方式因权责和职能有所不同。股东会被定义为公司权力机构，由董事会召集，其是所有出资人的集合，按持股比例各自表决，采用"一股一票"表决原则；董事会则是作为股东会的代理人，被定义为最高执行机构，可由股东董事和非股东董事共同组成，采用委员会组织方式和"一人一票"表决原则；监事会职责为监督，监督对象主要是经理，当然，也包括董事；经理是董事会选择的执行人，其内部采用科层制管理方式。

---

[一] 汪青松，赵万一. 股份公司内部权力配置的结构性变革：以股东"同质化"假定到"异质化"现实的演进为视角[J]. 现代法学，2011，33（3）：32-42.
[二] 刘彦文，张晓红. 公司治理[M]. 北京：清华大学出版社，2010.

《公司法》第五十九条规定了股东会的九种职权,其中"公司章程规定的其他职权"为兜底条款,其为意定条款,由股东经合意程序设定股东会法定职权外权力;"修改公司章程"则为程序性条款,目的是监督公司章程,使其符合股东集体的意愿。其他条款则为法定职权,根据内容可分为:第一类是决定公司根本体制之职权,如"对公司合并、分立、解散、清算或者变更公司形式作出决议";第二类是决定公司财务之职权,如"审议批准公司的利润分配方案和弥补亏损方案""对公司增加或者减少注册资本作出决议""对发行公司债券作出决议"等;第三类是监督公司运营之职权,如"审议批准董事会的报告""审议批准监事会的报告"与"选举和更换董事、监事,决定有关董事、监事的报酬事项"等。从治理视角反观股东会权力,可见:其一,股东会是公司最高权力机关,其他治理主体的权力皆来自股东会,董事会、监事会和经理不得僭越股东会权力;其二,由于股东会确立的是公司的根本体制以及公司最重要的决策,因此,其不能"盲动"。股东会会议次数一般较少,这决定了股东会本质上是一种消极治理主体,其被动特点让股东会容易被大股东或控制性股东操纵。因此,"股东会中心主义"治理理念被不断质疑和挑战!

《公司法》第六十七条规定了董事会的十种职权,依然包括一个兜底性条款,即"公司章程规定或者股东会授予的其他职权"。董事会的法定职权分为两类,第一类是服务类职权,即服务股东会,帮助股东会实现其决策权,包括"召集股东会会议,并向股东会报告工作""执行股东会的决议""制订公司的利润分配方案和弥补亏损方案""制订公司增加或者减少注册资本以及发行公司债券的方案""制订公司合并、分立、解散或者变更公司形式的方案";第二类职权是董事会的自我职权,包括"决定公司的经营计划和投资方案""决定公司内部管理机构的设置""决定聘任或者解聘公司经理及其报酬事项,并根据经理的提名决定聘任或者解聘公司副经理、财务负责人及其报酬事项"和"制定公司的基本管理制度"。

《公司法》第七十八条规定了监事会的七种职权,除兜底条款"公司章程规定的其他职权"外,监事会拥有如下监督权力:第一类是对人(董事和高管)的监督,如"对董事、高级管理人员执行职务的行为进行监督,对违反法律、行政法规、公司章程或者股东会决议的董事、高级管理人员提出解任的建议"和"当董事、高级管理人员的行为损害公司的利益时,要求董事、高级管理人员予以纠正";第二类是对事的监督,如"检查公司财务";第三类是利用股东会进行的监督,如"提议召开临时股东会会议,在董事会不履行本法规定的召集和主持股东会会议职责时召集和主持股东会会议"及"向股东会会议提出提案";第四类是利用诉讼权的监督,如"依照本法第一百八十九条的规定,对董事、高级管理人员提起诉讼"。

### 2. 治理模式

从国际公司治理比较视角,各国因历史文化、法律体系和公司制度等的不同,形成了英美的外部治理模式、德日的内部治理模式和我国的公司治理模式等主要治理模式。

英美公司治理模式也被称为"单层董事会治理模式"或"一元治理模式",在这一模式中，董事会是公司治理的核心组织，没有监事，监事会的监督职责由董事会中的独立董事来履行。英美公司治理模式的特征主要有：外部力量（资本市场、经理人市场、监管机关等）对公司治理起着重要监督作用；独立董事或外部董事在董事会中占多数；经理人市场成熟；公司信息披露较好；经理人报酬中股权激励占比较大等。英美公司的治理模式如图1-1所示。

德国公司对银行资本依赖度较高，职工也深度参与公司治理，所以，银行和职工成为两个重要治理主体。日本公司以"债权人相机治理"和法人交叉持股为特征。这两个国家的公司治理与其国家治理的集权特征有关。内部治理的主要特征表现为德日公司中均有严密的股东监控机制。在德国公司中有"双层董事会"，即负责业务的执行董事会和负责监督的监督董事会，而且，为强化监督，执行董事会由监督董事会产生。另外，德国有系列法律保证职工对公司治理的参与，职工不仅进入董事会，也进入监事会，形成了德国特色的职工参与制。在日本，银行通过股东会对公司进行实际监控。德国公司的治理模式如图1-2所示。

图 1-1　英美公司的治理模式

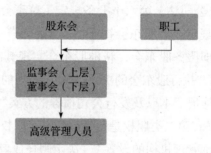

图 1-2　德国公司的治理模式

我国《公司法》在借鉴日本公司治理模式的基础上，形成了自己的公司治理模式，如图1-3所示。尽管2023年新《公司法》采用了灵活治理模式（允许企业选择单层治理模式），但整体上仍然延续了图1-3显示的治理模式。

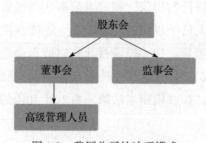

图 1-3　我国公司的治理模式

**3. 治理机制**

公司治理结构是基础制度，是对公司权力进行的划分，而公司治理机制则是公司治理的技术、方法或手段。

内部审计、企业文化、资本市场、经理人市场、信息披露和利益相关者制度等都是公司治理的切入点，但高级管理人员的激励与约束却是公司治理的基础机制。只有高级管理人员与股东利益一致和行动一致，才能更好地实现股东目的。所以，设计良好的激励与约束机制是现代公司治理的重中之重。在公司外部，形成有效的经理人市场，通过市场竞争、道德约束和法律体系，使高级管理人员珍惜自己声誉，约束自己的职业行为；在公司内部，通过非经济利益方式，如培训、带薪假和荣誉感等促使经理人努力工作，同时，主要通过经济利益，如年薪、股票期权等方式，让经理人获得良好经济回报，与股东积极沟通，实现二者的"良性合谋"。

## 1.2 被忽视的中小公司治理

公司治理知识属于实践性知识，其价值在于解决公司治理问题。当公司治理知识和制度不能解决所遇到的问题时，人们必然反思既有治理知识的有效性。从中小公司治理需求视角来反思现有公司治理理论和制度，是一个可能产生新知识的途径。

### 1.2.1 现有公司治理反思

用苏格拉底式的追问方式，从眼前表象入手，逐渐探究其原因，只有如此，方可找到问题之所在。依此方法，对公司治理的反思与追问，就必须从"公司"和"治理"两个词分别展开。

**1. "公司"的两个反思**

公司的本土反思。这是一种已经被治理实践和治理研究关注并深入反思了的视角。在我国，存在着公司治理知识与治理实践显著背离的现象：一方面，从西方借鉴而来的公司治理知识，经学者的译介和知识加工，其理论日益深厚，体系愈加庞杂，知识更新已经与国际同步；但另一方面，国企治理和上市公司治理在借鉴德日和英美治理模式的基础上，明显走上有中国特色的公司治理道路。背离的结果是：西方公司治理知识对中国公司治理实践（尤其是国企治理）的指导性并未如公司治理知识那样繁荣向上，西方知识与中国实践日渐疏离。作为一套制度与策略体系，公司治理是实践反思的结果。由于西方国家公司发展较早，形成了领先于非纯粹市场经济国家的公司治理理论、制度、机制与文化。其他国家作为后来者，都走上借鉴和模仿英美与德日的公司治理制度与知识的道路。与其他制度性移植活动一样，后发展国家经过移植后，都会走向本土化，因为移植的目的不是复制，而是创造出适合各自国家特色的治理制度。从我国公司实践来反思现有公司治理知识是实现我国公司治理本土化的必经之路。我国国企公司治理探索出了党组织是国企领导核心和政治核心、党委前置等本土化制度，同时也移植了西方国家的外部董事及其在董事会中过半数等治理制度。

公司规模和阶段反思。现有公司治理制度和知识与大公司紧密相连。上市公司是公司治理研究的主要对象。[1] 公司不能等同于大公司。大公司有其明显特征：首先，大公司资金雄厚（有的上市公司价值超过中小国家的 GDP），收入与利润巨大，员工数量多（有的上万或数十万人），分支机构多（如跨国公司的分支机构遍布全球），这些大公司多为上市公司或公众公司。其次，大公司股东数量较多，股东之间关系多为陌生关系（公司的资合性就来自公司的股份属性），股权结构分散，股东难以直接治理；再次，大公司组织健全，管理水平高，集团化能力强；最后，大公司与国家法律和政策关系密切，甚至可以影响到国家法律和政策的制定。上述特征决定了大公司社会影响大，容易引起国家和社会关注，所以，该等公司的内部治理会引起国家和社会的介入，这就是西方公司制度发达国家最先产生公司治理制度的原因。在这个意义上，是大公司催生了现代公司治理理论和制度，但这种现代公司治理仅为大公司的治理！这种知识来源和制度指向就决定了现有公司治理制度和知识具有其内在局限性，即其指向主要是大公司或成熟公司。

### 2. "治理"的两个反思

谁来治？在大公司视野下，治理主体呈现出非股东化、组织法定化和专业化特征。当公司发展到一定规模后，组织机构便会多样，组织事务也会繁杂，同时也需要对组织进行监督，这些因规模扩大导致的治理难度加大和管理层次增加，使股东难以直接治理和管理，不得不雇用专业经理人来经营公司。前述所讲委托代理理论就是对这种状态的描述。由于股东不能直接经营公司，这使"统治""管制"或者"管理"公司不得不借助复杂制度来实现。董事和经理作为职业也在此背景下产生。组织法定化意味着大公司的组织结构是由法律强制规定的，公司法在这个意义上被法学家称为"公司组织法"，尽管各国公司法关于公司组织规定的强制性与任意性关系不同，但整体上，公司组织都是法定的。其中股东会、董事会是所有国家公司法中规定的必备组织，而监事会和经理因国家治理理念差别，稍有不同。比如我国《公司法》对有限责任公司并不强制要求设置经理。治理组织法定化的另一个体现是该等治理组织职权的法定化。从深层次而言，治理组织法定化体现了公司法对大公司治理的强制要求，也反映了大公司治理与国家治理的潜在同构特性，毕竟，公司治理本质是国家治理的一部分。治理组织的法定化为公众对公司的预测或公司公开交易（股票市场）提供了基本标准。董事和经理的职业化与专业化保证大公司的间接治理（非股东直接治理）能最大程度地实现股东的最大利益。董事和经理与公务员在其各自治理组织中充当同样的角色。从此意义上，不能把大公司看作一个私人主体，"他人代为治理"已经使大公司具有公共属性！很多公司法学者，将公司视为国家的缩影。曾经的东印度公司充当着国家角色，一些跨国公司不仅富可敌国，甚至可以影响或改变地域政治经济状态，均表明大公司的这种特殊属性。

---

[1] 李维安，郝臣，崔光耀，等. 公司治理研究40年：脉络与展望［J］. 外国经济与管理，2019，41（12）：161-185.

理什么？按现有公司治理制度而言，大公司治理目的是什么？治理不同于管理，如果说管理目的是提高组织效率和产出的话，那公司治理则是为实现公司管理目的而提供一套制度，即公司治理是公司管理的前提和保障。没有好的公司治理就不会有好的公司管理。如何衡量好的公司治理？从委托代理理论出发，所谓好的公司治理就是"各司其职"，股东、董事、监事和经理按公司法和公司章程规定各自做好自己的工作即可。但事实并非如此，公司法规定的职权是纸上的，是应然的，但在现实中，当董事和经理拥有职权后，他们可能因为缺乏足够的责任感或面临诱惑，从而产生懒惰等消极态度。这样，我们就找到了大公司治理的目标，即大公司治理的核心工作是克服董事和经理的人性之"恶"，让他们以股东心态完成本职工作，将董事和经理的"为他人工作"的想法尽可能转变成"为自己工作"。

所以，当公司治理被视为一套制度或关系时，人们看到的是公司治理的"形"。此意是通过系列具有外在拘束力的制度"器形"，以克制董事和经理潜在之"恶"。在大公司治理中，强激励和强约束同等重要，只有二者平衡才能实现股东与董事、经理之间的利益一致。依此视角，与其说大公司治理对象是公司，不如说是董事和经理！

### 1.2.2 中小公司治理：被忽视的"绝大多数"

中小公司与大公司之间的治理问题是不同的，大公司的治理制度和理论不能解决中小公司的治理问题！因此，须认真对待中小公司治理需求。

**1. 从小到大：公司成长规律**

公司同个体的成长过程一样，会经历其自有的生命周期。伊查克·爱迪思（Ichak Adizes）在《企业生命周期》[一]一书中，对企业生命阶段、成长特征与管理重点做了详细分析，如表 1-1 所示。

表 1-1 企业生命阶段、成长特征与管理重点

| 生命阶段 | 成长特征与管理重点 |
|---|---|
| 孕育期 | 强调创业的意图和未来能否实现的可能性；应关心市场应该买什么，而不是正在买什么 |
| 婴儿期 | 机会驱动，销售为王；决策权高度集中；创业精神，加班加点如家常便饭；管好资金 |
| 学步期 | 机会驱动，从销售到营销；适度分权授权，完善政策，明确什么能做，什么不能做；因人设事 |
| 青春期 | 分权与授权；职业化管理；企业目标从"更多即更好"到"更好即更多" |
| 盛年期 | 结构化；制度化；注重成果；计划执行力；孕育新的业务 |
| 稳定期 | 成果导向；高度制度化；少有冲突 |
| 贵族期 | 资金大量用于控制、福利；关注做事方式重于内容和原因；资金充裕；通过兼并增长 |
| 官僚化早期 | 强调谁造成了问题，而不是关心采取什么补救措施；冲突内讧层出不穷；地盘之争；顾客意识消失殆尽 |
| 官僚期与死亡 | 制度繁多，行之无效；与世隔绝，只关心自己；没有把握变化的意识；顾客需要打通企业各种环节才能满足需求 |

---

[一] 爱迪思. 企业生命周期 [M]. 王玥, 译. 北京：中国人民大学出版社, 2017.

以盛年期为界限，从规模角度，其之前为公司发展的中小阶段，其之后则为大公司阶段。很明显，盛年期前后的公司治理和管理有质的差别。爱迪思的划分与梳理，让我们可以确切地看到公司不同的生命阶段，其成长特征与管理重点也不同，进而引发的治理和管理问题也截然不同。

鉴于爱迪思的划分过于细碎，后来的学者大多采用更为概括的研究方法来简化公司发展阶段。斯坦梅茨认为公司成长呈现出S形曲线，其过程可分为：直接控制阶段、指挥管理阶段、间接控制阶段和部门组织阶段等。目前大多数研究者将公司生命周期阶段简化成三阶段或四阶段，其中，三阶段将公司生命周期划分为：成长期、成熟期和衰退期，四阶段则将公司生命周期划分为：初创期、成长期、成熟期和衰退期。如果从公司规模角度来说，成熟期就如爱迪思所说的盛年期，即初创期和成长期的公司可定义为中小公司，成熟期之后为大公司。

每一个大公司都是由中小公司发展而来的，大公司是中小公司发展的结果。大小之分仅是公司发展的阶段之别，二者均为公司实体，但资金、人数、资源等规模之量变导致二者在组织形态、权力分配、治理结构等方面存在巨大差别，必须分而待之。这是反思现有公司治理制度和理论的事实基础。中小公司是否存在公司治理问题？这样的疑问在现有公司治理理论中是无法回答的，即使回答，也只有一个答案，那就是：中小公司没有公司治理！这种提问和回答的结果必然会产生一个荒唐的结论：中小公司不需要公司治理！而事实是，任何组织在其发展的任何阶段都需要治理，否则，组织难以向前发展。反推之，中小公司之所以能发展成大公司，就因为其解决了发展中的治理问题。所以，并不是中小公司不需要治理，只是我们忽视了中小公司治理的实践及其治理需求，没有将中小公司治理实践的规律揭示出来而已！中小公司需要治理，但现有公司治理制度难以满足其治理需求，因而，是现有公司治理制度不适合中小公司，并不是中小公司不需要治理。中小公司需要找到适合自己特色的治理理论和制度。

### 2. 中小公司：绝对多数派

中小企业[一]在我国经济领域占据重要地位，其对社会的贡献表现为"56789说"，即税收贡献超过50%，国民生产总值、固定资产投资、对外直接投资均超过60%，高新技术企业占比超过70%，城镇就业超过80%，对新增就业贡献达到90%。各国对中小企业的发展都很重视，有专门的政府组织制定中小企业发展的政策或法律。我国在工业和信息化部之下就设立了"中小企业局"，专门负责中小企业管理，其职责为：承担中小企业发展的宏观指导，会同有关方面拟订促进中小企业发展和非国有经济发展的相关政策和措施；促进对外交流合作，推动建立完善服务体系，协调解决有关重大问题。美国小企业管理局（Small

---

[一] "中小企业"是一个法定概念。《中华人民共和国中小企业促进法》规定：中小企业是指人员规模和经营规模均相对较小的企业，不仅包括中型企业和小型企业，还包括微型企业，具体的划分标准授权国务院有关部门制定。由于与成熟企业相比，中小微企业均属创业企业，所以，本书中"中小公司""中小企业""中小创企业""中小创公司"等均可相互替代使用。

Business Administration，SBA）于 1958 年被美国国会确定为"永久性联邦机构"，其职责为：向中小企业提供资金支持、技术援助、政府采购、紧急救助、市场开拓（特别是国际市场）等全方位、专业化服务。

在全世界范围内，中小企业在所有企业中的占比在 99% 左右。从这个意义上来说，当我们说"公司"的时候，指向应该是"中小公司"，但在公司治理领域却相反，将"公司"等同于"大公司"，这一概念与其所指的错位导致很多难题，比如产生"中小公司不需要治理"结论、现有公司治理制度和理论难以被实践接纳等。2022 年 6 月 14 日，工业和信息化部在总结党的十八大以来工业和信息化发展成就时指出："截至 2021 年末，全国企业的数量达到 4 842 万户，增长 1.7 倍，其中 99% 以上都是中小企业"。美国和日本的中小企业占比与我国一致。美国小企业管理局 2019 年的官方统计数据显示，小企业总数约达 3 070 万家，占企业总数的 99%。[一] 2018 年日本发布的《中小企业白皮书》显示，尽管在过去的 20 多年里，日本中小企业数量减少了约 100 万家，但中小企业数量仍占日本全部企业数量的 99.7%，共计 380.9 万家，其中小型企业数量为 325.2 万家，占日本全部企业数量的 85.1%。[二]

### 1.2.3 中小公司的治理需求

既然中小公司与大公司之间是质的差别，那么中小公司需要什么样的、不同于大公司治理的制度或机制？

从治理角度比较"中小公司"与"大公司"的特征，可以发现中小公司需要不同于大公司的治理制度的原因。表 1-2[三] 展示了企业不同阶段的治理与管理变化。

表 1-2 企业不同阶段的治理与管理变化

| 分类 | 中小公司 | | 大公司 | |
| --- | --- | --- | --- | --- |
| | 初级阶段 | 成长阶段 | 成熟阶段 | 老化阶段 |
| 组织结构 | 非正式形式 | 直线职能型 | 事业部等 | 团队组织 |
| 管理体制 | 集权 | 权力逐步下放 | 分权 | 决策分享 |
| 企业文化 | 家族式企业文化 | 家族式企业文化面临提升和挑战，企业内部伦理问题出现 | 官僚企业文化出现，企业内部伦理问题发展 | 创新式企业文化，企业内部伦理问题突出，团队问题尤为重要 |
| 产权制度 | 单一或合伙 | 单一或合伙 | 多元化 | 多元化或市场化 |
| 公司治理 | 两权合一 | 两权相对分离 | 两权完全分离 | 两权完全分离 |
| 危机特点 | 创始人危机 | 管理危机 | 控制危机 | 适应危机 |
| 演进需求 | 企业家创新能力、利润、适应性学习、修炼 | 利润、学会授权、创新、适应性学习、修炼 | 人力资本管理能力，销售能力，合作企业文化，创新、适应性学习、修炼 | 制度和资金保证能力，构建适应性企业文化，修炼、适应性学习、创新 |

---

[一] 李作战. 从美国小企业管理局的战略定位看小企业帮扶体系的构建 [J] 投资与创业，2023，34（6）：155-158.
[二] 范思琦. 日本中小企业生态位演化研究及经验借鉴 [J]. 现代日本经济，2019（2）：59-68.
[三] 姜海龙. 中国特色中小企业演进研究 [D]. 长春：东北师范大学，2006.

首先，股权（产权）单一与多元是中小公司和大公司的产权制度差别。在本质上，公司的内部治理基本上是以产权为主线的内在制度安排，而外部治理则是以竞争为主线的外在制度安排，两者是相互依赖、相辅相成的。㊀股权结构与公司治理制度之间就是"经济基础"与"上层建筑"之间的关系，"一般来说，有什么样的股权结构，就会有与之相适应的公司治理结构"㊁。公司在早期的股权主体往往是单一的，即使是合伙的，从利益主体角度，其股东可以被视为一人，而大公司则不同，因为融资、股权激励、吸纳新的合伙人等原因，股权作为融资工具使其股权主体不得不多元化或社会化。从公司形态视角也可以看出两者的这种差别，英美国家把公司分为封闭公司和公开公司，我国《公司法》把公司分为有限责任公司和股份有限公司，其共同逻辑都是：封闭公司或有限责任公司都是中小公司采用的公司形态，而公开公司和股份有限公司都是大公司的公司形态，前者的组织原则是人合，后者是资合。单一股东或合伙的封闭公司，在治理上，各国普遍采用的治理原则是自治为主，强制为辅，而对于多元股东的公开公司，其治理原则为强制为主，自治为辅。所以，两者在根基上质的差别，决定了中小公司需要适合自己的治理制度，而不能照搬大公司的组织结构或治理体制。

其次，中小公司和大公司的所有权与控制权的关系也有质的差别。在前两个阶段，存在着"两权完全合一"（家庭或家族公司）、"两权充分合一"（存在一个相对控股股东）、"两权相对合一"（企业家团体对公司控制）等两权关系。"合一"决定了中小企业的股东基本上亲自经营，他们是股东，但他们更是董事和经理，监事往往是他们的亲属。这时，由于公司规模小，财务困难，存在生存危机，使中小企业更愿意把企业命运掌握在自己手里，所以，这个阶段的企业，所有即控制，不存在委托企业所有权的可能，即使出现相对分离，也是在相对控制基础上的分离。但大公司完全不同，其必然会产生本章第一节所述第一种代理问题。中小公司和大公司因两权是否分离，产生截然不同的治理问题，因此，两类公司与两类治理问题决定两者不能用一样的治理制度和知识。

最后，就管理体制而言，前两个阶段适合集权管理，而后两个阶段适合分权管理。在企业发展的中小阶段，公司管理权必然集中在创始人手中，因为初级阶段和成长阶段企业面对外在危机较多，必须及时正确对应，只有集中权力才能快速应对此等决策需求。如果中小阶段企业管理采用民主的分权模式，其沟通成本较大，容易让企业丧失很多商业机会，甚至丧失生存机会；再如，企业发展到后两个阶段，已经成长为大公司，若继续采用集权制管理，不仅会增加决策失败风险，也难以应对科层化管理需要。因此，规模决定了管理体制，小规模更适合集权，大规模更适宜分权与民主化管理！

## 1.3 股权治理：第二种公司治理

既然中小公司与大公司在治理基础上是质的差别，中小公司不能完全套用大公司的治

---

㊀ 刘伟. 中国中小民营企业治理与创新研究 [D]. 北京：北京交通大学，2008.
㊁ 邱兆学. 关于股权结构与公司治理结构的探讨 [J]. 会计师，2008（10）：29-32.

理制度，那么，中小公司需要什么样的治理制度？前面两节重在"破题"，本节目的是提出"股权治理"概念及其内容，确立中小公司的治理理论和制度。

### 1.3.1 为什么是"股权治理"

必须提供一种不同于现有公司治理体系的概念、原则和理论，用于描述中小公司的治理，"股权关系"就是对中小公司治理进行描述的"入口"。

**1. 内部治理中的"人治"与"法治"**

"内部治理"与"外部治理"两词的概念，需要回到两种语境中才能获得分别理解。一是在第1.1.3节谈到的德日公司的内部治理模式和英美公司的外部治理模式，该语境下的"内部治理"可理解为公司治理主要依赖于公司内部组织结构及相关运行机制，"外部治理"可理解为公司治理除依赖于内部组织机构及其相关运行机制外，还依赖资本市场、经理人市场以及监管法律与政策等外部环境。二是公司治理体系语境下的治理范围划分，"内部治理"指向的是公司法规定的正式组织制度及其相关运行机制，重点强调公司治理的组织性、内部性和正式性，"外部治理"则是指公司外部因素，如国家政策、经理人市场、资本市场和公司证券法律等公司外的治理影响因素。"现代公司治理理论认为，几乎每一种外部市场都具有某种性质的公司治理功能。包括股票市场、商品市场、经理人市场等多种形式在内的各种市场，都能对公司行为产生影响，规范其运作。"㊀两种语境下的词语指向基本一致，即内部治理是指通过对公司股东会、董事会、监事会和经理层等组织机构的责权利划分而实现对公司的治理，外部治理则是指公司内部治理依赖的外在环境。可见，相比较于"内部治理"概念，"外部治理"一词仅是治理体系视角的一种概念借用，二者难以构成一对范畴。"内部治理"组词的重点在"治理"，而"外部治理"组织的重点不在治理，而在"外部"。

基于此，公司治理的实质就是内部治理。"狭义的公司治理往往就是指公司的内部治理。"㊁如此理解，则大公司与中小公司的治理重点皆为内部治理，二者的差别在于大公司对外部治理环境反应敏感，或外部治理环境对大公司治理的影响更为直接或深远，而中小公司的治理是纯粹的内部治理，外部治理环境对其内部治理效果影响较小。但这样，依然没有看到大公司治理与中小公司治理的实质差别。内部治理的组织主体是股东会、董事会、监事会和经理层。但如上节对大公司和中小公司的治理特征之比较，可以看到：中小公司股权单一、两权合一和集权管理等特点，这决定了中小公司一般不会有职业经理人，董事会和监事会也往往都由内部人担任，其职责被虚置，即使有股东会也难以正常运转，即中小公司的治理具有典型的"人治"特征，往往控股股东或企业家股东拥有所有权和控制权，

---

㊀ 甘德健. 改善中小企业公司治理的宏观对策[J]. 财经理论与实践，2006（2）：34-37.
㊁ 李维安，郝臣，崔光耀，等. 公司治理研究40年：脉络与展望[J]. 外国经济与管理，2019，41（12）：161-185.

个人治理代替了组织治理。而大公司则是相反的，其依赖组织治理，其中董事会往往扮演治理的关键角色，职业经理人也能发挥其专业能力。因此，虽然同样是内部治理，但中小公司的"人治"与大公司的"法治"倾向使内部治理在两类公司中发展出两种治理类型。

**2. 股东会是中小公司的治理中心**

"治理中心"意味着在公司的诸多组织中，存在一个拥有最终决定权的公司组织。依据大公司治理理论，分享公司治理权力的组织主要包括股东会、董事会和经理。相应地就产生出"股东会中心""董事会中心"和"经理中心"等传统治理中心。由于经理并不独立于董事会，其权力因董事会授权而产生，另因实践中无论是英美法系还是大陆法系，"经理中心"已被"董事会中心"所取代，所以，传统治理理论视域下，公司的治理中心被限定在股东会和董事会之间。如何确定二者谁为治理中心？"中外公司法学理对于股东会中心主义和董事会中心主义的界定有终极目标论、代理关系论、'最终决定权'和'权力独立'标准、剩余权力归属标准等多种理解和主张。"⊖本书同意将经营事项与经营权力结合在一起作为判定"治理中心"的标准，因为事项依赖于权力，而权力必然体现在事项中。如果把"所有权"视为公司财产的静态权力，那么"经营权"则为公司财产的动态权力。尽管有学者将所有权和治理权包含在经营权中，如果采用狭义定义，则经营权处在治理权和管理权的共同地带，其重心在管理权。经理权（经理的法定权力）是经营权的核心。本章第 1.1 节已罗列了我国《公司法》规定股东会和董事会的职权，比对两个组织的服务性职权（服务自己的授权机关，而这些职权，明为"权"，但实为"职责"）与自我职权（法律规定的职权）的关系，可以看到：经理层和董事会都享有公司经营权，其中董事会享有整体的经营权（抽象经营权，核心是战略），而经理层享有具体的执行权（具体经营权，核心是执行），而股东会不仅享有公司财产所有权，也享有公司重大经营决策权，即我国公司法持守的是"股东会中心主义"立场。尽管 2021 年《公司法》修改稿试图将其改为"董事会中心主义"⊖，但 2022 年修改稿又回到"股东会中心主义"。

股权集中度是决定治理权最终归属于股东会还是董事会的根本原因。尽管《公司法》确立"股东会中心主义"立场，但对于股权结构高度分散的上市公司或非上市公众公司而言，其治理中心实际是悄悄地移转为董事会的。与大公司治理中心移转方向相反的是中小公司，其通过股东会将治理中心转换为控股股东。由于中小企业或创业企业的股权基本集中在少数股东手里，尤其集中掌握在企业家股东手中，使得公司经营权完全掌握在少数股东手中，这产生与治理相关的三个主要问题：第一是自营，作为股东的企业家和合伙人不需要委任董事、监事和经理代为履行决策、监督和执行等权力，采取直接经营策略，这对于处于生存和发展阶段的中小企业来说是符合效率原则的，是合理的选择；第二是董事会

---

⊖ 赵旭东. 股东会中心主义抑或董事会中心主义：公司治理模式的界定、评判与选择［J］. 法学评论, 2021, 39（3）: 68-82.

⊖ 《公司法》一审稿（2021 年 12 月）第六十二条规定："董事会是公司的执行机构，行使本法和公司章程规定属于股东会职权之外的职权"，但二审稿（2022 年 12 月），将该条恢复为 2018 年公司法的原条文，即"董事会对股东会负责"。

被虚置,《公司法》规定的其他治理组织失效,比如监事会和经理等,其作用和价值始终停留在纸上;第三是股权投票权成为最为关键的治理权力,因为董事和监事的投票权,以及经理的执行权被控股股东的股权所吸纳或替代,这样,股权成为唯一可用的治理权力。这些都决定一个事实,即中小企业的治理场域只限定在股东会!

### 3. 大股东中心主义:企业家的公司治理

"大股东中心主义"简而言之即大股东说了算!股东会作为一种会议组织,其职责在于保护公司所有权,并行使重大经营权,因而,其会议次数较少(即使大公司,每年的定期会议和临时会议也屈指可数),会议时间短。在极其有限的时间范围内,股东会采用表决制度形成股东会集体意志(决议)。世界各国股东会和董事会均采用多数决原则。股东会之"多数"指股权,而董事会之"多数"指人头。多数决意味着多数取胜,少数被压制或忽视,即"多数对少数的专制"。这一策略是人类在政治治理探索中找到的可被多数人接受的民主原则。尽管对少数人而言,这依然并不是好的策略,但人类很难找到比这个更好的解决集体决策的方法。股东因出资能力与意愿之差别,必然会有持股数量或比例大小之分。本书第 2 章讲到股权结构时,会用"股权集中度"概念来指股东之间的持股关系。中小公司和大公司在股权集中度的差别上是巨大的:多数中小公司股权处于绝对集中(大股东单一持股超过 67%)和高度集中(大股东单一持股超过 50%)两种状态,而大公司股权结构的特征则是分散状态(包括绝对分散、高度分散和相对分散)。因而,对中小公司而言,必然会存在一个控股股东或大股东;由于大股东持股数量和比例的优势,会产生大股东控制公司,进而会出现对小股东进行剥削的可能。这就是现代委托代理理论所言的"第二种委托代理"。所以,通过股东会内部关系的解析,我们可以发现真正的控制者是大股东。"股东会中心主义"因此被转换为"大股东中心主义"。

股东之间并非同质关系,股东进入公司的目的、能力、资源等是有差别的,甚至是相反的。因而,把股东会想成"铁板一块"是虚幻的,尽管从股东集团与董事集团和经理集团之对抗视角来看,股东是一个集体,但其对外是同质的,具有共同利益。

如表 1-3 所示,股东可分为四类:员工股东(四类股东)是名义股东,其持有公司股权之唯一目的是分享利润,而不参与公司治理;合伙人股东(三类股东)作为"小弟"与大股东一起创业,其与大股东的关系是长期稳定的,共同构成"企业家团体",合伙人对公司的治理参与是形式化的;投资人股东(二类股东)因公司融资原因进入公司,其与大股东之间的关系是典型的"同床异梦",根本原因是大股东将公司视为人生目标或个人事业,而投资人则将公司视为工具,仅追求财务回报。在这个意义上,本书将控股股东或大股东(一类股东)定义为"企业家股东",实为表达大股东的持股目的及其关键角色。在此意义上,"大股东中心主义"则可再被转换为"企业家中心主义"。㊀

---

㊀ 郑志刚. 从"股东"中心到"企业家"中心:公司治理制度变革的全球趋势 [J]. 金融评论, 2019 (11): 58-72.

表 1-3　股东类别及其特征

| 股东类别 | 一类股东 | 二类股东 | 三类股东 | 四类股东 |
|---|---|---|---|---|
| 股权权能 | 控制权<br>治理权<br>表决权<br>分红权 | 参与治理权<br>表决权<br>分红权 | 表决权<br>分红权 | 分红权 |
| 股东类型 | 控股股东<br>企业家股东 | 小股东<br>投资人股东 | 小股东<br>合伙人股东 | 名义股东<br>员工股东 |
| 股权获得原因 | 出资 | 投资 | 合伙或激励 | 股权激励 |
| 加入时间 | 公司成立 | 发展中加入 | 公司成立 | 发展中加入 |
| 治理参与类型 | 积极的<br>实质参与 | 消极的<br>实质参与 | 积极的<br>形式参与 | 消极的<br>形式参与 |

**4. 企业家通过股权的公司治理**

回观上述论证之逻辑：公司治理的主体是股东会、董事会、监事会和经理层，但对中小公司而言，董事会、监事会和经理层仅为形式存在，并不实际发挥作用，其公司治理仅在股东会内展开；股东会被多数股东控制，中小公司的治理主体不再是一个组织，而是某个具体的人，此人被定义为企业家股东。典型的中小企业是企业家主导的中小企业。<sup>⊖</sup>企业家股东通过什么样的治理工具实现其治理意愿？显然，既不是会议决议，也不是组织命令。

股权是企业家股东实现其个人对公司治理的工具。首先，股东之法律关系即为股权关系，反之亦然，股权关系即为股东关系。股东之间的关系分为两种：一种是事实关系，即根据客观现实形成的相互关系，如人际关系、管理关系等；另一种是法律关系，即法律赋予其相互的规范关系，此为股权关系。事实关系受制于股权关系，事实关系也是股权治理的对象。因此，相较而言，事实关系的价值与分量和股权关系并不在一个层面，可忽略它。股权即股东权利。股东之间的法律关系必然体现为相互之间的权利义务关系，且该权利义务关系是公司法律基于其股东身份而赋予的，不同于民事权利义务关系，更不同于行政或刑事法律关系。它是一种独特的法律关系。这一点在第 2 章关于股权性质部分将有详述。

其次，公司治理在被转换为股权治理后，再次被转换为企业家通过股权的公司治理，通过此等转换，逐渐逼近中小公司治理的真相。因为企业家股东拥有大多数股权，这使其具有治理优势，所以公司治理就变成股权优势者对股权劣势者的命令或要求，企业家股东与其他股东通过股权实现其内部制衡，进而，在企业家股东的绝对控制下，达到公司为解决生存或发展需要的治理效果。

最后，企业家股东作为股权优势者，通过股权应用（如股权分配、股权控制等方式）实现其治理目的。这一点只有在企业发展的中小阶段才能实现，也只有在此阶段，企业家股东才拥有更大的治理主动性和积极性。一旦因股权分散而进入成熟期，企业家股东丧失股

---

⊖ 张志华，张益明，徐梁. 企业家视角下的中小企业公司治理问题研究 [ J ]. 企业经济，2011，30（10）：40-44.

权优势后，会有更多的股权持有者（尤其是外来的投资人）来对抗企业家股东的意志，届时，董事会就会变成治理中心，组织和制度就会成为公司治理的主要形式。因此，企业家股东一般会在股权结构的设计、股权的稀释与激励的应用等方面，施展其控制力；在股权控制的基础上，实现与其他股东以及公司的共同利益。在这个视角，企业家股东就是一个拥有多数股权的"国王"！

### 1.3.2 股权治理特征

企业家股东通过股权对中小公司进行治理，这是一种既存事实，只不过没有被归纳和进行知识总结。以往的研究缺少从股权视角对中小公司治理进行深入的探索。以下是通过与大公司治理比较，对股权治理特征的归纳与罗列。

**1. 剥夺型治理：类型**

管理学者将大股东对小股东的代理（第二种代理）称为"剥夺型代理"。其意为：事实上存在着大股东利用其股权优势对小股东的剥削或利益侵占。因为控制性股东的身份是双重的：一方面，他是一个股东，他的利益和其他股东的利益存在一致；另一方面，他又是一个控制性股东，他可以从控制公司的过程中获得其他非控制性股东无法得到的利益。于是，他所追求的目标就是企业系列利益最大化，追求自己控制的所有资源的收益最大化，而不是单个企业的利益最大化。㊀

但由于管理学者的研究资料只能来自上市公司，所以，其研究的剥夺型治理仅为上市的家族公司。"金字塔式股权结构""交叉持股""类别股份""家族公司"成为其研究的关键词。"家族"作为剥削者，对外部分散的中小股东产生了剥削。同样的剥削也存在于中小企业，股权优势者对股权劣势者的剥削是存在的，但其剥削类型不同于前者：其一，股权优势者不是一个家族，而是一个自然人大股东，且他具有企业家职责；其二，股权劣势者不在公司外，而在公司内。同样，由于信息不公开，中小公司存在的这种剥削型治理并未被深入研究。但即使这样，从治理类型上，剥削型治理也是委托代理的一种，大股东具有代理责任，依然需要对其进行规范，防止大股东侵犯小股东的利益。本书在第4章将阐述大股东此种代理的防范问题。

**2. 协议治理：形式**

公司治理的基础是契约治理，是公司自治和法律规则的统一。㊁但公司发展的不同阶段，其治理属性存在着私人的与公共的、自治的与强制的差别。存在这种差别的原因在于：原则上，中小公司因其"小"而使其内外都具有显著的私人特性，而大公司也因其"大"

---

㊀ 宁向东. 公司治理理论［M］. 2版. 北京：中国发展出版社，2006.
㊁ 甘德健. 改善中小企业公司治理的宏观对策［J］. 财经理论与实践，2006（2）：34-37.

从而具有社会性和公共性。无论从法律规制，还是内部治理，在中小公司中，任意性优先于强制性，即国家在框定的强制范围内，留给中小企业较大的自治空间，而大公司则相反，强制性优先于任意性。如果把公司法视为一种治理法，所有国家的公司法律，无非是在任意性治理与强制性治理之间选择合适的平衡"刻度"而已。当然，不会存在一个绝对任意的治理法，即使是以任意性著称的英美法系也不会对中小公司的治理绝对放任不管的；同时，也不会存在一个绝对强制的治理法，德日的强监督公司治理法律结构也是给公司预留了足够的任意治理空间。任意与强制的实践要义是平衡，只有如此才能保证公司监督与发展活力之间的适当关系。

任意性治理决定了中小公司的治理主要依靠私人契约来实现的，股东之间的各种契约表达了他们的治理愿望与方略。"企业是由一系列契约组成的联合体，契约是所有企业赖以存在的基础和表现形式，企业的任何制度安排都要以契约制度为基础。"㊀企业的契约理论与中小企业的任意治理"碰撞"在一起，更凸显出协议或私人契约在中小公司治理中的重要作用。企业家尽管拥有股权优势，但在股权治理上，依然需要借助于各种股权协议，如股东关于设立公司和公司治理的协议、表决权与分红权分离的协议、股权激励协议、合伙人制度协议等。因而，要观察中小企业的治理，就应该关注股东之间的股权协议，但这些协议基本都是非公开的，这就导致中小公司的股权治理只能借助于具体经验去归纳！

### 3. 股权结构治理：基础

股权结构是公司治理的基础，这是现代公司治理理论的共识，本书第 2 章会对此进行再次阐述。股权结构是公司治理的"经济基础"，它决定了公司治理的组织结构、治权划分，甚至治理绩效。对大公司治理而言，股权结构的治理作用是间接的；而对中小公司而言，股权结构则直接决定了股权治理的成功与否。

股权结构治理是中小公司治理的基础，也是衡量中小公司治理成败的标准。中小公司治理解决的核心问题是保证公司度过脆弱的生存期，并为企业成长奠定良好的基础。企业生命周期短，中小企业生命周期更短，这决定了解决生存问题是中小公司治理的关键任务，而大公司治理并没有这种紧迫性。而且，从企业生命周期视角看，一个企业能发展成大公司，一定是其已经在中小阶段解决了以股权结构为基础的股权治理问题。

### 4. 个人治理：主体

企业家股东是中小公司的治理主体。"如果说大企业是'机制主导'的，则中小企业就是'企业家主导'的。中小企业从本质上说是企业家的企业。和大企业相比，中小企业更能体现企业的本质。"㊁企业家股东以个人身份对公司进行治理，这使中小公司治理体现为"人治"。机制主导的大公司治理体现的是集体意志或制度意志。人们更愿意相信，法治优

---

㊀ 李宾. 中小企业治理机制优化研究［D］. 武汉：中国地质大学，2004.

㊁ 同㊀。

于人治，所以，依赖于制度和组织的大公司治理便获得了道德优势，而非制度化的个人治理就很难被接受。但问题是：制度与组织治理能帮助中小企业度过生存期吗？几乎所有的实践都证明了，企业的初期阶段，人治优于法治，而在企业成熟之后，法治优于人治。所以，必须认真对待中小公司的企业家股东治理模式！

企业家股东个人治理是以人格魅力、个人信任和权威为特征的。企业家股东拥有权威，不只是因为其拥有多数股权，事实上，其拥有支配其他股东的潜在能力，更重要的是其具有的企业家股东角色。企业家股东要比其他股东更具有人格魅力、冒险精神、战略意识、经营能力和决断力等，管理学者称该等特质为"企业家精神"。正是这些多数来自天生的特质让企业家股东成为股东中的"老大"，让其他股东愿意服从和跟随。本书第 2 章讲述的海底捞股权故事中，张勇与施永宏股权转让过程中，很清楚地体现出张勇是这样的企业家，而施永宏认识到这一点，所以，在关键时刻毫不犹豫地服从了张勇。

**5. 管理性治理：方式**

尽管在大公司治理中，激励是很重要的，但约束始终处于第一位。第一种代理的治理方式主要是监督，因此也被称为"监督性治理"。大公司的治理与管理是分开的，而且是由职业董事和职业经理人各自完成的。"董事会中心主义"便体现了这种监督性治理方式：一方面，董事会作为治理中心，拥有公司经营权、战略决策权和监督权；另一方面，为更好地完成董事会的复杂治理任务，董事会内部会再进一步分配角色和任务，董事会下属的专门委员会更职业、更专业地进行分工，独立董事/外部董事被定义为监督者。而职业经理人被赋予了具体执行的职责，来自市场的职业经理人有专业优势来完成董事会要求的工作。所以，分工是大公司治理和管理分离的基础。当然，也会因分工而使大公司产生很多治理成本。

中小公司的治理方式是综合的，因其是基于股权优势的个人治理。企业家股东及其团队亲自经营公司，股东会、董事会、经理层是重合的，甚至监事会也是自己人，这样，就没有分离治理角色的必要。公司的治理参与者、公司的管理者和公司的员工等所有角色都重合在企业家股东及其团队身上。很多中小企业的企业家股东也认为不需要公司治理，甚至把股权治理看成是管理的一部分，将股权治理称为"股权管理"。企业家股东集所有权力于一身，管理员工就是管理股东，管理公司也是管理股东，所以，管理角色大于治理角色，管理意识自然也就高于治理意识。重视对中小公司的企业家股东进行股权治理的知识培训，让企业家股东树立良好的股权意识和股权治理意识，也是公司治理的一项重要工作！

### 1.3.3 股权治理内容

本章写作逻辑是通过与大公司治理比较引出中小公司治理，进而从"公司治理"中引出了"股权治理"。当"公司治理"作为基础和比较对象，被放置在一侧时，树立在读者面前的不仅是抽象的股权治理理论，也应该包含股权治理的具体内容。

**1. "股权治理"是什么？概念再解析**

尽管上述论述中已经提及股权治理的概念，但仅是抽象表述，在此，需要对"股权治理"一词做进一步诠释，以保证该词与其所涵盖的内容之间是融贯的。"股权治理"一词可按其准确性逐次表述为："股东治理""股东关系治理""股东股权关系治理"。

其一，"股东治理"与"股东会治理"不同，后者强调的是作为治理组织的股东会对公司的治理或者股东会内部治理，但无论哪种解释，其与"股东会中心主义"难以区分；另外，"股东会治理"的主体是股东会，而"股东治理"的主体则是股东。"股东治理"以大股东为核心，属于私人或任意治理的范畴，而"股东会治理"则不是。区分这两个概念实际是划清了股权治理与大公司治理之间的界限。"股东治理"是指股东既是治理主体，也是治理对象，前者是指大股东或企业家股东，后者是指其他处于股权劣势的股东。

其二，"股东关系治理"一词，一方面表明股权治理是发生在股东之间的，而不指向股东以外的其他主体（如董事、监事、经理和债权人等），另一方面表明股权治理属于一种内部的"关系治理"，即股东之间的相互关系对公司治理会产生影响，比如股东之间亲属关系、朋友关系等都会对股权应用产生不同影响，再如企业家股东的个性或人格魅力等会让其他小股东产生信任、服从或依赖等，这些关系都是内部治理的一部分。在大公司治理中，股东之间的关系的治理价值并不明显，资合性掩盖了人合性。

其三，"股东股权关系治理"是对"股权治理"最为准确的解释，因为股东之间的关系是通过股权实现的。"股东"是一个公司法律概念，"股权"亦是如此。当认识到股东之间的关系就是股权关系时，就可以把"股东关系"等同于"股权关系"，"股东治理"也就等同于"股权治理"。所以，"股东股权关系治理"，可简化为"股权关系治理"，再进一步可简化为"股权治理"，因为"股权治理"是通过股权关系来实现的。

**2. 治理哪些"股权关系"**

有一个大股东，且其充当企业家股东，这是对中小公司股权关系的第一个假想，这也是实践证明了的普遍事实。在此基础上，由该企业家股东作为"帝王"，来对中小公司这个"帝国"进行治理。这种比喻已形象地勾画出了股权治理的基本图景。从治理或统治视角，存在着这样的关系："谁"通过"什么"来治理或统治"谁"。用这一公式来表述股权治理，即股权治理是企业家股东通过股权来处理其与其他股东之间关系的一种治理模式。

首先，如本章前述，股东分为四类，即企业家股东（一类股东）、投资人股东（二类股东）、合伙人股东（三类股东）和员工股东（四类股东）。这四种股东的关系可以从多个角度来解读，首先，企业家股东是核心股东（见图1-4）。

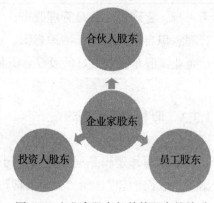

图1-4 企业家股东与其他股东的关系

从图1-4中可以看出，其他股东都是围绕着企业家股东而存在的，如果从发生学角度来看，没有企业家股东就不会有合伙人股东，因为"小弟"不会独立存在，他们总是寻找并跟随"老大"的；没有企业家股东也不会有投资人股东，在创业初期，风险投资商投资的主要是企业家，而不是企业，因为在投资人眼里，企业的未来极不确定，企业的确定性主要来自企业家；如果没有企业家就不会有企业，当然，也就不会有员工，不会有股权激励。从这个意义上来说，企业家就是企业。当然，在中小企业阶段，本文中的"企业家"仅指企业家股东，而不会指职业企业家，如职业经理人或职业董事等。

其次，股东追求不同，不仅"各想其事"，也容易"各行其事"，必须通过企业家股东来统一其股权行为，因而，企业家股东必须"专制"。如前所述，四种股东是异质的。员工股东和投资人股东只追求财务目标，而投资人股东为追求财务回报的目的，往往会争取治理权；企业家股东和合伙人股东共同之处在于都追求事业目标，但合伙人股东更重短期利益。股东"各怀心事"容易造成股东内讧，特别在股权平均分散的状态下，会导致公司僵局。因而，股权治理的目标就是在保证企业家股东拥有公司控制权的基础上，实现企业家股东与其他股东的共同利益。

最后，股权治理的关系包括：第一类是企业家股东与合伙人股东之间的关系，一般称为"合伙关系"。该关系是最核心的股权关系，因为一个创业公司可以没有投资人，也可以没有员工，但必须得有企业家股东和合伙人股东。所以可以把二者的关系看作是股权关系的"原点"或"基座"。其他股权关系都是建立在此关系之上。企业家股东与合伙人股东之间的股权关系集中体现在股权结构及其设计中。从股权治理知识而言，股权结构及其设计是其基础知识。第二类是企业家股东与公司的关系，其要义在于"控制"。企业家股东如何在股权结构设计的基础上，通过股权或协议实现对公司的控制，这是中小公司治理与大公司治理极为不同之处。第三类是企业家股东与员工的关系，即股权激励关系。第四类是企业家股东与投资人的关系。投资人与企业的关系就是投资人与企业家股东的关系。此二者关系经常被用"同床异梦"来形容，是一种容易演变成股权斗争的关系。

### 3. 股权治理内容：本书结构

从上述股东关系或股权治理关系，引出本书知识结构，具体内容如图1-5所示。

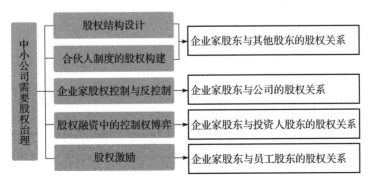

图1-5 股权治理知识模块及股权关系类别

本书第一个模块为"中小公司需要股权治理",即本章内容,从传统公司治理理论之反思中,得出股权治理的必要性及其知识结构;第二个模块为"股权结构设计",主要内容包括平均分散是最坏的股权结构(股权结构第一定律)、"一个'老大'带若干'小弟'"是最好的股权结构(股权结构第二定律)、卓越的企业家可以超越股权结构(股权结构第三定律)等;第三个模块是"合伙人制度的股权建构",主要内容包括企业家股东如何在其与合伙人、投资人和员工之间分配股权、合伙人制度如何建构等;第四个模块是"企业家股权控制与反控制",主要内容包括控制的治理价值、企业家股东的直接股权控制和间接控制、小股东的保护及其反控制措施等;第五个模块是"股权融资中的控制权博弈",主要内容包括融资的治理价值、对赌机制、双层股权结构与投融资协议主要条款等;第六个模块是"股权激励",包含两方面,一方面是股权激励概述,另一方面是股权激励方案要素,主要内容包括股权激励和员工持股的理论、主要激励模式以及激励方案及其要素等。

## 本章小结

1. 传统治理理论和公司法律设定的治理制度是以大公司为对象,而股权治理是以中小公司为对象。
2. 大公司的治理是法治化的,企业家在治理结构和制度之下;中小公司的治理是人治化的,企业家股东发挥着关键作用。
3. 股权治理是指股东之间以股权为纽带的治理关系,其核心是企业家股东利用其股权优势,对合伙人股东、投资人股东和员工股东进行控制和管理的过程。
4. 股权治理的目的是实现企业家股东对中小企业的治理,维护企业家股东的股权优势地位和治理权威,为企业度过中小阶段提供治理基础和保障。
5. 股权治理是大公司治理的必经之路。

## 批判性思考

1. 为什么现有公司治理理论认为中小公司不需要治理?
2. 在没有公开信息的条件下,如何对中小公司的股权治理进行研究?

# 第 2 章
CHAPTER 2

# 股权结构设计

要解析股权治理，必须回到其股权结构。从发生学视角来看，股权结构是可以"设计的"。而设计意味着企业家股东（或/和其合伙人）作为设计者，可以有目的、有计划地按照股权治理和股权结构规律预先设计出适合本企业治理的股权结构。本章旨在认识股权结构的治理价值，提供最好和最坏两种模式，为企业家股东设计出科学、包容的股权结构提供知识基础。

## 2.1 股权结构是公司治理的基础

创业者为什么要重视股权结构？答案是显而易见的：不好的股权结构会导致公司解散或出现僵局，但此乃现象层面之回答。其深层原因应该是：股权结构实为公司治理之基础，公司治理和管理的"大厦"都是建立在其之上的。正所谓，基础不牢，地动山摇。股权结构对公司治理的这种基础作用，管理学界已经给予了足够重视，进行了深入研究，但法学界尚未深入研究。

### 2.1.1 股权治理功能的优先性

股权具有治理价值，但这一点却被公司法律和公司治理理论与实践所忽视。解析股权对公司治理的影响机理，并展现其治理能力，也是股东治理的必然要求。

**1. "股权"意为"股东法律关系"**

尽管经济学界和法学界都在使用"股权"一词，但两个领域的学者基于各自关注点不同，将概念重心分别置于该词的不同视角。经济学界重在其财产属性，"股权"的对应英文为"Equit",而法学界则重其权利属性,"股权"被翻译为"Shareholder's Rights"。经济学界,尤其管理学者以"股权"作为"中心概念",衍生出了如"股权集中度""股权结构""股权分置""股权制衡""股权激励"等组合词,形成了公司内部治理中的股东治理研究[一]时必用的"概念集"。但经济学界并未对"股权"一词进行划分,而是将其视为一种客观事实,从不同视角进行实证研究。在财务与金融领域,将"股权"视为"权益",把它当作财务对象来对待。法学界因股权纠纷研究之需求,将股权性质视为股权理论的基础。股权性质是公司法上的传统命题。[二]较早的观点包括物权说、债权说、共有权说和新型权利说等。物权说认为,股权属于物权中的所有权,是股东对其投入公司的财产享有的支配权。[三]债权说认为,股东让渡出资财产所有权的条件是向公司换取债权,股权是债权[四],是股东对公司的一种请求权。共有权说认为,股权属于民事法律制度中的共有权中的共同共有权的一种。[五]新型权利说认为,股权是一种自成一体的独立权利类型。[六]经过三十多年的学术竞争,前述股权属性的知识正在逐渐被淘汰,社员权说日渐成为一种被我国法学界广泛接受的理论。社员权说认为,股东权就是股东因认缴公司资本的一部分而取得的相当于此份额的社员权,是一种既非物权又非债权的特殊权利。[七]

"股权首先是一种法律关系,即股东法律关系"[八],股权是股东与公司之间以及股东之间的权利义务关系。这种股东关系建立的基础是股东的社员资格。[九]社员资格的获得是基于股东的出资。股东和公司之间是社员与社团的关系。因而,股东成员资格是认识股权的基础。正因为股东以社员身份成为股东法律关系之主体,"社员权说"遂由此得名。单个股东是无法建立社团的,如自然人独资公司或传统个体户就无法获得社团资格,其地位本质是单一的,而非复合的。只有若干股东一起经由出资行为构成公司体之后,才会产生股东之间的法律关系,进而衍生出股东的个体权利和团体权利。在股东获得社员资格之后,股东获得了团体权利,在法律上才可称之为"股权"。因此,"股权即股东权利的简称"。[十]所以,只有从社团与社员关系视角,才可获得股权性质的真解。

### 2. 治理权是股权的关键权能

根据股东权利义务之类别,可将股权划分为两种基本权能:财产权和治理权。财产权是指股东享有的收益权,包括利润分配请求权(《公司法》第二百一十条)、剩余财产分配

---

[一] 李维安,郝臣,崔光耀,等. 公司治理研究40年:脉络与展望 [J]. 外国经济与管理,2019,41(12):161-185.
[二] 周游. 股权性质之争:误区释疑与价值重述 [J]. 经贸法律评论,2019(2):98-112.
[三] 王利明. 国家所有权研究 [M]. 北京:中国人民大学出版社,1991.
[四] 漆多俊. 论股权 [J]. 现代法学,1993(4):8-13.
[五] 同[四].
[六] 江平,孔祥俊. 论股权 [J]. 中国法学,1994(1):73-82.
[七] 李跃利. 论股权的性质 [J]. 法学论坛,1997(3):24-27.
[八] 张双根. 论股权的法律性质:以成员权之法教义学构造为中心 [J]. 中外法学,2023,35(3):687-706.
[九] 张旭丽,张旭. 论股权与股东权 [J]. 太原大学学报,2004(3):37-40.
[十] 施天涛. 公司法论 [M]. 4版. 北京:法律出版社,2018.

请求权（《公司法》第二百三十六条）、异议股东退股请求权（《公司法》第八十九条和第一百六十二条）和股权/股份转让权（《公司法》第八十四条和第一百五十八条）。治理权是指"参与管理权"，包括表决权（《公司法》第六十五条和第一百一十六条）、股东（大）会召集权（《公司法》第六十二条、第六十三条、第一百一十三条和第一百一十四条）、查阅权（《公司法》第五十七条、第一百一十条）、提案权（《公司法》第一百一十五条）、质询权（《公司法》第一百八十七条）、撤销公司决议（《公司法》第二十六条）、代表诉讼的提起权（《公司法》第一百八十九条）、对董事或高管的直接诉权（《公司法》第一百九十条）和解散公司的诉权（《公司法》第二百三十一条）等。

从权利义务的内容来比较股权的财产权和治理权，会发现这两种权能既是"一体"的，但又构成了股权的"两面"。二者比较如下：

第一，财产权属于自益权，其为单个股东的个体私利，而治理权属于共益权，可以彰显公司或股东集体的"总有"特性，即公司或社团及其所有成员的最大化利益。

第二，如果可以将团体利益还原为个体利益之和，那么也可以将治理权还原为财产权。基于此推理，可回归传统经典命题，即个体私利（财产权）是股权的终极价值。法学者都将财产权视为股权之目的，而将治理权定义为股权之手段。

第三，治理权是过程性权利，而财产权则是结果性权利。治理权体现的是股东对公司治理过程的参与，是股东利用其地位、资格或权利，在公司运行的不同环节对公司以及股东自身权利的应用，通过治理性权利推动公司向好的方向发展；而财产性权利则是公司治理的结果，如分红权、增值权等都处在公司运行环节的末端。从权利数量和权利参与深度而言，治理性权利比财产性权利对公司的影响更大，因为没有股权的过程，就不会有股权的结果。

第四，治理权是积极性股东权利，财产权是消极性股东权利。没有好的公司治理，就不会有好的公司绩效，进而就不会有满意的股权收益。凡是参与公司治理的股东都可以被视为积极股东，单纯追求财产性权益的股东则可以被视为消极股东。为此，任何公司都会尽可能鼓励股东参与公司治理，成为积极治理者，而不只是消极的、功利的"搭便车"。

第五，治理权是可争夺性权利，可衍生出公司控制权，而财产权作为非争夺性权利，容易受控制。治理权作为股权的工具权能具有决定财产权利的潜能，比如，获得控制权的股东可以决定分取红利的时间、数量或频次等。在我国二级市场，有些上市公司长期不分红，证监会不得不发布强制性规则，要求上市公司必须按规定分红，这种现象就是治理权优于分红权的证明。

第六，治理权是工具性权利，而财产权是目的性权利。这决定了在实践中，财产权依附于治理权，同时，治理权也要服务于财产权。

以上几点突显了治理权的优先性。

## 2.1.2 不同股权结构的治理差别

除单一股东的商事主体（如个体户或家庭公司）外，商事主体的"社会化"或"多元化"内在地决定了股东之间的股权关系一定是复杂的和结构化的。股东之间的出资比例关系，产生了不同形态的股权结构，而基于不同股权结构之上的公司治理和股权治理，自然具有不同的特色。

### 1. 股权结构的核心是股东持股比例

根据股东利益主体数量，股权关系可以分为单一股权关系与多元股权关系。单一股权关系指股东单一，仅存在股东和公司之间的股权关系，单一股东包括形式上单一股东（如个人独资公司）和实质上单一股东（如家庭公司或家族公司）。多元股权关系指存在两个或以上股东，且股东间是独立的利益主体，股权利益主体呈现多元化样态。多元股权关系表现为：每个股东与公司之间存在着独立的股权关系，同时，股东之间存在着独立的或联合的（如一致行动）股权关系。这使公司股权关系具有复杂的结构性，这也是封闭公司（创业公司与中小企业）需要股东治理和内部治理的根源。这样，多元利益主体股东之间的股东关系就转换成股权结构问题。也因此，股权关系是股东之间最主要的关系，并可把股东关系简化为股权关系。

股权及其关系本质上是规范关系，其内容是权利义务。但在股权被结构化之后，股权结构就具有了事实属性，其内涵具有超越权利义务的事实力量或整体结构。股权及其关系是法学研究的对象，其研究方法是规范，而股权结构成为管理学研究的对象，其研究方法则是实证的。在我国，管理学界对股权结构的定义有两个视角。在改革开放早期，受强烈的意识形态的影响，股权结构被定义为不同所有权主体之间的持股关系，如其中的国家股、法人股和社会公众股之间的比例关系等。在与国际主流知识接轨后，管理学界对股权结构的定义采用了更客观的标准，股权结构被定义为股权集中度。无论重视股权结构中的股东属性，还是重视股权结构中的股权集中度，两个定义的核心都是股东之间的出资比例关系。出资比例所形成的股权集中度，是管理学界对股权结构进行研究的主要对象。

### 2. 七种股权结构及其特性

股权结构在实践和理论上，一般可以划分为七种类型，如图 2-1 所示。

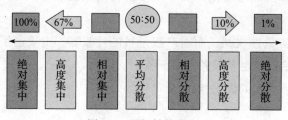

图 2-1　股权结构类型

可以从两个视角来阐述上述七种股权结构，一种是以"平均分散"为股权结构类别划分的"原点"，这是股权结构分类的逻辑视角，从这个视角来看，七种股权结构存在对称关系；另一种视角则是从股权结构生成过程来描述股权结构之间的进化关系，"绝对集中"可被视为股权结构生成历史的"起点"，此视角的缺点是难以解释"平均分散"股权结构的必然性，因为并不是每一个创业企业的股权结构的演化都需要经历这一形态。故而，采用逻辑方法解析股权结构类别之间的关系是优先选择。

平均分散型股权结构是指公司股东出资相同的情形，根据公司股东人数，其股权结构可为两个股东各 50%、三个股东各 33.33%、四个股东各 25% 等情形。其中，最具代表性的是两个股东各自 50% 的出资比例。这种股权结构多出现在创业初期。理论和实践均证明，平均分散型股权结构是最差的股权结构，最容易导致公司出现僵局。本章下一节将用"最坏的股权结构"定义它，并对其进行深入解析。

绝对集中型股权结构是指公司全部股权或超过 67% 的股权被一个人或家庭等同一利益主体所持有。《公司法》第六十六条规定："股东会议作出修改公司章程、增加或者减少注册资本的决议，以及公司合并、分立、解散或者变更公司形式的决议，应当经代表三分之二以上表决权的股东通过。"法理上，将这种具有塑造公司根本体制的表决权称为"特别表决权"。从公司治理视角来看，因股权集中导致的表决权集中，会带来如下问题：其一，会带来大股东对小股东的代理问题。如果公司有三个股东，其中大股东持股比例为 68%，两个小股东合计持有 32% 的股权，那么大股东因拥有特别表决权，有能力决定小股东的"命运"，因而，解决大股东代理难题就成为此类股权结构的核心治理问题。其二，会产生剩余控制权，即控股股东可用不超过 100% 的出资获得 100% 的公司收益，在其出资比例与 100% 之间的额外收益便是剩余控制收益，如张三作为控股股东出资 68%，但可控制 100% 的公司利益，则其可获得 32% 的额外剩余收益。其三，此股权结构会影响公司的社会化进程，因为股权结构的"封闭"会向外部投资者、职业经理人传达一种"专制"的消极治理信号。这种股权结构一般出现在公司成立的最初期。

高度集中型股权结构是指存在一个持股超过 50% 的股东的股权结构。"超过 50%"的治理意义是拥有"过半数"表决权，可决定公司股东会职权中的"一般事项"，拥有除"特别表决权"之外的其他决议事项[一]，即根据《公司法》第五十九条规定，股东会有权选举和更换董事、监事，决定有关董事、监事的报酬事项；有权审议批准董事会的报告；有权审议批准监事会的报告；有权审议批准公司的利润分配方案和弥补亏损方案；有权对发行公司债券作出决议等。拥有此等权利意味着股东可以对公司日常主要事务拥有决定权。这种类型的股权结构依然会产生大股东对小股东代理和大股东的剩余控制权等问题。一般而言，部分初创企业或中小企业或初次融资后的创业公司会出现这种股权结构。这种股权结构多是过渡性股权结构，是股权结构多元化和社会化过程的体现。

以上两种股权结构不仅出现在企业发展的中小阶段，甚至也成为我国上市公司的普遍

---

[一] 《公司法》第一百零三条规定："股东大会作出决议，必须经出席会议的股东所持表决权过半数通过。"

现象。[①]这一点与美国公开公司的高度分散的股权结构具有明显差别。高度集中是我国公司股权结构的主要形态，决定了我国的治理理论整体上不同于以美国为代表的资本发达市场的治理理论、治理模式与治理机制。股权结构集中会产生股东间的内部治理需求和治理结构，以避免来自资本市场的外部侵夺，即内部治理重要性大于外部治理！反思以股权结构分散为基础的公司治理理论，建构适合股权高度集中的公司治理模式与治理机制，是我国学者回应时代和国情要求的必然路径！

相对集中型股权结构是指企业存在一个大股东，但大股东的股权没有超过50%，比较常见的现象是：第一大股东作为创始股东，拥有较强的资金、资源和管理能力，在其周围有少许坚定维护他的小股东。这种股权结构既可能是公司设立时就选取的，也可能是公司在发展过程中股东之间博弈的结果，还可能是融资导致大股东股权比例被稀释的结果。就企业类型而言，这种股权结构在高科技企业较为多见。宁波舜宇精工股份有限公司（以下简称"舜宇精工"；股票代码：831906）上市时的股权结构（见表2-1）即为此种股权结构。

表2-1　舜宇精工的十大股东

| 序号 | 股东名称 | 股份数（万股） | 持股比例 | 股份性质 |
|---|---|---|---|---|
| 1 | 倪文军 | 2 629.96 | 47.16% | 境内自然人 |
| 2 | 贺宗贵 | 1 262.90 | 22.64% | 境内自然人 |
| 3 | 王芳 | 279.99 | 5.02% | 境内自然人 |
| 4 | 众宇投资 | 210.00 | 3.77% | 境内非国企法人 |
| 5 | 黄建壮 | 208.00 | 3.73% | 境内自然人 |
| 6 | 万舜投资 | 161.80 | 2.90% | 境内非国企法人 |
| 7 | 龚晔 | 143.90 | 2.58% | 境内自然人 |
| 8 | 王菊芬 | 110.00 | 1.97% | 境内自然人 |
| 9 | 王立峰 | 100.10 | 1.79% | 境内自然人 |
| 10 | 郑慧 | 100.00 | 1.79% | 境内自然人 |
| 合计 | | 5 206.65 | 93.35% | — |

数据来源：舜宇精工2023年招股说明书。

该公司股权结构具有集中股权的弱特征，比如存在一个大股东，其他小股东与大股东的股权比例差距较大，大股东的这种股权优势有利于其团结小股东，形成以大股东为核心的企业家团体，便于集体掌控公司控制权。这样的股权结构对公司治理会产生较多正面影响，一方面有实际控制人，不容易使公司控制权旁落，这对公司治理和战略稳定非常有益，另一方面大股东成为公司治理的核心和领导者，这能促使形成公司的组织力，并保证股东之间关系稳定。

相对分散型股权结构的第一大股东持股不超过25%，小股东数量较多。这类上市公司一般会被认定为无实际控制人公司。比如烟台睿创微纳技术股份有限公司（以下简称"睿创

---

[①] 周芬. 股权集中模式影响公司绩效了吗：基于直接持股与关联持股视角的分析［J］. 东南大学学报（哲学社会科学版），2016，18（4）：67-77.

微纳";股票代码:688002),它的前十大股东持股比例都较小,没有可以控制公司的大股东,如表 2-2 所示。

表 2-2 睿创微纳的十大股东

| 序号 | 股东名称 | 股份数(股) | 持股比例 | 担任职务 |
| --- | --- | --- | --- | --- |
| 1 | 马宏 | 68 400 000 | 17.77% | 董事长、总经理 |
| 2 | 李维诚 | 46 870 130 | 12.17% | 董事 |
| 3 | 梁军 | 21 857 143 | 5.68% | — |
| 4 | 方新强 | 14 025 974 | 3.64% | — |
| 5 | 郑家强 | 11 688 312 | 3.04% | — |
| 6 | 郭延春 | 9 350 649 | 2.43% | — |
| 7 | 许涌 | 8 415 584 | 2.19% | — |
| 8 | 张国俊 | 8 181 818 | 2.13% | — |
| 9 | 江斌 | 4 897 403 | 1.27% | 董事 |
| 10 | 赵芳彦 | 4 675 325 | 1.21% | 董事、副总经理 董事会秘书 |
| 合计 |  | 198 362 338 | 51.53% |  |

数据来源:睿创微纳《首次公开发行股票并在科创板上市招股意向书》。

分散的股权结构的治理缺点是容易失去公司控制权,进而导致公司战略方向会被改变。这类股权结构的公司多属新兴产业,多次融资后的互联网、高科技行业等多见这类股权结构。

高度分散型股权结构指第一大股东持股不超过 10%。绝对分散型股权结构的第一大股东持股比例极小,一般不超过 5%。这两种公司的中小股东数量极多。该等股权结构在我国属于少数派,即使是上市公司出现这两种股权结构的公司也较少。

### 2.1.3 股权结构的治理功能

管理学的研究证明:股权结构是公司治理的基础,而公司治理促进了公司的发展。股权结构作为公司治理的基础,其形态决定了公司治理模式选择和治理机制效果,间接决定了公司绩效。基于此认识,从公司治理视角来看,怎么重视股权结构都不为过!

股权结构对公司治理的基础作用主要体现为以下几点。

**1. 股权结构决定了公司代理类型**

尽管存在多种理论解释公司治理问题的根源,但代理理论至今依然是最具代表性的理论。该理论认为,当委托人向代理人委托代为处理一项任务时,两者的利益不一致,在没有有效的监督机制时,由于利己动机和信息不对称,可能会出现"道德风险"和"逆向选择"等行为。在第 1 章中,已介绍代理问题主要分为两类:第一类代理问题是经理层对股东的代理,这种代理发生在分散型股权结构中;第二类代理问题是大股东对小股东的代理,这种代理发生在股权集中的股权结构中。由于我国公司（无论上市公司，还是中小企业和创业企业）股权结构整体较为集中，所以，我国公司治理存在的主要问题是第二类代理问题，而不是第一类代理问题。这决定了我国的治理制度与机制，以及治理理论都应以解决第二类代理问题为目标。

**2. 股权结构决定了公司治理的核心主体**

股权结构决定了治理中心。伯利和米恩斯在其代表作中通过实证研究，指出美国20世纪30年代公司的控制权都掌握在经理手中，原因是股权结构的分散，股东无法直接或通过董事会经营公司，只能将经营权交给经理，这样导致了第一类代理问题的产生。在我国的计划经济体制下，国有企业的治理主体是所谓的"老三会"，即党委会、职代会和工会。1993年制定《公司法》后，出现了"新三会"，即股东会、董事会和监事会。在前述两个时期，即传统国企治理时代以及公司制发展初期，国企治理中均出现了经理"内部控制"现象。

在股东多元、有外部投资、企业规模较大等情况下，股东无力自营，在此情形下，较大公司均将公司核心权力交给董事会，因为董事会是一个专业的决策机构。在单层治理模式兴起之后，董事会不仅在重大决策和战略选择等方面具有治理优势，而且外部董事或独立董事也可单独发挥其对内部董事的制衡和对经理层的监督功能，这使董事会相比于股东会成为公司权力中心的优势愈加明显。我国现行《公司法》采用的是"股东会中心"模式，即股东会拥有最终和最主要的公司权力。"董事会中心"指向的是"标准公司"，但对中小企业和创业企业来说，股东会必然是治理中心，董事会难以承担治理重任。

**3. 股权结构决定了控制权特性**

股权比例大小反映了股权集中度大小，股权集中度大小最终会表现为表决权大小，而表决权大小最终决定了公司控制权的归属。公司控制"权"属于权力，而非权利，但却是由权利异化或演变而来。依据社会契约的政治哲学，公共权力都是来自社会契约，是个体权利的让渡与集合。权力的正当性来源是权利。同样，公司的控制权作为治理权中的核心，其来源于股东的股权，只不过是多数股权，因其数量优势而形成对劣势股权的支配。显然，通过股权比例可以直观地发现公司的控制者（一般是第一大股东），也可以观察到控制权强度。控股股东持股比例越高，其对公司控制力越强，其对小股东代理责任越大，相反，小股东的委托成本越大。控制权是观察治理特性的入口，因为根据持股比例可以发现控制者；发现控制者后就可以根据控制者特性预测治理策略或治理方式，进而对公司战略和发展做出判断。控制者的特性是公司治理特性的来源。

**4. 股权结构类型决定了公司治理的其他方面**

股权结构决定了公司治理中的监督类型：在股权分散的结构中，经理层容易控制公司，第一类代理问题突出，监督经理层是关键，股权激励等治理机制可被广泛应用；而在股权高度集中的结构中，大股东完全控制了公司，其获得了较大的剩余控制权，第二类代理问题突出，如何监督和平衡大股东是治理的关键，此时，外部董事、资本市场和法律法规等外部治理机制就很重要；在股权相对分散的结构中，大股东需要通过一致行动协议等方式联合小股东或投资人以稳固自己的领导地位，此时，董事会往往成为治理中心，董事会监督就变得比以往更为重要。

股权结构决定了公司是自营还是他营。创业初期，由于股权高度集中，一般都由大股东自营公司，大股东代行公司的职责，公司的股东会、董事会、监事会和经理层等治理组织会被虚置。公司的治理具有非常强烈的自治色彩，人治和非规范化管理特征明显。而随着管理层持股比例的增加，以及外部投资人或外部股东的进入，会使大股东持股数量和比例减少，进而大股东会失去自营公司的机会。多个股东需要通过股东会、董事会、监事会和经理层等组织来博弈，集合各方意志，使公司进入他营阶段。

## 2.2 最坏的股权结构

|案例 2-1|

### 真功夫的股权战争

厨艺出身的潘宇海于 1990 年在东莞长安开创了名为"168 甜品屋"的店铺，这也是现在被广泛认识的真功夫餐饮管理有限公司（简称"真功夫"）的雏形。在 1994 年以前，这家店铺完全属于潘宇海个人，他独自拥有全部的决策权和经营权。到了 1994 年，潘宇海的姐姐潘敏峰和姐夫蔡达标因为自身投资的失利而选择加入"168 甜品屋"，并将店铺改名为"168 蒸品店"。在新的股权结构中，潘宇海保留了一半股份，而蔡达标和潘敏峰分别持有四分之一的股份（这部分股份登记在蔡达标的名下）。

初期的合作关系非常好，没有引发任何股权纠纷。在这个阶段，潘宇海既是主厨也负责日常经营，潘敏峰主管收银和采购，蔡达标则负责招揽顾客。尽管股份有所分配，但潘宇海作为创办者和主要负责人，依旧拥有决定性的影响力和掌控力。股东之间的相互制衡形成一种似乎协调且稳定的结构，表现出"一个'老大'带若干'小弟'式"的股权结构。

随着真功夫餐饮链的不断发展，潘宇海与蔡达标之间的商业观念逐渐产生了分歧，并且蔡达标开始希望对真功夫拥有更大的控制权。在 2003 年，为了缓解两人之间日益紧张的关系，蔡达标建议用五年为一个周期轮换董事长职务，并由他本人先行担任第一届董事长。面对这一建议，潘宇海最终表示接受。然而在 2006 年，蔡达标夫妇婚姻破裂，随之而来的离婚协议中，潘敏峰为了获得孩子的抚养权，决定将她所持有的真功夫 25% 的股权转让给蔡达标。这一转让行为并没有告知潘宇海。如此导致真功夫的股权结构就变成了典型的平均持股现象，如图 2-2 所示。

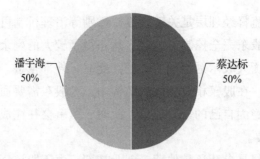

图 2-2　真功夫的平均分散股权结构

在担任董事长后，为最终获得真功夫的控制权，蔡达标利用自己的职务优势，采取了"去家族化"和"脱壳计划"等行动。引入风投"今日资本"和"中山联动"，两家各占 3% 股权，双种子公司占 10.52%（蔡达标和潘宇海各占 5.26%），蔡达标和潘宇海各占 41.74%（见图 2-3）。同时，从麦当劳和肯德基招聘职业经理人，建立忠于自己的团队。

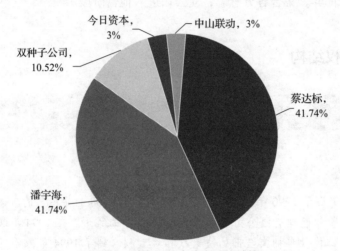

图 2-3　融资后的真功夫股权结构

同时，蔡达标聘用律师为自己制定非常详细的"脱壳计划"，第一步，通过收购中山联动股权，进而获得其董事席位，实现对真功夫董事会的控制；第二步，通过董事会投票更换法定代表人，将真功夫商标转让给蔡达标控制的公司，并让自己的亲属控制公司业务板块（见图 2-4）⊖；第三步，将真功夫下属八家子公司，以净资产价格卖给蔡达标设立的公司，最终彻底合法占有真功夫，将潘宇海完全挤出真功夫。

随着蔡达标企图加强对公司掌控行动的逐步强化，他和潘宇海之间的矛盾也越发尖锐。在 2009 年 6 月，潘宇海想通过发起《审计通知书》来揭示公司的内部情况，但遭到拒绝，他随即向法院提起股东知情权相关诉讼。通过法律途径，他获得了蔡达标涉嫌职务侵占及挪用公司资金的相关证据。2011 年 4 月，蔡达标因此被拘留，并最终在 2013 年 12 月，被广州市天河法院以职务侵占和挪用资金两项罪名，判处有期徒刑 14 年。尽管蔡达标对一审的判决结果提出了上诉，但二审维持了原判决。

---

⊖ 参见 https://www.sohu.com/a/279031569_100244828。

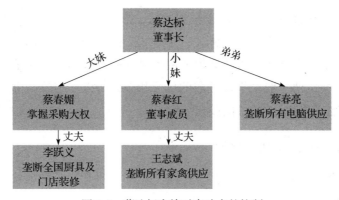

图 2-4 蔡达标家族对真功夫的控制

资料来源：作者根据网上公开资料整理而成。

## 2.2.1 股权结构第一定律

对股权结构的重视并不是来自法学界和管理学界的知识呐喊，而是来自创业领域一次次的股权斗争或股东大战。甚至可以说：股权结构和股权激励之所以在最近二十年逐渐变成热门话题，主要是因为诸多教训让创业者觉醒，意识到股权结构的重要性。实践教训与反思首先得到市场派"股权大师"的回应，因实践需求或知识不均衡产生了股权培训市场。"股权大师"用花哨的"股权控制线"、夸张的股权斗争案例等策略把创业者吸引到他们的讲堂，进行更为夸张的宣传、教育和股权技巧售卖。其中，平均股权导致的股权斗争案例几乎是"股权大师"宣传和授课的起点。在这一点上，"股权大师"是有贡献的，毕竟他们"吓住了"创业者，让创业者认真静心面对平均股权这一极端股权结构。

### 1. 股权的"平均"样态

平均分散是最坏的股权结构，我们称其为股权结构第一定律。

在上节所讲的七种代表性股权结构中，有三种极端股权结构，即绝对集中、绝对分散和平均分散，其中前两种股权结构分别处在创业发展的最早期和最末端。从创业公司成长过程而言，绝对分散出现的情况基本不存在，因为只有在公司上市或者变成非上市的公众公司后，股权结构才可能被稀释到绝对分散状态。所以，创业公司面对的极端股权结构主要是绝对集中和平均分散。绝对集中的股权结构是多数创业公司最初的股权结构，特别对传统行业而言，更是必然的"起点"；由于大股东占有绝对控制地位，"专制"成为该股权结构的治理特性，所以，这种股权结构的成败与他人关联不大，大股东起着绝对作用。但平均分散股权结构则不同，由于股权主体的多元化和股权结构的复杂化，使这类股权结构成为最受关注的极端股权现象。

平均分散股权是指股东们相互均等持有公司股权的状态，包括两个股东平均股权（各50%，如真功夫后期的股权结构）、三个股东平均股权（如33%、33%与34%，或各33.3%）、四个股东平均股权（各25%）、五个股东平均股权（各20%）等，依此类推。但最具典型意义的还是两个股东的平均分散状态，原因是再多的股东，如果出现股权控制权争夺情形后，多方会通过联合、结盟等方式，最终会形成两个对等的股权阵营。鉴于其他平均分散的股权关系最终都会转换成两个股东平均分散的持股状态，所以，本节所讲的平均分散的股权结构就仅指两个股东股权各占50%的股权结构。

### 2. 因平均而最坏：结果视角分析

"平均"是平均分散的核心，"分散"表明非集中。"平均"是分散状态中的一种极端现象，在股权结构中有特别意义。

最坏意味着什么？第一，最坏意味着无法回转。在股东们的人格、能力、资源等平均的情形下，没有任何一个股东愿意妥协（海底捞的施永宏是伟大的，因为他让步了，才成就了张勇的控股地位，进而成就了海底捞的长远发展），所以，只能以你死我活的方式毁掉企业。第二，最坏意味着自我摧毁。平均股权是企业股权的"癌症"。它作为一个基因，在被激活后，会自动发展，是股东内部或公司内部难以自己解决的问题，如当当网的夫妻股权斗争。第三，最坏意味着企业倒闭。为什么平均分散的股权会被企业家警惕，因为从结果视角观察，人们发现激烈的股权斗争的最坏结果就是企业倒闭，也正是这种教训才能让创业者和企业家更加重视股权结构的设计。

为什么平均必然会导致最坏？原因是：第一，平均导致企业家股东的缺失，而承担企业家职责的控股股东是稳定创业公司股权结构的关键；第二，股权数量平均导致了股东的绝对平等，股权数量将股东的能力"削齐整"了，通过股权数量的平等掩盖了有能力的股东，同时也掩盖了"搭便车"的股东；第三，平均股权可能会导致股东争夺股权。特别是当创业公司发展到了成熟期时，如果因股权平均导致公司控制权争夺问题无法解决，那么最后可能以毁坏公司根基而收场。除了真功夫的股权斗争，还有诸如西少爷肉夹馍的股权斗争、当当网夫妻平均股权斗争等都是平均股权的典型例子。

### 3. 第一定律的绝对性

既然是"定律"，必然具有其科学上的绝对性；既然是"第一"，就必然具有其重要性。"平均分散是最坏的股权结构"作为股权结构的第一定律，其绝对性表现为以下几点。

第一定律的绝对性是受条件限制的。企业家按照其资质分为卓越企业家和普通企业家。凡是能超越股权结构的企业家，如刘强东、任正非等，都可称为卓越企业家，而大多数企业家则是普通企业家；凡是天生具有超越常人的认知、毅力、风险判断能力的，都是卓越企业家，而普通企业家的这些能力则是相对较弱的。基于此，第一定律的绝对性只适用于普通企业家。在方法论上，首先应该假定一个企业家股东是普通企业家，只有被实践或结果证明后，才可以"晋升"为卓越企业家。

第一定律的绝对性是以普通企业家为核心的股权结构。绝大多数企业家股东的天生资质都是普通的，当然，这种普通是与卓越企业家相比的，因为，如果与"小弟"（合伙人股东)、员工和非创业者相比，普通企业家则是卓越的。所以，绝大多数创业公司的股权结构都适用股权结构第一定律，这就是其绝对性的范围。

第一定律的绝对性意味着所有创业者都要先假定自己的股权结构必须遵守该定律，也必须先假定自己的"老大"（企业家股东）是普通企业家。所有创业企业，都必须对企业家股东进行验证，只有在验证具有卓越品质后，才能接受平均股权，但验证需要时间，所以，从策略和态度上，还是需要回到第一定律，即需要先坚持反对平均股权！

## 2.2.2 公司法上的公司僵局

"公司僵局"（Corporate Deadlock）是一个英国法律概念。《麦尔廉－韦伯斯特法律词典》将其定义为："由于股东投票中，拥有同等权力的一些股东之间或股东派别之间意见相左、毫不妥协，而产生的公司董事不能行使职能的停滞状态。"[一]有学者将其比喻为"电脑死机"，认为"所谓的公司僵局是与电脑死机颇为类似的一种现象。电脑死机时，几乎所有的操作按键都完全失灵。公司陷于僵局时，一切决策和管理机制都彻底瘫痪，股东大会或董事会因对方的拒绝参会而无法有效召集，任何一方的提议都不被对方接受和认可，即使能够举行会议也无法通过任何议案"[二]。之所以形成公司僵局，从治理运行视角来看，根源在于公司治理依赖的多数表决制度。存在多数股东时，多数表决原则使公司能完成董事委派和公司决策，而如果两派表决权相同（股权平均）时，那么可能会产生"死机"情形。所以，从公司法和公司治理的内在机理，可以对股权结构第一定律进行如下描述：因股权平均导致表而不决，最终导致公司治理失败！

公司僵局在法律适用上表现为公司解散之诉。无论英美法系，还是大陆法系，尽管司法尊重商业决策和商业判断，但当股东不能自己解决问题而提请法律介入时，各国公司法律与法院系统都形成了完善的公司解散法律制度。

我国关于公司僵局和公司解散之诉的规定集中在《最高人民法院关于适用〈中华人民共和国公司法〉若干问题的规定（二）》（以下简称《公司法解释（二）》）中。其中第一条规定了四种公司僵局情形："（一）公司持续两年以上无法召开股东会或者股东大会，公司经营管理发生严重困难的；（二）股东表决时无法达到法定或者公司章程规定的比例，持续两年以上不能做出有效的股东会或者股东大会决议，公司经营管理发生严重困难的；（三）公司董事长期冲突，且无法通过股东会或者股东大会解决，公司经营管理发生严重困难的；（四）经营管理发生其他严重困难，公司继续存续会使股东利益受到重大损失的情形。"有学者据此对公司僵局进行了分类，根据产生僵局的公司机构不同，分为股东会僵局和董事会僵局；根据表决权行使方式，分为表决权均等僵局和否决权僵局。

从上述规定，可见解散公司的条件是：第一，结果上，必须是由于上述僵局情形导致

---

[一] 彭鸣. 论公司僵局[J]. 中国政法大学学报，2010（3）：106-110；159.
[二] 赵旭东. 公司僵局的司法救济[N]. 人民法院报，2002-02-08（03）.

公司经营管理发生了严重困难，若继续下去，将会造成公司或股东利益的重大损失，即公司严重困难情形必须被尽快解决；第二，公司存续会使股东利益受到重大损失，如果公司僵局刚形成，股东损失不大，或者有解决办法，或者僵局持续时间不长，而解散公司将给股东带来更大的损失的，则不构成解散公司的法律要件；第三，通过其他途径不能解决，其他途径主要指自力救济、行政管理、仲裁等司法外手段。

出于尊重商业原则以及减少社会成本，法院并不把判决解散公司作为对解散之诉的首要回应，而是把尊重股东意愿，并尽量维持公司经营作为裁判立场。《公司法解释（二）》第五条规定："人民法院审理解散公司诉讼案件，应当注重调解。当事人协商同意由公司或者股东收购股份，或者以减资等方式使公司存续，且不违反法律、行政法规强制性规定的，人民法院应予支持。当事人不能协商一致使公司存续的，人民法院应当及时判决。"在调解法律策略下，《公司法解释（二）》根据公司诉讼实践，给出了可能的和解方案，如收购、减资、强制分立等。法律在其允许的范围内，贡献司法智慧，帮助股东们解开他们平均股权的"死结"。判决解散则是不得已的法律策略，由此法律结果开启了清算程序，然后，股东在第三方参与下"埋葬"自己投资的公司！

### 2.2.3 平均股权违背正义原则

从"股权结构"穿过"多数决制度"，最后达到"公司解散之诉"，可以看到两个（派）股东平均股权确实是公司治理中的"恶性肿瘤"，必须对其进行深入分析，树立预防平均股权的意识。

**1. 错把平均当公平**

认为平均就是公平，这几乎是所有创业者选择平均股权时的理由。特别是大学生创业时，由于是同学关系，且年龄、资金、能力等处于相同状态，这种基于共同感情的相同境况，使他们认为平均股权是符合公平正义法则的；如果让任何一个同学持有超过其他同学的股权，甚至成为控股股东，那么他会觉得这是一件很难为情的事情，似乎这就破坏了同学间友谊或团体正义。平均与公平（正义）的关系，亚里士多德将其阐述为平等与正义的关系。他把平等分为数值平等和比值平等，其中前者是指同等的人（身份、地位、先天资质等）之间的正义关系，同等人分得平均或平等的财富，后者是指不同等的人（不同阶级、不同天资等）应该按不同比例分得财富，也就是说，在亚里士多德眼里，同等的人同等对待（平均），不同等的人不同等对待（差别），这才是正义的。

股权均等理念与公正原则相冲突，原因如下：

首先，这一理念混淆了按出资比例的股权分配原则与所有股东具有同等地位的概念。从法律角度讲，股东间的平等是一种抽象的平等关系，源自每个股东所拥有的股权份额的平等。而这种股权的平等进一步源自对法定权利的平等认可，这是指所有人作为法律的主体都应享有平等的权利，这正是现代哲学关于人的平等观念的出发点。然而，在实际情况中，股东的平等并不是简单地与出资数额直接关联，因此，将二者混为一谈显然不合逻辑。

其次，错将股东的出资平等视为能力平等。出资的数额虽相同，但这只是在投票权等股东权益上得以体现，并不能衡量股东的个人能力。实际上，股东们在精神属性、管理才能与投资目的上是存在差别的。例如，视公司为收入来源的财务股东（如普通投资者和员工），与视公司为事业发展目标的事业股东（如企业家和合伙人）之间就具有截然不同的视角。每个股东对公司的贡献方式也各不相同，他们的能力和能力类型也大相径庭，因而财务出资与个人能力并非可以相互替代。

最后，最严重的后果是，这种观念可能导致企业家这一角色在股东集体和团队之中被忽视，使企业家被束缚于资金之中。对创业公司而言，它们的核心竞争力并非资金或者项目本身的优劣，而在于企业家的个人才能。尤其在公司的初创阶段，只有优秀的企业家才能辨识商业机会、凝聚创业团队以及吸引外部投资，从而帮助公司走出生存的困境。如果没有这样的领军人物，创业团队难以形成有效的组织力量，抵御生存的种种风险。历史经验与失败教训都反复证明：企业家是初创企业中最关键的资源。如果缺少了企业家，创业项目就会如同散沙一般，缺乏组织结构，无法推进公司的正常运作。

**2. 反思**

创业者在构造公司股权结构时，容易从平均股权开始，这种违背正义原则的做法，是由一些普遍错误认识导致的。除了上述的将平等等同于公平的错误认识外，还存在一些值得反思的股权观念：

第一，没有重视股权价值与个人贡献之间的关系。这是从动态角度来观察出资（股权）与能力（个人贡献）关系得出的结论。有些股东的贡献是一次性的、不变的（如出资），而在企业的后续发展中，并未投入企业所需资源，如公司缺少资金时，并不愿意继续出资，或企业需要资源时，没有能力或不愿投入资源等，这些股东会变成类似"僵尸股东"，对其他股东而言，这类"搭便车"的股东的股权价值应该随企业的扩大而降低，但他们却持有公司一定比例的股权，这就会造成股东之间的矛盾。在平均股权关系中，应该建立规则，股东价值变化标准可以成为打破平均股权的一个重要原则。

第二，将股权结构看作是静态的。股权结构的静态主要表现方式就是股东持有股权比例是不变的，而持有不变比例是很多创业者分配股权的基本观念。但应该像海底捞那样，在合适的时机调整持股比例关系，或者在分配股权时按数值分配，而不是按比值分配，即股东之间确定一个动态分配原则或调整原则。初始时股东们按一定数量持有公司股份，在条件满足时，通过对部分股东增发或转让，使股东持股数量根据其贡献进行动态变化，这样持股比例就不再构成对公司股权结构变化的约束。

第三，没有控制就没有公司。关于公司控制的重要性，本书第4章会进行详细阐述。但在这里，需要首先确立的观念是：对创业企业来说，控制权是所有权力中最高级的一种，是决定创业企业存亡的基础性权力，因而，中小创公司一定要抛弃所谓股权民主观念，必须将公司股权集中在企业家股东及其团体手里，因为，控制意味着组织力，而组织力的强弱和优劣是决定创业企业生存的关键。

第四，企业的存在依赖于企业家的领导。要建设一个有效控制的公司，关键在于谁将担任这个控制角色——这必须是企业家。企业治理结构、规范化流程、对企业家的责任限制以及企业家市场的创造等所有制度设计，如果不将企业家的作用作为考量核心，或者是过于单纯地强调法规制度的作用，都是不充分的。创业者应当明白这样一个事实：在企业初创阶段，治理往往是集权式的，管理也常常带有个人情感色彩；随着企业的成长和成熟，治理逐步向法治过渡，管理同样趋向于制度化。然而，每个企业的首要任务都是找到一条能够穿越"生存期黑洞"的道路，研究表明这是一项极其艰难的任务，因为超过90%的创业企业未能度过初创期便宣告失败。那么，如何度过这一存亡攸关的时期呢？实际经验告诉我们：企业家是关键性的决定因素。如果没有马化腾，也许就不会有腾讯；如果没有任正非，也许就不会有华为；没有刘强东，也许就不会有京东。

## 2.3　最好的股权结构

|案例 2-2|

### 马化腾的股权意识

在1998年的11月，马化腾联合四位伙伴共同创立了深圳市腾讯计算机系统有限公司（简称"腾讯公司"），其注册资金达到了当时《公司法》所规定的、生产经营类有限责任公司所需的最低额度50万元。腾讯公司创立的股权结构体现了创始人马化腾科学的股权观念，如图2-5所示。

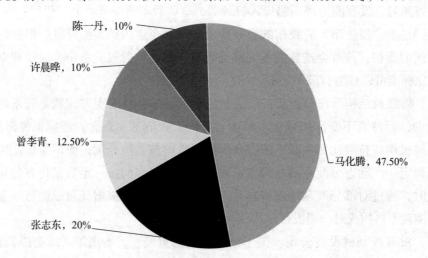

图2-5　腾讯公司创立时的股权结构

资料来源：周义博. 腾讯创业内幕[M]. 杭州：浙江人民出版社，2012.

虽然马化腾在合作伙伴中经济条件最为宽裕，足以独自承担全部投资，但他选择减少自己的股份至不到一半（47.5%），这一举措背后有其对公司股权分布的深思熟虑。在后续的访谈中，马化腾对于这种初创期的股权分配方式进行了阐释，他指出："要他们的总和比我多一点点，不要形成一种垄断、独裁的局面。"而同时，他自己又一定要出主要的资金，占大股。他说："如果没有一个主心骨，股份大家平分，到时候也肯定会出问题。"

### 2.3.1 绝对的最坏与相对的最好

在方法论上，人们能对什么是不正义达成一致，但对什么是正义，却争论不休。对待股权结构也是如此：大家都承认平均分散是最坏的股权结构，但对什么是最好的却很难达成一致。尽管不能确定哪种股权结构是最好的，但可以就确定最好股权结构的基本原则达成一些共识。首先，没有一个形态的股权结构对所有企业（无论创业期、发展期、成熟期，还是衰退期）均适用，没有一个"放之四海而皆准"的股权结构，基于此，"最好的股权结构"无法分享"最坏的股权结构"的命题公式；其次，既然没有一个普遍的、绝对的"最好的股权结构"，那么，可以相对地找到适用于不同公司的、不同阶段的好的股权结构，因而，"最好的股权结构"就是不同阶段最能适应不同公司治理需要的股权结构，即最能适应公司发展的阶段性需求的股权结构是最好的股权结构；最后，生存是创业公司最初期的共同任务，为解决此任务，所有创业公司的股权结构均可适用同一种股权结构，此股权结构对此阶段的所有创业公司都可以视为最好的。

"最坏的股权结构"是一个绝对命题，即适用于所有场景，也就是在任何情况下，特别是当企业家是普通企业家时，平均分散的股权结构必然导致公司僵局。这就是为什么需要将"平均分散是最坏的股权结构"命名为"股权结构第一定律"；"最好的股权结构"是一个相对命题，因为"最好的"仅适用于其相对场景。

### 2.3.2 "一个'老大'带若干'小弟'"是最好的股权结构

尽管没有适用于所有公司类型、所有公司发展阶段的绝对标准，但如果将观察视野限定在中小公司和创业公司范围，从股东关系和股权制衡视角，可以发现一种被理论和经验证明的最好的股权结构，即"一个'老大'带若干'小弟'"式的股权结构。

反观腾讯公司创立时的股权结构可以看出：马化腾对大股东"独裁"与小股东"协商民主"之优劣有很深刻的认识。一方面，该结构能"兜底"，即保证大股东独裁的最坏结果不会出现，因为如果大股东马化腾作出一个极端错误的决策，所有小股东用其股权联合起来可以推翻他；另一方面，保证日常决策中有一个核心，马化腾是一个被其他小股东事先认可的领导人，值得其他股东拥护！腾讯公司的股权设计暗含了股权结构的深层机理，即好的股权结构一定是股权或股东之间的制衡关系！

### 1. "老大"与"小弟"的股权制衡关系

平均分散的股权关系中，没有"老大"（企业家、创始人）与"小弟"（合伙人、创业早期的团队成员）之分，其不仅错将制衡理解为平均，而且也否定了"老大"在其创业及其团队中的核心地位。在承认"老大"的核心地位的前提下，如果把"小弟"们视为一个股东集体，其与"老大"之间的股权关系可分为以下五类（见表2-3）：第一类是"老大"持有公司100%股权，即没有"小弟"跟随的"老大"。现代创业实践证明，创业注定是合伙创业和团队创业，一个人的创业是很难成功的，即使在传统行业创业，不与"小弟"们分享股权，也得分享利润，否则，企业走不远。所以，在创业活动中，一个人持有公司100%的股权，这种极端股权结构存在先天缺陷。第二类是"老大"持有绝对多数的股权，即"老大"持有超过67%的股权。当"老大"持有超过67%公司股权时，从表决权关系上，就产生了"老大"对"小弟"的绝对控制，因为"小弟"们的股权总和无法对"老大"产生制衡。此情形下，"老大"基本可通过股权实现其个人独裁，"小弟"们微弱的股权使之处于明显的被剥削地位。如果"老大"无能或失德，对"小弟"们来说会变成长期的苦难！此种股权结构是创业企业中较多的一类，其制衡是弱制衡。第三类是"老大"与"小弟"们的股权数相当，各约占50%。如腾讯公司创立时的股权结构一样，属于"老大"与"小弟"股权力量的制衡样态，此股权结构是强制衡。第四类则是"小弟"们的股权比例远大于"老大"，如小弟们持有67%以上。在此股权关系中，如果"小弟"众多，则股权高度分散，"老大"即使持股不超过33%，也可以通过股权联合（一致行动协议）实现公司控制。否则，此种股权关系容易导致公司变成无实际控制人公司。第五类是"小弟"们持股平等，没有任何一个股东的持股形成对其他股东的股权优势，此即为无控制人股权结构。尽管无实际控制人公司对成熟公司或上市公司而言是无所谓的，但对创业阶段的企业绝对是灾难性的，因为它会导致公司无序和僵局。

表2-3 "老大"与"小弟"的股权制衡关系

| 股权结构类型 | "老大"持股比例 | "小弟"持股比例 | 制衡关系 |
| --- | --- | --- | --- |
| "老大"单一持股 | 100% | 0% | 单一股东，股权无结构 |
| "老大"绝对强控股 | 大于67% | 小于33% | "老大"绝对控制，"小弟"弱制衡 |
| "老大"相对强控股 | 约50% | 约50% | "老大"相对控制，"小弟"强制衡 |
| "老大"弱控股 | 小于33% | 大于67% | "老大"被控制型 |
| 无"老大"型 | 等于任一"小弟" | 相互均等 | 无"老大"型 |

### 2. 制衡：良好股权结构的内在机理

把"小弟"视为复数，即非单个股东，"老大"与"小弟"作为创业团体，实际构成了中小创公司的核心，其相互关系处于公司治理层面，而非公司管理层面，其相互之间的股权关系就是中小创公司治理问题。基于此，探究"老大"与"小弟"们的股权制衡关系就不是"技巧应用",而是仔细完善该类公司的治理根基。

首先,从公司发展的角度来看,这五种股权结构存在着进化关系,如图2-6所示。

图 2-6　五种股权结构的进化

在公司创立之初,"老大"通常拥有全部的创业股权,代表着公司所有权的初始状态。而随着公司发展至公开募股(IPO)这一阶段,出于资金筹集和激励员工的考虑,"老大"与"小弟"所持有的公司股份将会不断被稀释。这种股权的稀释最终可能导致原始股东失去对公司的控制优势,变为控股比例较小的小股东。在许多情况下,尤其在高科技和互联网行业中,在上市时,实际控制公司的通常是投资者,而非创业时期的原始股东。

显然,"'老大'单一持股"和"无'老大'型"股权结构是最先要被排除的,因为二者都是极端的股权关系。在其股权结构内部,由于持股主体的单一或平均,难以实现有效制衡。前者是创业的起点,没有结构,股权主体是单一的,公司治理实际是股东的自我治理,个体户和一人有限公司等均属于此类;而后者是则创业的终点,企业家及其团体没有控制权,趋向股权平均,是最坏的股权结构,其原理在前面章节已经论述,在此不再赘述。

在企业家团体内部,"老大"与"小弟"的制衡关系会经历从强制衡到弱制衡的发展过程,此皆融资和激励等股权稀释活动所造就。当然,伴随这一过程的是创业公司股权价值的放大,尽管"老大"的股权控制力在下降,但其股权价值却在上升,或者说,正因为股权价值上升才让"老大"有了逐渐减弱其股权控制的动力。从"老大"的绝对强控制到相对强控制,再到"老大"的弱控制是创业公司最关键的时期,因为这个阶段是公司成长最快的时期,是对外部资本、管理团队、市场营销、产品研发等企业核心要素要求最强的时期,股权就成为换取这些要素的主要筹码。

其次,从内部制衡视角来看,"老大"与"小弟"的股权制衡分为强制衡与弱制衡两类。如果把股权制衡视为最好股权结构或股权关系的内在标准的话,强制衡和弱制衡体现了创业公司在不同阶段的股权结构关系的最佳状态。一是从弱制衡走向强制衡,"小弟"地位逐渐提升,企业的规范化和法治化程度在提升,公司战略发展和内部管理从绝对依赖个人走向依赖制度。每个企业的发展都会经历这么一个阶段。二是在生存期的初期,弱制衡是最好的,因为只有突出企业家的绝对地位,让企业家独立决策才能最大程度发挥企业家的积极性,放大其企业家能力。三是在生存期中后期,强制衡是最好的,因为企业发展的稳定性和安全性价值凸显,不仅需要"小弟"对企业家提供内部贡献,更需要"小弟"对企业家制衡,防止企业战略失误。四是传统行业整体适合弱制衡结构,现代行业更适合强制衡结构,这主要是由"小弟"较好的创业和合作能力所决定的。

好的股权结构一定是"老大"与"小弟"的股权比例之间的某种平衡。"老大"对"小弟"的股权"剥削"或股权"独裁",以及"小弟"对"老大"的控制,均不可取。如果企业家是卓越的,则上述第二种股权结构("'老大'绝对强控股")是最优的,因为卓越的企业家尽管在股权结构中拥有绝对控制权,但股权结构或者"小弟"们并不对其构成约束;如果企业家是普通的或一般的,则上述第三种股权结构("'老大'相对强控股")是最优的,因为二者之间存在基于股权的相互制衡关系,既能发挥企业家的潜在能力,又能避免企业家的极端之"恶"!

### 2.3.3 为什么"老大"与"小弟"的股权要制衡

"老大"与"小弟"共同构成企业家团体(创业者团体)。"老大"作为创业团队中的核心人物,一般持有创业公司的相对多数或绝对多数股权,该人不仅是股东,其更重要的角色是承担"企业家"的职责,即其是创业活动的发起者、组织者、控制者、战略决策者,也可称之为"企业家股东";而"小弟"原则上是"合伙人",其往往是多个人,但其无论单个个人,还是共同集体,都持有公司较少股权,这类合伙人的功能是辅助企业家股东,他们一般愿意服从"老大",可称之为"合伙人股东"。

股权结构从表象上看,是出资比例关系,是股东之间的股权关系,但穿过股权会发现其本质是股东关系,而股东关系中最具决定性的是"老大"(企业家股东)与"小弟"(合伙人股东)之间的(股权)关系。这样,就给出了股权结构的两层含义:其表层含义是股权结构是股权关系,而其深层含义是企业家股东与合伙人股东之间的股权关系,这一认识对创业企业早期尤为重要。因股权投资进入股东名册的投资人和因股权激励进入股东名册的员工,都是在企业家股东与合伙人股东确定的股权结构(底层股权结构)的基础上通过(同比例)股权稀释方式成为股东的,后两者很难对前两者确立的股权结构形成挑战,所以,在论证股权结构时,应将股权结构的认识重点放在前两者关系上。

从"老大"与"小弟"的股权关系视角来看,好的股权结构必须是不极端的,上述"无'小弟'"和"无'老大'"的股权结构都是极端的,尤其不适用生存期早期的创业公司。同时,好的股权结构必须是"老大"与"小弟"之间股权比例相互制衡的,如腾讯公司创立时的股权结构展示的那样,二者股权比例的制衡既满足创业初期为解决生存所需要的"独裁"或"专制"治理,又可以通过小股东对"老大"进行牵制,其结果是友好的。

无论强制衡关系,还是弱制衡关系,以下几点是重要的:首先,在创业公司的早期发展阶段,创始人是带领企业度过起步困难期的关键人物。在此阶段,集中式的股权结构,即创始人拥有绝对的决策权,往往比股权分散的民主决策体系更为高效,因为这个时期公司生存的紧迫性要求快速而灵活的决策。这也解释了为何天使投资者和早期风险投资者将团队精神和领导力作为主要投资标准,甚至强调投资特定个人的重要性。其次,随着公司的成熟发展,股权民主,即多数股东共同决策的治理模式,更适合成熟企业或高科技企业的初期发展。像规范治理要求的那样,一个结构良好的董事会能确保企业的持续稳定发展,但这种模式要求企业规模较大、运营顺利,以及产品和市场地位稳定。进一步地来说,优秀的股权结构具有相对性,与企业发展的特定阶段紧密关联。"老大"与"小弟"之间的权力结构必须随着公司发展阶段的任务进行适当调整。股权结构并非固定不变,随着企业的发展和壮大,创业早期的集中决策应逐渐转向团队决策和接受外部参与,而成熟公司则不应延续集中式股权独裁。事实上,一些上市公司出现的治理难题的重要原因是没有随着企业的发展解决好早期的股权集中问题。最后,"小弟"的能力与股权分散的民主决策之间存在正相关关系,因而"老大"在具备企业家技能的同时,也负有提升团队成员治理能力的责任。共同提升创始人和团队成员的能力对创业企业的发展至关重要。

由于企业家基本都是普通的,而非卓越的,因而,本节所述"一个'老大'带若干'小弟'"是指:一个普通的企业家与若干"小弟"之间形成制衡的股权关系,此股权关系对创业企业而言,是最优、最好的!基于此逻辑,可将"一个'老大'带若干'小弟'"视为"股权结构第二定律"!同时,创业企业在设立和治理时,必须警惕一种观念:过于强调治理的民主性,过于依赖股权结构,而忽视了企业家的能动性。优秀的企业家是创业企业的关键竞争力。在股权结构设计上,要尽可能实现企业家与股权结构之间的平衡与互动关系。

## 2.4 对待股权结构的正确态度

| 案例 2-3 |

### 海底捞股权结构进化史

在 1994 年,张勇及其女友舒萍、施永宏及其女友李海燕这四人各出资 2 000 元,在四川省简阳市的一条街上的一幢建筑的二层开设了海底捞这个品牌的首家火锅店。该店不仅标志着海底捞火锅的诞生,也成为海底捞事业发展的起始点。即使当时他们并未正式成立公司,也没有考虑过股权的分配,但实质上,四人的投资是等额的。很显然,海底捞最初的股权结构是分散且平均的股权结构,如图 2-7 所示。

到了 2007 年,海底捞在北京市场已获得了广泛的认可。公司将目光投向了资本市场,希望实现上市,而这就要求先解决股权平均分散问题。表面上,财务顾问在上市筹备过程中建议拥有一个绝对的控股股东将有利于上市。不论深层原因是什么,最终的结果是施永宏以其最初的投资价格将自己所持有的 18% 的海底捞股份卖给了张勇。这一举措使张勇成为拥有超过三分之二投票权的企业家股东,确立了他在海底捞的绝对控股地位(见图 2-8)。这为融资和员工持股而需要的股权稀释留足了量。

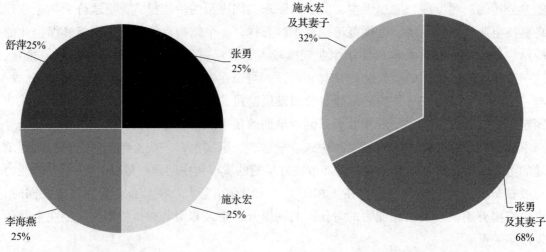

图 2-7 海底捞创立时的股权结构　　　　图 2-8 海底捞中期股权结构

在张勇的领导下,海底捞得到快速发展,企业营收和利润都大幅提升,在行业和社会中获得良好声誉。海底捞的最关键的跃升之步就是IPO。在投行、券商和律所的指导下,海底捞建构了现代化的、适合IPO的股权结构,如图2-9所示。

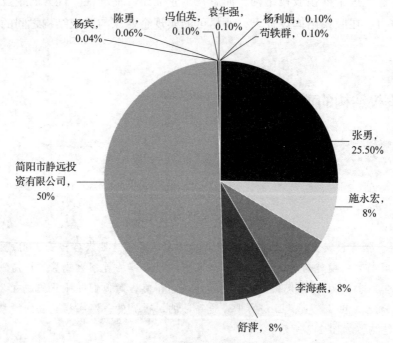

图 2-9 海底捞上市时的股权结构

如果把"简阳市静远投资有限公司"的股权结构显示出来,会看到这个股权结构是很巧妙的,在保证创始人共同利益的基础上,保证了企业家股东对公司的绝对控制权,同时,也对"小弟"们分享了公司股权(见图2-10)。这显然是资本市场的"高人"策划而成的!

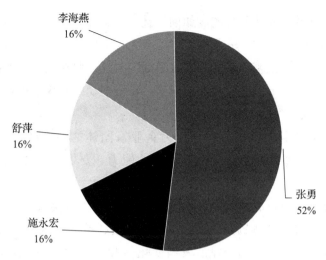

图 2-10　简阳市静远投资有限公司的股权结构

资料来源：作者根据《海底捞：你学不会》(作者黄铁鹰，中信出版社，2011 年) 和网上公开资料整理而成。

## 2.4.1　股权结构需要动态调整

从持股比例视角来看，一旦持股比例确定，股东的股权关系就是不能变动的，否则，任何变动都会激发股东潜在矛盾。然而，股权价值并不是一成不变的，股东也总是在变动的，动态调整应成为对待股权结构的正确态度。

**1. 海底捞股权结构调整解读**

回观海底捞股权结构发展历史，可以看到其股权结构在企业发展的两个关键时候都得到及时调整。其中，最关键的调整就是从 4 个 25% 或 2 个 50% 调整成张勇夫妇持股 68%，施永宏夫妇持股 32%，这是海底捞股权结构核心部分的调整。尽管平均分散的股权结构可能会导致公司僵局，但在关键时候，施永宏用自己的"退让"成就了张勇在股权上的"老大"地位，同时，也成就了海底捞。如果真功夫的潘宇海和蔡达标能如施永宏和张勇一样，真功夫会获得更好的发展！海底捞股权结构的第二次调整的结果使其股权结构更加"现代化"，经过调整后的股权结构中的持股要素多元，不仅包括创始股东张勇夫妇和施永宏夫妇，也包括杨丽娟等"小弟"，还出现了持股平台，同时，张勇夫妇和施永宏夫妇不仅直接持股，而且通过持股平台也间接控股，并且通过持股平台可以达成更多目标（如激励员工等）。

**2. 股权结构调整理念**

股权结构的动态调整需要遵循以下基本原则：

首先，没有一成不变的股权结构。正如上层建筑要适应经济基础的发展一样，公司不同阶段对股权结构的要求也是不同的。如前所述,初创期的股权结构要突出强调"老大"的控制力,而且是控制力越强越好,但在发展期就需要减弱"老大"的控制力,不断增强"小弟"们和投资人的股权制衡力量,等到成熟期的时候,股权结构中的制衡力量才能更均衡。所以,"老大"及"小弟"们都必须意识到:要树立动态股权结构意识,反对将股权结构看作是静态不变的观念。

其次,要主动调整股权结构。对于作为企业家团体之核心的老大,不仅要有超越合伙人的股权意识,更要有驾驭公司股权结构的能力。要根据公司发展需要,通过主动融资、股权激励、引入合伙人等方式调整公司股权结构,不能固守自己的控制权,必须将自己的股权控制与公司发展紧密结合起来,把股权看作是换取公司发展所需资源的工具。同时,"老大"不能一味强调私人控制力和私人利益,否则,就会失去作为权威和领导者的威信和地位。要认识到企业的发展变化与股权结构之间的关系,如张勇在开始融资时所认识到的那样,按照投资人的要求,将平均的股权结构调整成有控制人的股权结构。

再次,任何时候都要保证企业家的核心地位。股权结构中存在四类主体,即企业家股东、合伙人股东、投资人股东和员工股东,其中由企业家股东和合伙人股东组成的企业家团体是公司发展的核心动力,他们掌握着公司的战略、管理、产品、营销等核心资源。投资人和员工相较而言,是辅助性的股东,二者都会在合适时候离开公司。所以,从企业家团体的事业感以及公司发展的战略而言,只有保证企业家团体最大程度、最长时间对公司控制权的稳定持有,才能最大程度地保证公司的长期发展。另外,处理好企业家股东与企业家团体的关系,使之在股权结构渐进稀释的过程中,争取最大可能地保证"老大"与"小弟"们之间的制衡关系,只有二者长期稳定的制衡,才能保证企业家团体的团结。

最后,预留股权的重要性。期权池是我国高科技公司从美国上市公司学习到的一种股权结构的设计理念。期权池意味着在股权分配时,将未来要对员工进行激励或引入合伙人所需的股权,事先计算在公司股权总数中。目前比较流行的做法是:成立一个专门的有限合伙企业,其中"老大"控制的有限责任公司为GP(普通合伙人,承担无限责任),激励员工为LP(有限合伙人,承担有限责任);如果想预留股份给后续进入的合伙人,可以由"老大"先代为持有或先进入合伙企业,在一定时间后再进入公司股东名册。期权池或通过其他形式预留股权都是实现股权结构调整的手段,都增强了股权结构的灵活性!

## 2.4.2 企业家与股权结构的关系

### 1. 卓越的企业家可以超越股权结构

作为制度的或法治意义上的"股权结构",供给的是一个"非人格"的约束,它能提供一个稳定的、可预期的相互关系，但不能保证公司绩效和企业战略，而卓越的企业家则可以解决后者。因而，不能无限夸大股权结构的治理价值。如果创业团队中的"老大"是一个超群的领袖，具有超凡的战略意识，如华为的任正非、海底捞的张勇或胖东来的于东来等，那么，股权结构就应该"让位"于这些企业家，即此情景下，股权结构不是重要的；反之，如果创业团队中的"老大"是普通领导者，则股权结构重于企业家，需认真对待股权结构！这是股权结构第三定律：卓越的企业家可以超越股权结构。股权结构是对普通企业家的制度约束。

**2. 普通企业家应受制于股权结构**

股权结构确定了企业法治化治理的基础。"企业家"与"股权结构"之间的关系是"人"与"制度"的关系的体现。"企业家治理"等同于社会治理中的"人治"，而"基于股权结构的公司治理"则意味着"法治"。人在制度中，即企业家在股权结构中；人对制度的服从，即企业家受制于股权结构。当然，企业家不是绝对被动的，企业家通过主动设计股权结构为自己治理企业奠定有利基础。按照政治哲学和政治经验来说，人们普遍认为法治（基于股权结构的公司治理）优于人治（企业家治理），但这一原则不能静态理解，需要从企业发展的阶段性来解读。比较企业家和股权结构的治理重要性，会发现：公司发展的早期越依赖企业家（人治），越到后期就会越依赖股权结构（法治）。因而，在创业股权结构设计之初，有必要追问：什么样的股权结构对本企业的未来发展是最好的？其内在逻辑是：初期的股权结构设计尽管以企业家为中心，但从长远来看，必须回归公司治理的法治模型，所以，"最好的"一定是既能解决当下股权问题（特别是公司控制），保证企业家在公司生存期能最大程度发挥个人能力，带领公司快速闯过生存期，同时也要保证股权结构对未来是开放的，能引导企业走上法治化治理。只有实现这种平衡，才能为创业企业的发展铺好轨，引好路！

企业家在企业不同阶段的治理地位如图 2-11 所示。在企业发展的不同阶段，股权结构的治理价值是变化的。在初创期，企业是脆弱的，要承受来自各方面的压力和挑战，保证生存是企业的首要任务。此时，企业家的作用胜过了股权结构。企业家的个人直觉是带领创业团队解决创业风险的关键。风险投资商们对此深有体会，天使投资人首先看重的是"老大"的品质、能力，其次才会关注企业的股权结构。因为"老大"的创业精神和人格气质是不变的，而股权结构是可以改变的。在成熟期，企业文化已经建立，各项制度已经健全，参与人员较多，此时法治化公司治理是必然选项，股权结构已经分散，股东会和董事会已经发挥治理价值，治理博弈已经日常化；由于企业规模较大、利益相关者众多、战略决策日益复杂，这使企业家已经难以应付各种问题，此时，分散的、多元的股权结构之上的制度治理就成为治理首选，企业家个人被要求更多地服从治理制度。企业成长的过程，体现了企业治理从小到大，从"人治"到"法治"的发展规律。

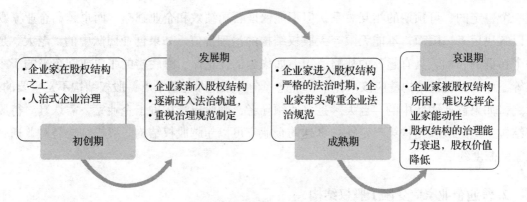

图 2-11　企业家在企业不同阶段的治理地位

### 2.4.3　股权结构与公司绩效

避免最坏的股权结构是为了防止公司僵局，但追求最好的股权结构是为了什么？一个好的股权结构方案或一个股权激励方案，就能让公司业绩翻番吗？这种"一因一果"式的推理，似乎隐含一个逻辑关系：好的股权结构能保证公司的成功！基于此，为了"果"（公司成功、好的公司绩效），才去追求"因"（好的、适合企业的股权结构），此逻辑是对股权结构与公司绩效之间现实关系的误读。

**1. 坏的股权结构才会导致坏的公司绩效**

好的股权结构不一定能保证创业成功，但坏的股权结构一定或大概率会导致失败，这才是股权结构备受重视的真正理由。培训市场中的一些"股权大师"深谙这一点的心理价值，所以在培训的时候，就先用失败案例来吓唬听众，说公司的失败都是由股权结构引起的。尽管股权结构很重要，但只有坏的股权结构才会导致公司僵局，使公司绩效下滑，此结论正确性的范围是有效的，不能夸大。

**2. 好的股权结构与公司绩效不具有正相关关系**

管理学界通过对上市公司公开数据的归纳，对股权结构与公司绩效之间的关系进行了深入研究，得出了很多有价值的研究结论，这些结论对理解股权结构和公司绩效关系有直接帮助，同时，也对公司治理结构的完善起到积极影响。

就上市公司而言，好的股权结构未必就能导致好的公司绩效。首先，能上市的公司的股权结构都不是最坏的，甚至在上市之前其股权结构与公司发展都是契合的，都是好的股权结构，所以上市公司的股权结构原则上都是好的股权结构。其次，上市公司的公司绩效差别较大，有好有坏。都是好的股权结构，但为什么公司绩效有好有坏？其结论是：好的公司绩效与好的股权结构之间不具有必然的正相关关系，因为好的公司绩效是"果"，造成其的"因"则是多元的，如行业竞争、技术革新、市场策略、融资规划、团队建设等，任何一个"因"都可能导致绩效下降。再次，股权集中度过高或股权过于分散，都会导致公司绩效下降，原因很简单：此两种情形下，公司治理都会出问题，公司经营受公司治理影响较大，而公司治理作为基础，一旦它出现问题，势必会影响公司经营效果。最后，只有适度集中或分散，才不对公司绩效构成制约。从这个意义来讲，可得出一个消极结论：股权结构对公司绩效的价值并不在于它会提升公司绩效，而在于它只要不制约公司绩效，就是股权结构对公司绩效的贡献！

对于中小型创业公司来说，适当的股权集中可以为公司的治理和绩效带来正面影响。考虑到中小企业处于早期发展阶段，股权的高度集中在这些企业中可能比在上市公司中具有更强的积极效应。原因在于，企业家的领导才能在公司的发展过程中起到的作用往往比股权结构或传统公司治理模式更加重要，换言之，企业家的个人治理优势能够显著超越制度治理。

### 2.4.4 创业领导者的股权意识

身为创业团队领头人的企业家股东，在创业项目中扮演着至关重要的角色。由于他们是创业活动的导师和主要决策者，他们对股权的认识非常关键。他们对创业公司的股权结构设计，股权激励的规模、时机和激励对象的选择等问题的处理，通常会对企业的成长路径产生显著影响。因此，指导这些创业领导者形成一种科学的、战略性的和全面的股权观念变得至关重要。

**1. 股权战略思维与股权知识**

创业领导者必须具备系统的股权战略思维。由于股权结构是公司治理的基础，所以，股权激励、股权融资和股权控制等问题就是股权战略问题，必须从整体和长远视角进行规划和设计，这是作为"老大"的创业领导者的职责。为此，创业领导者必须从以下方面建构自己的股权战略思维和股权知识应用能力。

第一，主动学习股权知识，树立股权战略思维。新一代的创业者与传统创业者之间的一个重要区别就是前者具有现代的股权分享观念。传统创业领域大多集中在人员密集和资金密集的行业，如加工、餐饮、建筑等。这些行业的股权特点是单一持股主体，基本不存在股权多元化需求，所以，在老一辈的创业者那里，不存在股权问题。但在高科技创业时代，没有一个人可以独自完成创业。控制和分享股权，并利用股权分享成就创业事业，是新一代创业领导者对股权的基本态度。为此，新一代创业者和创业领导者都必须具有股权意识。近十多年，在我国兴起的"股权热"就是对这种现实需要的回应。一个优秀的创业领导者必然是一个优秀的股权战略家！

第二，认真学习规范的股权知识。股权知识主要是法律知识，核心是公司治理知识。

尽管其中包括了人力资源和财务知识，但由于其核心内容是把股权视为一个"客体"，基于法律权利的理解，而对其进行灵活运用的过程。当把股权知识视为法律知识的时候，其规范性特点就很清晰。一方面，股权法律知识是公司法知识的范畴，属于股东治理的范畴，因而，股权法律知识具有强制性的特性，不得违反，比如有的股东协议规定了"股东开除条款"，一旦法律诉讼，这种协议内容难以被法院支持。另一方面，由于中小创公司治理是非强制性治理，法律为其留下了较大自治空间，允许股东之间进行协商治理。所以，股东协议、合伙协议、一致行动协议、退出协议等都是股权法律和股权治理范围内的契约治理方式。因而，创业领导者必须学习规范的股权知识。由于缺乏规范教材，社会培训中的一些"股权大师"为吸引眼球，创造了很多超过法律规定的知识，甚至将域外公司法和公司治理的知识直接复制应用，得出很多错误结论！

第三，不要把精力放在股权技巧上。一些"股权大师"的宣传和教学逻辑是错误的，将股权知识定义为创业领导者如何控制、压榨、欺骗合伙人和员工的伎俩，导致股权培训和股权知识出现负面的评价。创业领导者在学习股权知识的时候，尽量远离夸大其词的"股权大师"，不要把"算计"当成"设计"，要明白股权设计的目的是事业的长期发展，不要把股权知识变成伤害他人的工具！

第四，与股权顾问建立深入联系。一是，创业领导者在创业开始就应该具有"顾问意识"，即为自己寻找法务的、税务的、融资的和股权的顾问。这些领域相对专业，应该找到有经验的从业者为自己的决策提供咨询和帮助。二是，股权顾问是顾问体系中的重要部分。股权顾问主要来自专注于公司法和公司治理的律师。股权律师同时可兼任法律顾问，所以，培训熟悉创业活动的股权律师，也必然成为我国创业教育的组成部分。

### 2. 要"主动设计"股权结构

主动性股权意识是"老大"独有的，也是"老大"与"小弟"区分的关键。在股权设计的态度上，"老大"必须是主动的，因为他作为整个"创业帝国"的领导者，必须做出大家接受的、正确的股权战略规划，这既是他的地位所赋予的，同时，也是他获得"小弟"们支持的基础。

首先，主动设计。主动不仅指创业领导者在股权设计的动机上要强于合伙人或员工，不能让合伙人和员工追着创业领导者要股权设计方案，更是指创业领导者要比合伙人和员工更早通晓股权知识和理念。为此，创业领导者对公司股权结构必须有深刻的认识，并对股权结构变化的时机、方向和尺度等有着比合伙人和员工更为精准的把握。

其次，整体设计。对股权公司股权结构的整体把握也是"老大"成为这个公司"老大"的一个重要原因。"小弟"们可能对股权结构的要求和理解会仅局限在某一点或某一段，比如员工可能只重股权激励，将更多的精力和认识放在了自己获得的股权数量和分红价格等方面。只有"老大"才会"全链条"式地考虑公司股权结构的设计问题，他不仅要从开始就要考虑如何在"老大"与"小弟"之间合理分配股权，还要考虑在什么时点对哪些员工用多少股权对其进行激励,此外还要考虑在什么时点引进外部投资者,以及在IPO之前什么样的公司股权结构有利于创业团队等。"老大"必须盘算股权设计的"全图景"!

最后,长远设计。一方面,作为公司的"掌舵人",老大的眼光必须是长远的,即从全周期角度来设计公司股权结构,比如从长远考虑股权活动的推进顺序:考虑何时进行融资,何时引入战略投资者,如何通过稀释股权将合适的合伙人引进公司等;另一方面,股权结构设计的"长远性"也隐含着"阶段性",即股权结构必须在特定阶段达成公司治理的特定目标,比如在公司生存期的早期,股权结构就应该为如何有利于解决生存问题服务,凡是有利于解决生存的股权结构都是好的股权结构,此道理在发展期、生存期均适用。同样,如果资金成为创业发展的关键需求,外部投资者对股权结构提出合理要求(如海底捞股权结构的第一次变化就是投资者的建议),在不违反股权结构整体架构和未来目标的基础上,可以重新设计股权结构。

## 本章小结

1. 股权结构是公司的"经济基础",它决定了公司治理主体之间的权力关系(公司的"上层建筑"),如治理中心、公司控制权归属等。
2. 本书中"股权"一词表达的并非其财产属性,而重在其关系属性。"股权"即"股东通过股权的法律关系",突出股权的治理属性。
3. 股权结构第一定律的内容是"平均分散是最坏的股权结构"。在没有卓越企业家时,最坏的股权结构必然会导致公司僵局。
4. 股权结构第二定律的内容是"最好的股权结构是一个'老大'带若干'小弟'",因为该股权结构既确立了股权控制("老大"),又实现了股权制衡("老大"和"小弟"之间)。
5. 股权结构第三定律的内容是:卓越的企业家是可以不受股权结构制约的,他可以创造和改变股权结构,而普通企业家是要受制于股权结构的。普通企业家要有能力设计好公司的股权结构。

## 批判性思考

1. 你如何理解"没有企业家就没有企业"这句话?
2. 动态调整股权结构的机会有哪些?
3. "老大"应具有什么样的股权战略意识?
4. 如何理解"你不设计股权结构,就会被别人设计"这句话?

# 第 3 章
CHAPTER 3

# 合伙人制度的股权建构

合伙人制度的建构是一个复杂的过程，涉及股权分配、人力资源筹划、合伙人制度设计和合伙文化建设等多个环节。股权分配是合伙人制度建构的"底座"。"合伙人制度有很多种解释：大小股东的合伙，还是和员工的合伙，还是外部人的合伙。都是用股权来合伙。"⊖合伙人制度的建构体现了股权的组织和治理价值。本章从合伙人制度的主体、股权分配、合伙人制度的主要内容以及国内典型合伙人制度等多角度来展示合伙人制度的要素，为企业家建构合伙人制度提供具体指引。

## 3.1 合伙主体：企业家及其合伙人

在企业构建股权结构的过程中，"股权分配"描述了创业领导者作为创业组织的"老大"，管理和调整自己与合伙人的股份数量和比例的活动。这样的股权分配是为了建立创业组织内部适当的权力与利益关系，为企业发展提供动力源泉。一个好的股权架构，就是推动创业企业前行的"核动力引擎"。

前两章用如下词语，对企业家在中小公司治理中的重要性进行过不同视角的描述，该等词语包括："老大"与"小弟""企业家股东"与"合伙人股东""普通企业家"与"卓越企业家""企业家"与"企业家团体"等，以及"企业家中心主义""企业家主导""企业是企业家的企业""企业家就是企业""企业家治理模式"等。很显然，要理解中小公司治理的"人治"和"合伙式治理"特征，必须从前述词语或词组蕴含的核心主体开始论证。

---

⊖ 郑指梁. 合伙人制度：中小企业股权设计与资本规划［M］. 北京：清华大学出版社，2022.

### 3.1.1 认识企业家

本书第1.3节在确立"股权治理"时,采用了如下逻辑:狭义的公司治理指股东会、董事会、监事会和经理层等内部组织机构的治理,而由于中小企业不存在董事会、监事会和经理层,所以,中小企业的治理就是股东会的治理;而大股东依其股权优势,事实上控制着股东会,所以,中小企业的治理就是大股东的治理。所以,第1章也将中小企业中的大股东治理称为"企业家中心主义"。此处从股权结构和股权分配角度,对"企业家中心主义"再进行阐释。

**1. 企业家是具有经营能力的特殊人才**

企业家是独立的经营者。企业的组织形式经历了从自然人企业到合伙企业,再到现代的公司制企业的发展,这一过程中企业家角色不断被分离,最终被独立出来。在个体工商户中,出资人承担了企业分离阶段的所有角色,不仅出资,还要经营和管理。这种角色叠合决定了个体工商户的企业定位是为解决个体生活而存在的,并不能承担社会发展重任。在合伙企业中,出现了角色分离,执行合伙人就是企业家,其承担合伙企业的经营,其他合伙人更多的是承担出资人角色。分离的结果是其他合伙人需要对执行合伙人的决策承担责任,为对抗风险,现代创造出有限合伙制度。公司制企业实现了公司各主体之间角色的彻底分离,如图3-1所示。

从图3-1中可以看出:合作与分工是因角色专业化而产生的。随着企业规模的扩大,不可能由单个个体(如同个体户那样)独立完成所有任务。企业家需要解决企业发展所需的知识、资金及资源等方面的局限性问题。随着公司制度的发展,专业化成了组织和业务运作的关键特征。每个参与者专注于自己最擅长的领域:资本所有者

图3-1 公司参与者的角色和能力分离

负责投资,为企业的成长注资;合伙人作为企业家的辅助者,负责公司某一具体领域的业务,在此领域合伙人是专家;员工则负责执行日常的业务活动。如此专业分工,使每个参与者都朝向专家或行家的方向发展,共同构成了公司的整体力量。在这个不断演化的过程中,随着企业的不断壮大,经营本身也成了一门专业,企业家角色得以明确,经营者转变成该领域的专家或职业人士。企业家也因此成为一个职业。

企业家是拥有经营能力的特殊人才。"企业家"一词源于法语"entrepreneur",其原意为"冒险事业的经营者或组织者"⊖。企业家是冒险者、组织者、经营者和控制者;企业家享有企业控制权和剩余索取权,并承担企业经营的风险。

---

⊖ 吕爱权,林战平. 论企业家精神的内涵及其培育[J]. 商业研究,2006(7):92-95.

学者对企业家经营能力有不同解释，表 3-1[1] 呈示的是企业家的关键能力。

表 3-1 企业家的关键能力

| 企业家能力组成 | 能力描述 |
| --- | --- |
| 创新能力 | 通过不同手段来发现和培育市场机会 |
| 战略能力 | 制定、评价和执行企业战略的能力 |
| 组织能力 | 组织内部和外部人力、物力、财力和技术资源的能力，包括团队构建、员工领导、训练和控制 |
| 关系能力 | 人与人之间或人与组织之间的互动关系，如建立合作和信任的氛围、关系网络的链接能力、说服能力、沟通和人际技巧 |
| 思维能力 | 反映在企业家个人身上的逻辑思维和概念构思能力，如决策技能、吸收和理解复杂信息、风险承担和创新等 |
| 承诺能力 | 促使企业家将业务向前推进的能力 |

对创业企业来说，企业家的上述经营能力更多的是天生的。经营能力在很大程度上取决于个人的"机敏"（Alerness）、"想象力"（Imagination）及"判断力"（Judgement）。这些个人特征起码部分是与生俱来而非后天形成的。[2]企业家的上述能力并不会完整地体现在每一个企业家身上。企业家的上述部分能力也是需要后天培养的，将上述能力与后面所述企业家精神结合在一起时，"企业家是天生的"这一结论就可以被证立。要区分两种企业家，一种是作为创业核心的企业家，另一种是职业企业家，后者可经由商学院培养而成，成为职业董事或职业经理人，但他们与前者有质的区别。本书谈及的企业家仅指前者，即作为创业者的企业家。

### 2. 企业家是创业企业的核心

"企业家股东"是承担企业家职责的股东，股东是形式，企业家是其本质。将企业家股东喻为"帝王""国王""老大"或"头狼"，可以清楚地表明：企业家股东是创业企业的组织者和领导者，是创业企业的治理和管理中心，也是创业企业的关键人力资本。企业内部人员关系呈现为以企业家股东为核心的"同心圆"，如图 3-2 所示。

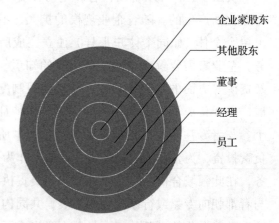

图 3-2 以企业家股东为核心的内部人"同心圆"

首先，除利益相关者理论将外部主体纳入公司治理体系外，一般理论都将公司治理限定在内部参与者范围。在创业时期，参与者的相互关系是"同心圆"式的或"金字塔"形的，而不是平等的或横向排列的。其次，这种关系并未与大公司治理相悖，相反，只要

---

[1] 王健忠，高明华. 反腐败、企业家能力与企业创新 [J]. 经济管理，2017，39（6）：36-52；贺小刚，李新春. 企业家能力与企业成长：基于中国经验的实证研究 [J]. 经济研究，2005（10）：101-111；张焕勇. 企业家能力与企业成长关系研究 [D]. 上海：复旦大学，2007.

[2] 张维迎. 企业的企业家：契约理论 [M]. 上海：上海人民出版社，2015.

经营权集中在某个个人或组织手里，这个"同心圆"的中心就是该主体，就会变成"股东会中心""董事会中心""经理中心"或"控股股东中心"。最后，公司发展阶段改变是公司治理主体变化（比如从企业家中心相应变化为股东会中心）的主要原因，这是"经济基础决定上层建筑"原理在公司这一组织中的体现。

经营权是公司控制权的核心，总会有一个治理主体会获得经营权，成为治理中心，因而，"中心论"是理解公司治理的基本方法。另外，随着企业的发展，企业规模和股权社会化必然导致企业经营权从企业家股东向董事会的移转。图3-3展示了公司治理中心的变化。

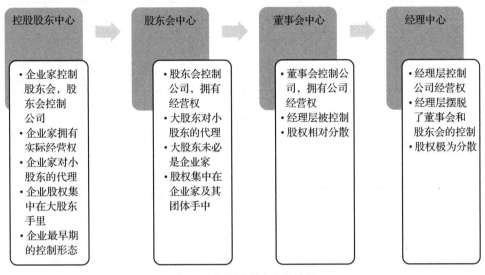

图 3-3　公司治理中心的演进

企业经营权的既有研究的观察顺序是从图 3-3 的右边到左边的，是从公司生长的末端（上市公司或公开公司）开始的。应该回到经营权演变的起点，即应从图 3-3 的最左边开始理解经营中心的演变。恰恰左边起点是本书所关注的企业阶段，即创业期和成长期。只有从治理主体演变的起点，并遵循其发展的正常顺序，才会获得以经营权为核心的公司治理的内在规律。同时，经营权移转链条也证明了创业企业的"同心圆"关系。

## 3.1.2　企业家精神："哲学王"式的解读

如果把"理想国"换为"创业公司"，把"哲学王"换为"企业家股东"，把"士兵或职业军人"换为"合伙人股东"，把"劳动者"换为"员工股东"或"员工"，会发现柏拉图表达的理想国、参与者以及治理原则在创业公司中完全可以"套用"！因此，可得出结论：企业家股东就是"哲学王"，拥有和"哲学王"同样的品质！

**1. 企业家股东是创业企业的"哲学王"：分工与等级**

柏拉图认为：正义是城邦（国家）得以成立和发展的总原则。在谈及社会正义目标时，他将分工与等级看作是正义实现的外在条件。柏拉图坚持了古希腊哲学对人的本性的基本看法，即先天因素在人的发展中起着决定作用，后天是展现先天的场合和条件。社会或城邦作为人的集合，其目的是实现公共的善，即社会正义。城邦生活是分工的，每个人"各司其职""各尽所能"是符合正义原则的。分工的另一面向便是等级，或者说，等级是分工的结果，二者是一体双面的。通过"Know Yourself"式的追问，每个人都要找到自己在社会中的位置，不管其处于哪一个等级。他根据质料不同，将城邦中的人分为表3-2中的三个等级。

表3-2　柏拉图的城邦主体及其关系

| 质料 | 社会等级 | 社会角色 | 职业 |
| --- | --- | --- | --- |
| 金子 | 第一等人 | 统治者 | 国王（哲学王） |
| 银子 | 第二等人 | 辅助者 | 士兵或职业军人 |
| 铜和铁 | 第三等人 | 劳动者 | 农夫、木匠、铁匠、牧羊人、建筑工人、纺织工人、鞋匠等 |

借用柏拉图的划分，也可将创业企业中的参与者（股东），依据其分工和角色分为表3-3的三个等级。

表3-3　创业企业中的治理主体及其关系

| 质料 | 等级 | 角色 | 职业 |
| --- | --- | --- | --- |
| 金子 | 第一等人 | 统治者 | 企业家股东 |
| 银子 | 第二等人 | 辅助者 | 合伙人股东 |
| 铜和铁 | 第三等人 | 劳动者 | 员工股东或员工 |

尽管根据质料不同，柏拉图将城邦中的政治参与者分为三个等级，实际上，这三个等级被他划分为两个阶级集团，统治阶级集团与被统治阶级集团；前者为"金银集团"，后者为"铜铁集团"，其中后者为普通人，前者包括主次两个主体，金子质料的国王作为主要统治者，银子质料的士兵或职业军人作为辅助者，是帮助国王来维护统治的，他们的主要特质是忠诚和服从，只有国王才能作出政治判断，他们仅是国王的"刀剑"而已！

创业企业内部治理图景与柏拉图的城邦政治图景是同理的。首先，质料与地位。企业家股东是金子做的，其质料最优，是创业公司这个"城邦"的国王和统治者；合伙人股东是银子做的，其质料次之，他们作为"小弟"依附、辅助和服从作为"老大"的企业家股东；员工就是柏拉图眼中的普通人，他们的工作就是供养统治阶级集团。其次，柏拉图认为一个国家的"统治者和被统治者"应当就统治权问题达成共识。"三个等级共同的天性是节制，即这个国家的'统治者和被统治者，在谁应当来统治这个问题上具有一致的信息'"，这体现了社会秩序和节制的重要性。秩序建立在固定的社会层级之上，难以改变。在柏拉图看来，最正义的社会方式就是"各居其位"。铜铁质料的劳动者只能从事生产，不能充当士兵，同样，士兵不能成为国王，而国王只能坚守自己的角色和职位，否则，社会就会陷入混乱。如果不正义随处可见，那么城邦就会崩溃。"各司其职"是社会正义的基本要求。就创业企业中的股东而言，企业家股东、合伙人股东和员工股东之间也是如此，员工即使经股权激励获得股东身份后，也不参与公司治理，其职责仅在于积极工作，只获取分红或其他财务收益；合伙人股东作为辅助者，其定位也只是帮助企业家股东共同完成事业，其职责更多的是在为企业家股东提供"咨询"或"力量"；而企业家股东则不同，其"企业家能力"是天生的，让他们做"小弟"也是不可取的！因此，在创业企业过程中，每个人都应该认清自己的职责，找到恰当的定位，致力于协同合作，以确保企业创业成功。有很多创业失败的案例就是小弟想当"老大"或员工想当"老大"，借此来挑战企业家股东的权威，结果是两败俱伤！

**2. "哲学王"视角的企业家精神**

柏拉图认为，人的灵魂分为三个部分：理性、激情（或称勇气）和欲望，而个人正义作为灵魂的优化状态，即理性正确地控制激情和调节欲望，使个体能够实现其最高的道德和精神潜力。在这种状态下，个人能够最大程度地自我实现，并贡献于更广泛的社会和谐与福祉。因而，节制是个人正义的基本原则。之所以将理想国中的成员分为金子质料的国王、银子质料的士兵或职业军人和铜铁质料的劳动者，是因为这三种人分别拥有个人的三种品质，即国王拥有理性，士兵或职业军人持有激情，而劳动者充满欲望。理想的国家就是国王对后二者的控制，以及三者的相互节制。如此，作为统治者的国王在理想国的建构中就是核心主体。在其"知识即美德"的哲学理念指导下，柏拉图将国王推演至"哲学王"高度。他指出："除非哲学家成为我们这些国家的国王，或者我们目前称之为国王或统治者的那些人物，能严肃认真地追求智慧，使政治权力与聪明才智合而为一；那些得此失彼，不能兼有的庸庸碌碌之徒，必须排除出去，否则我们的国家就永远不会得到安宁，全人类也不能免于灾难。"[一]当哲学家掌握政权或掌握政权的统治者碰巧是哲学家时，即当哲学王统治时，理想国便实现了。没有哲学王，也就没有了理想国。[二]

作为理想统治者的哲学王，因何可担重任？是因为哲学王拥有如下非凡特质：其一，有超越其他人的知识，这是其从国王升华为哲学王的基础条件；其二，向善，这是其能统领其他人的道德基础；其三，不以自己利益为中心，而是将自己利益与集体利益相统一，甚至必要时牺牲个人利益以实现集体利益；其四，追求整体事业，为全体公民谋取最大幸福（公共善）；其五，有统领才能，能将所有资源安排到适当的位置；其六，勇敢；其七，有激情；其八，节制。总之，哲学王因以上品质而具有领袖气质和个人魅力，容易被城邦其他成员所追随。同时，哲学王有两个基本职责，首要职责是建立城邦并制定城邦法律；次要职责是教育和培养接班人（下一代哲学王）。

柏拉图的哲学王构想体现在创业企业就是企业家。理想的企业家也应该拥有向善（至少不为恶）、基于事业心的责任感、领袖气质、勇敢和坚韧、富有工作激情和自律等品质。现代创业学和管理学的研究证明，所谓的企业家精神就是哲学王品质的体现。张维迎将企业

---

[一] 柏拉图. 理想国 [M]. 郭斌和，张竹明，译. 北京：商务印书馆，1986.
[二] 彭曙齐. 简评柏拉图的哲学王思想 [J]. 洛阳工业高等专科学校学报，2004（4）：82-84.

家精神总结为以下四方面。第一是冒险精神。"冒险精神是企业家的基本素质。"[一]企业家不同于其他股东的地方在于企业家敢于面对风险，并从风险中获益。这一点是企业家所有素质和精神中最为可贵的一个。第二是创新精神。创新精神是冒险精神的一个体现。企业家有能力发现不均衡，并弥补不均衡，进而推进技术和社会的进步。第三是不满足精神。表现为对未来无限的追求，这也是企业家行为的内在动力。第四是英雄主义精神。"所谓企业家的英雄主义精神，指的是企业家征服世界的气概。[二]"也有学者认为企业家精神除上述之外，还包括"创业精神"（锐意进取、艰苦奋斗、敬业敬职、勤俭节约的精神）和"宽容精神"[三]（具有宽容心，愿意与人友好相处，愿意与他人合作的态度和精神）；也有学者将企业家精神归结为企业家群体拥有的共同特征，包括"有前瞻性、超越现有能力的渴望、团队定位、解决争端的能力、学习能力"[四]。

张维迎对企业家进行了长达三十多年的研究，他借用著名经济学家熊彼特在《经济发展理论》的结论，即"企业家是经济增长的国王"，并以此为名出版了代表性的"企业家四本书"，即《企业家：经济增长的国王》《理解公司》《企业的企业家：契约理论》《重新理解企业家精神》。这些著述以及其他经济学者和管理学者，都对企业家及其群体精神进行了论述。这些著述都是值得创业股东（企业家及其合伙人）认真研读的。

### 3.1.3 作为"小弟"的合伙人

企业家股东作为"国王""哲学王"，尽管其是公司治理的核心主体，但创业的复杂性决定了企业家必须找到辅助他的"小弟""兵士集团"或"辅臣"，并管理好他们，形成有战斗力的"企业家团体"。

**1. 合伙人的特征**

"合伙"一词在法律和管理领域各有其意。在法律领域，合伙指企业的一种组织形式。合伙企业是指两个以上合伙人共同经营的企业，合伙人对企业债务承担无限责任（普通合伙企业中的合伙人）或有限责任（有限合伙企业中的有限合伙人）。在这个视角，"合伙"一词的含义是"共同经营、共担风险"。而在创业创新语境中，"合伙"的含义是"共同创业"，其意有三：其一，强调创业的"共同性"，以区别于传统创业者的"单打独斗"；其二，强调"团体性"，即分工基础上合作的集体创业，以区别于传统创业者的"包揽一切"，此时的合伙人会被称为"公司的合伙人"；其三，强调组织性，即团体中有作为核心的"老大"和作为辅助者的"小弟"，相互组成一个事业（创业）组织体。股权分配是从第三种含义来

---

[一] 张维迎. 企业家：经济增长的国王 [M]. 上海：上海人民出版社，2014.
[二] 同[一].
[三] 吕爱权, 林战平. 论企业家精神的内涵及其培育 [J]. 商业研究, 2006（7）：92-95.
[四] 靳卫东, 高波, 吴向鹏. 企业家精神：含义、度量和经济绩效的评述 [J]. 中南财经政法大学学报, 2008（4）：101-105.

讲合伙及合伙人。

"合伙人"概念的滥用。在"合伙制时代","合伙人"概念被泛化使用。传统的合伙人,主要指基金的股权合伙人、律师合伙人和会计师合伙人,这类主体均为《合伙企业法》规定的特殊主体,而现代的合伙人主要是指创业合伙人,狭义对象是原始创始人的合伙人("'老大'的合伙人")。但在实际生活中,"合伙人"这一概念的外延被夸大,出现了如"虚拟合伙人""事业合伙人""项目制合伙人""店铺合伙人""经销商合伙人""加盟商合伙人""微商合伙人""裂变式合伙人"与"联盟制合伙人"等所指模糊或虚化的用词,这是值得创业者,特别是"小弟"们警惕的语言陷阱!

什么是"'老大'的合伙人"?下面从合伙人特征角度来回答这一问题。从与企业家股东的比较会看到如下几点是合伙人必须具备的:

首先,同为股东,即意味着合伙人必须与企业家股东一样,承诺出资,获得股东资格。在创业初期,出资是一件高风险的事情,能验证创业者面对未来风险的决心和能力。企业家股东作为创业的发起人必然承诺出资,而且承担主要部分的出资。当把出资看作是一个事业资格来对待时,出资也是合伙人的资格证明。作为合伙人的股东一般都会和企业家股东一起被记入股东名册,形成"企业家团体",并共同塑造公司早期的股权结构。

其次,甘为"小弟"。对创业者来说,"Know Yourself"非常关键。只有认识自己的能力结构、性格特点、风险偏好、价值取向等,才会在"创业城邦"中找到与自己人格品质相匹配的"阶级集团"。前面重点论述了作为哲学王的企业家股东的特征和精神,这里,对于合伙人来说,亦是如此,必须在认识到自己的品质的基础上,找到适合自己的"位置"和"角色"。"甘为"的态度极为重要,一方面,"小弟"不挑战企业家股东的"老大"地位;另一方面,"小弟"做适合自己的"某一方面"(企业家股东负责是创业整体)的创业工作。

再次,三观一致。既为团体,必然合作,而要合作必然要求相互的行为和思想保持一致。这里的"三观"除传统的世界观、人生观和价值观之外,还包括对公司的战略认同,后者比前者更重要。此外,合伙人也应该有良好的创业精神,这一点是合伙人区别于员工的关键之处。创业者的"共同的事业"与柏拉图所谓的"共同的善"是同一所指。只有三观一致,创业团体才会合力,以集体之力量完成"九死一生"的创业事业。阿里巴巴集团的合伙人制度中,非常关键的一项考核标准就是对未来合伙人价值观的考察。

最后,共同经营公司,即合伙人在分工基础上,分别负责公司一部分战略业务,并在企业家股东的协调下进行合作,比如研发合伙人和销售合伙人各自负责自己的部门,但两个部门的协同合作重于各自的工作。分工基础上的协作,才是共同经营的内在之道,也是合伙人制度追求的内在目标。此外,共同经营意味着合伙人股东需要长期的、全职的跟随企业家股东创业。

**2. 合伙人来源及其股权关系**

"老大"的合伙人一般来自表3-4所列的社会关系。

表 3-4 合伙人来源与股权关系

| 人际关系 | 关系类别 | 信任度 | 主导规则 | 股权关系 | 适用行业 |
|---|---|---|---|---|---|
| 父母子女 | 紧密 | =100% | 亲情 | 分配 | 传统行业 |
| 夫妻 | 紧密 | =100% | 爱情 | 分配 | 传统行业 |
| 叔伯、甥舅、(表、堂)兄弟、姐妹 | 准紧密 | ≥80% | 80%亲情 20%法律 | 分配为主 谈判为辅 | 传统行业 |
| 同学、乡友、病友等 | 非紧密 | ≥50% | 50%亲情 50%法律 | 谈判为主 分配为辅 | 现代企业(高科技、互联网等) |
| 名义合伙人 | 陌生人 | <50% | 80%法律 20%道德 | 谈判 | 现代企业(高科技、互联网等) |

从表 3-4 中可看出：其一，现代意义上的合伙创业，是利益多元主体的合伙。基于血缘或爱情的家庭创业，如父母子女或夫妻创业形成的家庭公司，不能被划入"合伙创业"的范围，因为其是一个利益主体，而且公司关系就是家庭关系。这类创业公司多为传统行业，在资金或人力密集型行业所应用。其二，陌生人之间是不能建立合伙关系的，因为"合伙"的前提是熟人和信任。任何想与陌生人成为伙伴关系或想共同创办事业的想法，皆是徒劳。其三，最为典型的合伙创业组织，是非紧密的熟人关系形成的合伙团队。"非紧密"是指没有血缘、爱情或亲情等自然伦理的约束关系，但因长期深入交流，使得相互之间产生了信任（基于性格、认知、三观等理由），进而形成稳定的社会关系。同学关系是高科技创业中最主要的合伙人来源。

从合伙人之间的股权关系来说，"分配"被定义为一种命令式股权配置方式，"谈判"是一种讨价还价式的股权配置方式，二者差别在于不同关系中人的组合和信任度。其一，家庭公司中，血缘关系决定了创业参与者之间是绝对的紧密关系。股权是纯粹被分配的。例如，家庭中的父亲往往充当着企业家的角色，他凭借自己的胆识和才干，带领家人创业，一般是"说一不二"的"老大"。因而，其与妻子、子女的股权利益是同一的。其子女持股的数量和比例是由父亲独断决定的。这一点在传统行业尤为普遍。其二，家庭公司扩展到家族公司后，尽管股东不再限于一个小家庭，其血缘关系的纽带作用依然有力，相互之间是准紧密关系。在大家族范围内，血缘和亲情依然约束着相互之间的关系，家族中的"族长"或家族创业团体中的"老大"对参与创业的家族成员的股权关系具有重要影响。其三，基于"友缘"的非紧密关系由于不受自然伦理制约，相互之间在人格和利益上是独立的，因而，谈判是股权分配的绝对方式。但需要认识到的是：在出现一个绝对的"老大"后，谈判就服从于分配，因为这个权威的"老大"是创业组织拟制的"家长"或"族长"，特别是当企业家股东拥有绝对股权后，基于股权优势原因，合伙团体的股权关系形式上是谈判，实际上容易变成股权分配！

### 3. 合伙人与分工

"合伙创业"一词将所有创业者都称为合伙人，其目的是强调"合伙精神"，在该词的语境中，企业家股东作为"首席合伙人"也被定义为合伙人。本书严格区分了企业家股东和合伙人股东，将二者区分对待。如此，合伙人被分为广义和狭义两种，其中广义合伙人包括了企业家股东，而狭义合伙人仅指"小弟"。广义视角的合伙人没有认识到企业家股东和合伙人股东之间的角色差别。

无论广义还是狭义，合伙人之间的合作是建立在分工的基础上的。首先，企业家股东作为公司的代表，其对创业公司的责任、利益和权力是整体的，而合伙人则是部分的。因此，企业家股东在分工上，负责公司的整体战略规划、融资、商业机会获取等宏观和整体事务，可以"战略"总结之。所以，一个"天生"企业家只要具有哲学王的智慧、雄心、激情和眼光即可，他不需要懂财务、会技术。在以创新著称的华为公司，任正非一再强调自己"什么都不会"，但没人否认他创造并引领了华为，把华为打造成一个世界闻名的创新型高科技公司。其次，作为"小弟"的狭义合伙人之间不是"总"与"分"的分工，而是"分"与"分"的分工，即合伙人股东之间的分工是具体的或部分的。"各尽所能"是分工的原则。每个合伙人都负责与自己能力、经验等最为合适的工作。有技术经验的合伙人当CTO（首席技术官），有销售能力和管理能力的合伙人当COO（首席运营官）等。企业家股东自然就是公司的CEO（首席执行官），或同时为公司董事长。再次，狭义合伙人的分工应该是明确的。创业公司应该就合伙人的具体分工以制度方式确定下来，在授权的同时，对合伙人进行职责约束，并不断强化和训练合伙人的职业精神和职业能力。最后，合伙人之间的分工是互补的。互补更深层次的含义是相互支持。企业家与合伙人应通过合伙制度或合伙人会议等方式，推进合伙人之间的融合与配合，使合伙人认识到作为单一的自己是不够的，必须相互协作，达到"1+1＞2"的效果，真正实现"合伙价值"！

## 3.2 合伙人制度的股权基础

合伙人是被连接在一起的。共同的事业追求、价值观等是内在的锁链，而股权则是连接合伙人关系的外在形式。股权是出资体现，出资比例形成的股权结构决定了合伙人之间的权力和利益格局。所以，从股权视角深入合伙人关系内部，是理解和建构合伙人制度的前提。

### 3.2.1 无合伙不创业

现代创业与传统创业之间一个明显差别是：传统创业者与其他参与者关系是"雇用"，而现代创业者之间的关系呈现显著的"合伙人化"趋势。管理学者和创业研究者用"从雇用到合伙"来描述这种演化过程。

**1. 合伙视角的两种卓越企业家**

前面将企业家分为两类：一类是卓越企业家，一类是普通企业家。从合伙关系角度看，卓越企业家与其合伙人之间的关系又可分为两类，一类是卓越企业家"自带"合伙人。所谓自带合伙人，是因为卓越企业家有独特的人格魅力，在其创业过程中能够吸引那些对他崇拜的"小弟"们。"桃李不言，下自成蹊"即指此种精神或人格感召。还有一类就是企业家很卓越，但是他个人能力超群、个性很强，或者他对合伙人要求很高，结果是这类卓越企业家往往没有合伙人，自己单打独斗。传统行业的卓越企业家多是这样。基于对卓越企业家的这种理解，第一类企业家一般称为"头狼"，这类卓越企业家和普通企业家在构筑合伙团队上的价值是一样的，二者是合伙团队的核心和权威，这是集体创业的典型样态。本书第2章讲述最好的股权结构时，重点阐述的"一个'老大'带若干'小弟'"式股权结构，就是对这种"头狼"式创业的总结。第二类企业家可称为"独狼"，他们没有"小弟"，其他参与者是为其服务，企业重大决策皆由"独狼"一人完成，其他人仅服务于他。"独狼"式创业提示我们：不能一概认为所有创业都需要合伙！"创业需要合伙"这一论断成立的前提是创业者属于普通企业家或"头狼"式企业家。考虑到只有极个别企业家属于"独狼"，所以，"创业需要合伙"几乎适用于所有企业者（尽管在逻辑上不周延，但在事实上，"所有"与"绝大多数"的指向范围是差不多的）。

**2. 没有合伙，就没有创业**

首先，从股权视角来看，合伙人与员工有质的差别。尽管"从雇用时代到合伙时代"这一论断过于泛化，也过于武断，但其背后阐述的逻辑依然值得深思。"雇用"意味着企业家拥有完全股权，其他人皆为其雇员，这是资本主义早期的企业组织画像。"合伙"则表明员工持有公司股权，这是现代创业、员工持股、员工所有权等背景下的新劳资关系。这样的理解依然是宏观的，难以用此论断揭示创业组织的内部关系。为深刻理解前述论断就需要先区分"合伙人"与"员工"之间的质的差别。如果把图3-2所述内容，从"同心圆"转换为"金字塔"形，则如图3-4所示。

图3-4 员工向合伙人的成长

从图3-4中可以看出：其一，从类别视角，员工、合伙人股东和企业家股东是三种不同类的股权参与者，后二者属于创业者，负责公司战略制定与经营，承担创业风险，拥有完全股权权能，而员工只是被动地服从前二者的调配，按照公司纪律和制度进行工作；其二，从生长视角，部分员工可以成长为合伙人股东，极少数合伙人股东也会成长为企业家股东，三者之间存在向上的、动态转换关系。部分优秀员工（高管与核心员工）因其能力和参与积极性可以参与股权激励，进而实现员工与股东身份的叠合，成为"员工股东"，特别突出者可晋升为合伙人股东，成为企业家股东的辅助者。市场中大量的企业家股东出身于合伙人股东，这也证明从合伙人股东向上成为企业家股东的事实。

其次，现代创业属于团体创业。对新一代的创业者而言，创业就是以合伙方式进行的团体创业，而不是个体创业。传统创业多在制造业、服务业等行业，资金和密集劳动对成功而言非常关键。故而，拥有足够资本的个体创业似乎更易成功。高科技兴起以后，知识和技术成为现代创业活动的主要内容，而任何一个创业者无法拥有知识、技术、资金、市场等全部创业要素，因此，分工合作的创业模式就成为现代创业的基本特点。同理，因分工与合作，使团体创业成为现代创业的主体特征。可见，个体创业与团体创业的核心区别是创业要素是否为个体独自拥有。知识型创业由于内在的"劳动雇佣资本"的逻辑决定了其必然是集体的合伙式创业。在传统行业，个体创业优于合伙创业，而在现代高科技行业，只能合伙创业，不存在个人单独创业的可能。改革开放以来，成功的企业和企业家也因此可被分为两类：一类是个体创业，如王健林及其万达，刘强东及其京东，这类创业活动存在着一个"独狼"式的卓越企业家，其可独自完成创业活动的主要决策，其他人皆为员工，没有创造性，不承担企业家团体成员的责任，仅为执行者；另一类是集体创业，最为典型的是互联网、高科技企业，如阿里巴巴的"湖畔合伙人"和"腾讯五虎"等，都体现了合伙创业的特征。

### 3.2.2 华为的集体（所有权）合伙人制度

在过去四十多年的市场经济发展中，创业企业从自身出发，探索适合企业自身的治理组织和治理机制。除阿里巴巴的合伙人制度因境外上市披露而被关注外，华为建立在员工虚拟持股基础上的治理体系也备受关注。

**1. 华为的集体主义的合伙人制度：持股员工代表会**

华为是一家有限责任公司，其治理组织有股东会、董事会、监事会，这符合《公司法》的强制性规定。根据华为每年对外发布的公告和其网站关于公司治理的介绍，"股东会是公司权力机构，由工会和任正非两名股东组成。"，这也符合我国现有《公司法》对股东会的定位，也表现出华为坚持了"股东会中心主义"的治理立场。"董事会是公司战略、经营管理和客户满意度的最高责任机构，承担带领公司前进的使命，行使公司战略与经营管理决策权，确保客户与股东的利益得到维护。""监事会是公司的最高监督机构，代表股东行使监督权。监事会的定位是对公司的生存发展和命运负责，其基本职权体现在领袖管理、业务审视和战略前瞻三个方面。"根据披露文件显示的董事会和监事会职责，可判断出董事会职权依然在公司法范围内。如果将眼光停留在传统公司治理组织和治理权力分配上，华为的公司治理依然是传统的，并无特殊之处。

但如果抓住"持股员工代表会"这个入口，就会发现：从治理视角，虚拟股权并不"虚"，它以虚拟股方式产生了人数众多的合伙人群体。华为的合伙人群体及其内部治理具有明显的经济集体主义特征。华为股权激励的形式（虚拟受限股）掩盖了华为合伙人制度的实质，这导致观察者将虚拟受限股仅看作一种激励方式，而没有发现其作为合伙人制度的特性。华为的"奋斗者"作为华为的合伙人实际最终拥有公司治理权。他们不仅参与了公司价值的创造，也参与了公司的治理。华为持股员工是华为真正的主人，华为的员工持股会是真正的合伙人制度的法律形式。

"工会履行股东职责、行使股东权利的机构是持股员工代表会。持股员工代表会由不超过 115 名持股员工代表组成，代表全体持股员工行使有关权利。"公开文件的这些表述表明：工会和持股员工代表会是理解华为治理的关键。工会是外在形式，持股员工代表会是本体。由于股东任正非也是持股员工代表，且其直接持股不足 1%，其在股东会的表决权可以忽略不计，如此，可以在华为的股东会与持股员工代表会之间画上等号。这一转换是关键的，它实现了投资人股东向员工股东的转换，如图 3-5 所示。

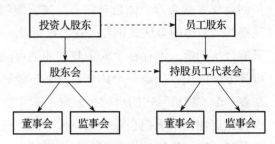

图 3-5　华为治理的法律主体与事实主体

合伙人制度的目的是实现企业家及其合伙人对公司的治理与控制，股权是实现这一目的的工具。华为用虚拟受限股这一机制，将员工变成股东，并为员工（"奋斗者"）对公司进行治理提供了基础。"2022 年，持股员工代表会举行了 1 次会议，进行了监事会换届选举，选举产生了新一届监事会成员及候补监事，并审议通过了董事会关于公司财务及经营情况的报告、监事会工作报告、年度利润分配方案、年度增资方案等。"从此中可看出：华为公司法律上的股东会权力实际由持股员工代表会行使。我国《公司法》坚持"股东会中心主义"，很显然，华为亦是如此，不同的是，华为将"股东会中心"转换为"持股员工代表会中心"。

**2. 持股员工是如何治理华为的**

持股员工通过选举与选拔方式，推选持股代表治理华为！首先，华为员工分为持股员工和非持股员工，其中前者被视为有治理价值的员工，他们被称为"奋斗者"，可以持有一定数量的虚拟受限股。两类员工各占员工总数的一半。非持股员工可以晋升为持股员工。截至 2022 年 12 月 31 日，华为持股员工人数为 142 315 人。但能实际参与公司治理的持股员工人数却极少。截至 2023 年 12 月 30 日，只有 115 名持股员工被选为持股员工代表（创始人任正非也位列其中）。"享有选举权的持股员工一股一票选举产生持股员工代表会"。这些持股代表是华为"奋斗者"中的精英，代表了华为的未来。这些持股员工代表的先进性和代表性真正体现了"万里挑一"！其次，持股代表组成的持股代表会以工会名义持有公司股权，并实际行使公司股东会权力，实现了员工以集体主义方式对公司的治理。"持股员工代表会一人一票选举产生公司董事会、监事会。持股员工代表会及其选举产生的公司董事会、监事会对公司重大事项进行决策、管理和监督。"最后，根据华为的"奋斗者"制度，董事、监事和经理等均由持股员工担任，这样，华为的治理完成了员工（内部人）的闭环治理，践行了公司为员工所有、由员工治理，并由员工管理的集体主义治理理想，也实现了员工"共有、共管、共担和共享"的合伙人式治理！

基于以上，华为可以被视为一家真正的员工所有制企业，其合伙人制度具有典型的集体主义性质，甚至可以说：华为的员工所有制是合伙人制度的升级版！

### 3.2.3 最典型的创业合伙关系：一个"老大"带若干"小弟"

本书第2.3节曾论述过"最好的股权结构是一个'老大'带若干'小弟'"，该命题不仅从结果视角表达了股权结构的样态（一种关系之形式），而且也揭示了创业者团体之间的合伙人关系（一种关系之实质）。

**1. 为什么是"最典型的"**

在"最好的股权结构"章节中，我们用"股权制衡"作为标准来确定"最好"。在表2-3中的五种股权结构类型中，认为最好的两个股权结构分别是："'老大'绝对强控股"（'老大'单一股权超过67%，'小弟'们股权合计不超过33%）与"'老大'相对强控股"（'老大'单一股权约为50%，'小弟'们股权合计约50%）。从"状态依存"视角，这两个股权结构之所以是最好的，是因为两类持股主体（在本节中，这两类主体之合就是合伙共同体，"老大"即企业家股东，"小弟"即合伙人股东）可以形成合伙共同体内部的统治平衡，即既有控制者，可保共同体之秩序，又有制衡者，可保控制者不乱来。如果用亚里士多德的政体分类理论来看，"一个'老大'带若干'小弟'"属于贵族君主制的治理方式，而前述个体创业中"一个人说了算"则属于独裁君主制。作为"贵族"（柏拉图所言之银子质料）的"小弟"与作为"君主"（金子质料）的"老大"之间是相互"照顾的"："老大"需要"小弟"追随和依附，但随之产生了"老大"的义务，那就是"老大"要考虑"小弟"的意见并照顾他们的利益。同样，"小弟"在保证自己地位和利益的同时，要维护"老大"的统治权威。在这个意义上，"老大"与"小弟"之间是相互依存、相辅相成的，二者的利益和力量也是均衡的，否则，没有"小弟"跟随的"老大"就是"孤家寡人"，没有"老大"带领的"小弟"会缺少奋斗动力，难以实现事业目标！

之所以是"最经典的"，是因为其内部关系的合伙性是最好的！其一，对"老大"（企业家股东）是最好的，因为在"老大"控制企业的基础上，能引入更多的优秀人才共同经营，既能最大程度地发挥自己的企业家功能，也能最大程度地实现合伙人的价值；其二，对"小弟"们（合伙人股东）也是最好的，因为只有在合伙团体中，才会找到他们内心需要的"权威"或"头狼"，给他们指方向、树信心等，弥补他们作为合伙人的缺陷，以实现他们的事业之心；其三，对合伙共同体是最好的，因为稳定的合伙关系，让合伙合同体能实现各自的目的（亚里士多德所言城邦的"公共善"），即让所有合伙人都实现自己的价值，获得自己的所求（事业与财富）；其四，合伙人制度是把集体创业发挥到极致的组织方式。在创业阶段，大公司的组织结构治理、职业经理人和科层式管理等过于"超前"或"规范"（对早期创业来说，就是僵化），只有建立在信任和共同利益基础上的"合伙"才能帮助企业顺利度过生存期，走上成长期的道路。另外，合伙与封闭的有限责任公司在公司形态和治理上有较高的重合度，在很多方面是相互包容的。有限责任公司形态在学者眼里是一种过渡式的公司组织方式，因为其封闭和信赖特征，决定了内部组织是"合伙的"，而非纯粹"公司制"的！所以，早期创业者形式上采用有限责任公司制度，但内部组织和治理上，却采用合伙（人）制度，其根源就在于此！

**2. 好的合伙团队的标准是什么**

"合在一起，成为一伙"是很多著述对合伙的描述。很显然，"合"（形式）在一起很容易，但能否成为"一伙"（实质）就很不确定。企业家在建构自己的合伙团队和建立企业的合伙人制度时，是需要一些标准来确立自己的合伙人制度的。

首先，好的合伙团队意味着得有好的"老大"与好的"小弟"。这种"好的"主要标准是非理性的（即相互感觉是合适的、舒服的、和谐的），这就让合伙关系的"适配性"具有神秘主义的色彩。"找到好的合伙人比找对象还难"是很多创业者的心声。在一个"老大"带领若干"小弟"的情形下，双向匹配（后续将其这种关系简化为"Match"）就变成了多向匹配，其难度就可想而知。不仅需要一个能为多个"小弟"尊崇的"老大"，而且需要"小弟"之间能相互配合，共同成长。尽管本节我们会阐述合伙人的培养，但找到"现成的"合伙人依然是最好的组建合伙人团队的方式。"老大"就应该像"老大"，"小弟"就应该像"小弟"。用柏拉图的理论就是"老大"与"小弟""各尽所能"和"各司其职"才谓之"好"！在建构合伙团体的时候，每一个"老大"或"小弟"，都应该时刻追问自己"我是谁？"（Who am I？）。

其次，好的合伙团队必须建立在好的合伙人制度之上，这是衡量合伙制度优劣的核心标准。好的合伙人制度是设计出来的，企业家对此具有绝对责任。好的合伙人制度的第一个标准是适合企业。必须找到好的中介机构，以管理咨询方式，在对企业家和合伙人全面了解的基础上，制定适合企业自身情况的合伙人制度。任何用模板建立企业合伙人制度的做法都是不切实际的。第二个标准是科学。合伙人制度中的股权分配必须符合第2章所讲的股权定律，合伙人的考核必须符合人力资源的基本规律，合伙协议和合伙人制度运行必须符合法律规定，所以，好的合伙人制度一定是在合法基础之上最大程度实现制度合理性。第三个标准是符合人性。合伙的基础是信任。合伙人之间的价值观、性格、喜好、事业心、道德水平等都是制度设计的基础。"合伙人制度"不仅是一种写在文字上的制度，更是一种合伙人之间的"灵魂契约"。合伙人之间的长期、稳定的关系，必须实现硬制度和软约束之间的良性互动，否则，文字或僵硬的制度会伤害合伙人之间的良好关系。企业家试图通过一个文本（"合伙人制度"或"合伙协议"）一次性建立一个成功的合伙人制度，或者仅靠口头许诺确立一个合伙人制度,此两种方式皆不可取。阿里巴巴的"湖畔合伙人制度"、华为的员工集体主义的合伙人制度等都是经过长期建构、不断完善,才最终取得成功!

最后,好的合伙团队必须有好的合伙文化。团队和文化之间的关系,如同制度与观念关系一样,是相互促进的。合伙人制度和合伙文化的第一责任人都是企业家股东,甚至企业家的性格和精神气质都会转换成合伙文化。合伙人制度与其文化是一体两面的,所以,二者应该同时进行。好的合伙人制度会产生好的合伙文化和团队精神,同样,一旦形成好的合伙文化和团队精神,会让合伙人制度"如虎添翼"。好的合伙文化应追求"共有、共营、共担、共享"等精神,这是任何合伙人制度的目标!

### 3.2.4 合伙人股权分配的原则

第 2 章对静态股权结构的治理价值的阐述已经表明:良好的股权结构是企业家建构合伙人制度的必然结果。股权分配是股权结构的主动建构过程。合伙人股权分配与股权结构之间存在因果关系。

**1. 三种股权分配**

根据股东之间的地位及其相互关系,从谁来分配股权以及分配给谁等角度,可把股权分配定义如下:狭义的股权分配,是指企业家股东基于其在企业家团体中的领袖地位,在公司成立初期,在协商的基础上,对其与合伙人股东的持股数量或比例,进行有目的、有计划地配置的股权治理行为,是股权治理的核心;广义的股权分配,包括企业家及其团体与员工、投资人之间的股权分配关系。

表 3-5 列出了三种股权分配关系。

表 3-5 三种股权分配关系

| | 分配主体 | 关系特点 |
|---|---|---|
| 第一种股权分配 | 企业家股东与合伙人股东 | 1. 最主要的股权分配,协商性分配<br>2. 必要的股权分配,是其他股权分配的基础<br>3. "企业家团体"内部的股权分配 |
| 第二种股权分配 | 企业家/团体与员工 | 1. 次要的且非必要的股权分配<br>2. 激励性股权分配,主导性分配<br>3. 第二次和第三次分配可能同时进行 |
| 第三种股权分配 | 企业家/团体与投资人 | 1. 次要的,但却是必要的股权关系<br>2. 融资时双方势力基础上的谈判决定了股权分配的格局,存在公司控制权的强博弈,投资人多能获得有利的股权地位 |

从表 3-5 中可看到:

第一种股权分配是其他股权分配的基础,是最为关键的一次股权分配。第一种股权分配也是第一次股权分配。在第一次股权分配中,分配者是企业家股东,被分配者是合伙人股东，这是合伙团队内部的股权分配。由于第一种分配是合伙人之间的股权分配，而企业家股东是分配的主导者，所以，这就决定了此次股权分配主要采用协商性分配方式。

第二种股权分配是股权激励或员工持股中的股权关系，分配者是企业家或／和其团体，被分配者是员工。这是一次非必要的股权分配。对有的非上市公司而言，可能不会发生股权激励或员工持股，尤其是传统行业。由于员工与企业家团体的不平等关系，所以，这次股权分配是从上而下的主导性分配。

第三种股权分配是股权融资中的股权关系。由于融资时机等原因，此次股权分配是企业家及其团体与投资人团体之间围绕控制权产生的激烈的谈判，甚至争夺。而且投资人往往会获得胜利，进而会对公司的股权结构、董事会等治理组织或机制产生明显影响。融资中的股权分配是通过复杂谈判来完成的。

**2. 股权分配的原则**

第一种股权分配确定了公司股权结构的核心部分，因此，具有非常重要的意义。以往的"市场派"著述都过于强调分配的"技巧"。对于企业家及其团体来说，由于股权分配所涉股权和人力资源的专业性与经验要求，企业家应从理念和原则高度形成自己的"股权意识"。至少以下几点是重要的：

第一，"老大"主导。对创业公司治理而言，"老大"（企业家股东）始终是核心。第一次股权分配过程，就是一个体现"老大"核心地位的过程，是其权威实现的过程。其一，"老大"与"小弟"必须均有"'老大'主导股权设计"的意识。"老大"比"小弟"要早先并深刻认识到自己主导股权设计的重要性，尤其是要认识到这是一种企业责任，而不是权力。同时，"小弟"也要清楚自己的地位和责任。其二，"老大"必须主动设计。一般而言，一个创业企业中最先提出股权分配的人就是"老大"。反之，如果"小弟"比老大更有提早提出股权分配的需求，这对"老大"和"小弟"都是"错配"。所以，"老大"必须在掌控全局的基础上，比"小弟"更主动地设计股权结构。

第二，"老大"可控。创业企业最初的股权结构必须是第 2 章（表 2-3）所显示的"'老大'绝对强控制型"和"'老大'相对强控制型"的股权结构，其理由在第 2 章和本章都有论证，这里不再赘述。"'老大'强控制"表明"老大"单独持有的股权越多越好，大于 50%，甚至超过 67%，都是可以的。"老大"拥有如此多股权的目的不仅是为控制而控制，而是在控制基础上为后续股权融资、股权激励等"股权消耗"留足"弹药"。股权稀释与股权控制是一对矛盾，必须在起始就留足股权空间，以便公司迈入成长期和成熟期后，能实现稀释股权与公司控制之间的平衡，即既能通过稀释股权引入资金、人力和资源等，又能实现企业家及其团队的公司控制，保证公司的战略稳定。除直接持股这种"硬实力"外，可以利用股东协议、表决权协议、一致行动人协议、控制权协议等协议，或者股权代持、有限合伙等方式保证企业家的控制权。

第三，结构合理。股权结构是股权分配的结果和目的。股权分配是一种有计划、有目标的股权活动，必须遵守股权结构的基本定律（本书第 2 章讲过的三个股权结构定律）。所有的股权活动都是一种"股权设计"，无论股权结构的建构、合伙人制度的设计，还是公司控制权、股权激励等，概无例外！"结构合理"意味着，合伙人股权分配一定要适合本企业以及企业发展的阶段，即股权分配具有情境依赖特性。股权结构的基本定律的科学性是来自归纳和概括，其是对更多企业股权结构的统计学意义上的总结，而每个创业公司的"老大"的能力、个性、领袖气质，以及"小弟"数量、关系、能力等皆有差别，所以，每个合伙团队的股权结构和合伙人关系皆是个性的。模仿其他人和其他公司的成功，未必会带来自己的成功。因而，不能用"一张纸上的模板"或照抄成功者的方案来建构自己的制度，必须通过"具体问题具体分析"的思维来建立适合自己企业特色的股权结构。

第四，价值导向。无论老大，还是小弟，必须树立股权的价值导向观念，一份贡献一份股权。家庭按伦理组织和运行，而企业则是按价值组织和运行，此一点，依然适用于股权分配。任何人获得的股权数量或份额必须与他对创业公司的贡献一致，否则，就是不正义。如何量化每个持股人的股权价值？有著述借鉴西方风险投资商所用的股权记分卡之类的工具，试图对分配对象应持股权数量像绩效或薪酬一样，用公式等来计算，这对成熟企业来说是可以的，但对创业企业而言，则是不现实的，因为创业初期公司价值、个人价值具有极大的不确定性，难以客观化和量化。既不能精细量化，又要实现依据价值持股，那如何实现股权与价值的匹配？一方面，"老大"与"小弟"要根据相互理解来确定"可接受价值"，这是非理性的方式，是对贡献和股权的估量；另一方面，在对"小弟"们进行股权分配时，可以依据岗位和薪酬来作为参考标准，同时，设置合理的阶梯式持股比例或数量。总之，股权与价值的匹配需要"理解"，也需要科学计算，企业要根据自己的情况来实现二者之间的良性互动。

第五，动态调整。动态调整是股权分配价值原则的体现。一者，合伙人是变动的，职务有升有降，人员有进有出。必须有合伙人升降与进出的协议，保证任何变动都不伤及公司。二者，为员工升为合伙人留下机会。内部人员（合伙人和员工）的岗位与薪酬是变动的，要坚持岗位与股权（数量、比例）的对应关系，实现岗位、薪酬和股权的匹配，这样，人力资源体系和股权体系就融合在一起，二者也是稳定的，可以应对合伙人和员工的正常变动。三者，让合伙人与员工认识到股权也是可调整的，不能产生"躺在股权"上的静态观念。华为早期的虚拟股激励就因静态而导致获激励员工的积极性不够，后来被迫采用了 TUP（时间单位计划）动态股权激励机制。四者，将股权分配与合伙人和员工的绩效考核结合使用，会更有效。股权分配过程也是一个激励过程。价值之所以是变动的，皆因人是变动的。故而，股权的动态调整是人性变动的体现。

第六，专业的事情交给专业人员去做。尽管股权设计中的原理与原则是浅显易懂的，但如果将股权的一般概念、原则，甚至技巧应用到特定企业，并产生应有效果，就是一个专业活动。因此，企业家及其团队应该有自己的顾问团队，如财务顾问、法律顾问、税务顾问，或者技术顾问等。股权分配和合伙制度设计是一个综合性工作，涉及股权、法律、人力资源和财务等要素，企业家尽量寻找外部的股权顾问帮助其设计。一者股权顾问是专业的，二者股权顾问是外部的。这两种特征决定了外部的股权顾问在"小弟"们面前是专业的，同时是"超越的"，容易获得"小弟"们的信任。

### 3.2.5　Match："老大"的质量

合伙制度的核心是"老大"与"小弟"的关系，股权仅是合伙关系的"黏合剂"，它是工具，而不是目的。分析"老大"与"小弟"的关系，实现其相互之间的"Match"（匹配；相配，表达一种因内在需求并被满足的关系），依次来反推其需要的股权关系，进而才能分配好股权，否则，不依据"老大"与"小弟"的应然关系（内在需求）而依据外在理由进行的股权分配都不会达到所追求的效果。

**1. "老大"的质量决定了合伙与股权关系的质量**

"小弟"从何而来？这个问题的答案，不在"小弟"身上，而是由"老大"的特质（"老大"的"质量"）所决定。"老大"的质量决定了"小弟"的质量，以及"老大"与"小弟"的关系，最后也决定了合伙人团队及股权关系的质量。

根据"老大"的质量，可把合伙股权关系分为如下三类。

第一类是"卓越企业家自带'小弟'式合伙关系"：在此类创业企业的合作关系中，创始人通常具有强烈的个人魅力和领导力，能够自然吸引追随者。这类领导者是之前所讨论的"卓越企业家"，也是具有绝对魅力的领导者类型。由于其才华、人格以及精神风貌，这些领导者受到追随者的崇拜、尊敬，并获得了"小弟"们无条件的信任和服从。领导者和追随者之间的关系，可以比作是哲学王和士兵之间的关系，他们之间虽不平等，但极其稳定。利益的分配不会决定或改变他们之间的等级关系。因此，之前章节提到"卓越的企业家能够超越股权结构"，意味着在出色的企业家面前，股权结构或股份分配的重要性不大。在这种合伙关系中，股权分配遵循一定的原则，即领导者和追随者的持股比例和数量基本上与他们的价值和贡献成正比。

第二类是"优秀企业家与'小弟'共同创业式合伙关系"：这类合伙关系多是由"老大"和"小弟"因机缘长期学习、生活或工作相知而成的。在这种情形下，"老大"的精神和气质因素占有一定优势，但不会如上述第一种合伙关系中分量大。"老大"与"小弟"的质量或天生资质没有绝对差别，但"老大"依然对"小弟"具有明显优势。如第2章所讲"马化腾的股权意识"案例中，马化腾在创业团队中从开始就处于领导地位，因而，其设计的股权结构自然就按此类合伙关系而来。绝大多数的互联网、高科技企业的企业家团队都是此类合伙关系。一者，毕竟天生卓越企业家太少；二者，优秀企业家多是在创业实践中锻炼出来的，该等企业家开始并不知道自己有优秀的创业能力；三者，高科技类的优秀企业家很多都是优秀的科研人员，其成长路径一般是从优秀科研人员发展成优秀企业家。这一过程,基本都是和同龄人(或同事,或同学)共同成长起来,并逐渐被验证或发现的!这类合伙关系的股权结构也必须"设计",企业家"老大"就应该掌握本书所讲的股权知识、理念和技巧。

第三类是"无'小弟'式企业家创业"。这类创业者是前述企业家类型中的"独狼",股权占比多是100%,即使员工被激励,持有部分股权,但也不是实质意义上的合伙人。创业过程中没有遇到合适的合伙人,或者不愿意与合伙人分享股权和治理权。这类企业过了生存期之后,都需要认真考虑股权分配、合伙人制度建构等,因为再厉害的"独狼"也需要团队辅助创业。企业家应该完成从"独狼"向"头狼"的角色转换。这类创业企业的股权结构可以称之为"零起点",好处是具有极好的可塑性,只要企业家胸怀宽广,可以设计出更好的、更有适应性的股权结构、合伙人制度和企业文化。

第三类合伙关系可以成长为第二类合伙关系,普通企业家可以成长为优秀企业家,但后二者难以成长为卓越企业家,因为后天是天生的,而前两者是可以培养和锻炼而成的!因而,股权分配的主体就是优秀企业家和普通企业家。

### 2. 培养:合伙人的等级

好的合伙人一定是企业家的"灵魂伴侣",其地位和价值如夫妻中的另一半一样重要。合伙制度建构的重点不在于找到一个值得追随的哲学王,而是找到或培养能辅助"老大"的"小弟"们。合伙人制度建构中的一环就是识别、寻找和培养"小弟",并为其提供土壤或发展环境。因此,不要把合伙股权分配看作是一个简单或孤立的活动,应该将其看作是合伙人制度建构的一部分,如此,就可将股权分配与合伙人的发现与培养视为"一体两面",同步推进。

很多合伙人是因机缘而发现的。这种在基于缘分而成的合伙关系中,股权分配存在一个简单的谈判过程,"老大"会根据自己与"小弟"(一个或多个)的资源或能力的互补强弱关系来出让自己的股权,如下面的案例。

|案例 3-1|

### 郑总的合伙人

郑总独自经营一家儿童服装厂,随着公司规模越来越大,且发展势头越来越好的时候,郑总觉得自己的精力、时间和能力日渐跟不上企业的发展,就产生了找合伙人的念头。在一次展会上,他碰见一个小自己几岁的、常见的销售人员李总,两个人交谈甚欢。郑总邀请李总去他的企业工作,但李总没有答应。半年过后,李总同意来郑总企业担任销售副总。经过一年的工作后,郑总觉得李总工作态度端正、道德水平高、销售能力强,更可贵的是和自己经营企业的想法很吻合。为留住李总,郑总出让20%的股权给李总。李总出资购买了该股权。又过了两年，郑总对李总十分满意，提议让李总再持有公司25%的股权，这样郑总持有公司55%的股权，担任董事长，李总持有公司45%的股权，担任总经理，郑总负责战略和公司内部事务，李总负责销售和渠道建设。两人对合伙关系非常满意，真正做到了齐心合力发展企业！

绝大多数的合伙人是后天培养的。在合伙股权分配过程中，企业家设计出用股权作为"培养液"机制，帮助企业家培养出适合自己的、适合企业发展的合伙人。实践是检验一个人是否具有创业能力的唯一标准。图3-6是员工向合伙人晋升的路径，是企业家将员工培养成合伙人的一般过程。

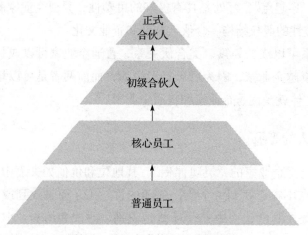

图3-6　员工向合伙人晋升的路径

从股权分配视角，一个普通员工首先可成长为核心员工，进而可通过股权激励获得公司股权；再通过训练和培养其"共有、共营、共担、共享"的合伙人精神，经验证达成标准的，可成为初级合伙人，通过股权代持、分红权等方式，在规定时间内可持有公司股权；再经过一定时间和工作验证后，即可成为正式合伙人，可直接持有公司股权，记入公司股东名册，与企业家一起参与公司战略决策和公司治理。

## 3.3　合伙人制度的主要内容

相比于"单枪匹马"式的个人创业，合伙创业有很多优势，如可通过合伙的集体力量来对抗企业风险、合伙内部融资解决企业资金、集体治理实现"众人之治优于一人之治"等。这些优势对现代高科技行业创业极为重要，或者说，因为这些优势才使合伙创业成就了现代高科技创业！形成一套能够团结所有合伙人，同时有利于公司治理或者说成为公司治理基础的组织形式，又能对所有合伙人进行良好管理的合伙人制度，成为现代创业者普遍采用的基本组织形式。

合伙人制度建构应遵循如下原则：内容上，宜粗不宜细；时间上，宜早不宜晚；人员上，宜少不宜多等。这些原则在下面的制度建构中都会有相应体现。

## 3.3.1 合伙人制度的建构准备

合伙人制度是被有意识地建构起来的,而不是自然发生的,企业家不能坐等现成的合伙人团队出现在自己面前。合伙人制度的建构需要"天时地利人和"等外部条件,只有当这些外部条件充分具备的情况下,企业家才能在专业顾问帮助之下建立起适合企业特点的合伙人制度。合伙人制度建构的第一个逻辑是建构条件是否具备。以下几个是建构合伙人制度的基本条件。

**1. 选择最佳时点**

建构合伙人制度的最佳时点是由如下两个具体时点共同确定的:一个时点是企业发展的阶段,另一个时点是企业家和企业对于合伙人制度需求的急迫性,其中,前一个时点是决定性的。只有当这两个时点共同确定下来后,才能启动合伙人制度的建构。如果企业家认知的时点和企业发展阶段的时点能够叠合在一起,那就是合伙人制度设计和建构的最佳时点。因为这种叠合可以最大程度地保证企业和企业家倾其所有资源来为合伙人制度建构提供服务,这样才能建构出适合企业特色的、有效的合伙人制度!

首先,企业发展阶段的最佳时点。原则上,合伙人制度建立的时间越早越好,如此可有足够的时间凝聚和检验合伙人,更早形成具有企业特色的合伙人文化。但在创业初期,一方面,企业家把更多的时间和精力放在如何解决企业的生存问题上;另一方面缺少合伙人,或者即使有个别合伙人也不能完全依赖合伙人,所以此时企业家的精力并不在合伙人制度或者合伙人团队的建设上!当然,对那些自带"小弟"的企业家而言,即使在生存期也是可以建构合伙人制度的,因为合伙人已经存在,甚至合伙人团队已经自然产生。但对大多数创业企业来说,企业从生存期转向发展期的时间段是建构合伙人制度的最佳时点。这是因为企业已经或即将度过生存期,进入快速发展阶段;对于企业家股东而言,他需要更为稳定、更为团结、更为高效的合伙人团队,帮助企业扩展市场或提升产品。而且,这个阶段企业发展的"势头"也是适合进行合伙人股权分配的,因为企业向上发展,合伙人和员工对企业未来都充满信心,个人绩效与企业价值同时提高,士气高涨,对公司事业和股权价值的预期也普遍提高,这个时点用股权来"换取"合伙人和员工的股东精神及事业责任感是最容易成功的!

其次,企业家认知的最佳时点。企业家的认知对合伙制度的建构极其关键,他拥有创业企业最主要的,也是最终的决定权。创业初期,企业家一般拥有绝对多数的股权,但建构合伙人制度的过程,必然会稀释或减少企业家股东所持有的股权份额;用股权构建合伙人制度的过程就是通过稀释企业家股东股权的方式来换取合伙人的股东身份和事业心。所以,构建合伙人制度与融资、股权激励一样,都存在着利弊两端:其利在于,如果合伙人制度建构(实为企业家股权让渡)成功,则可获得巨大的公司绩效和成功的公司治理;其弊在于,合伙人制度的建构意味着合伙人将持有公司的股权,这必然会减少企业家的持股数量和比例。对于企业家股东而言,这其中的利弊是需要他不断反复权衡的。只有他评估后,认为利大于弊时,才会有动力、有积极性启动合伙人制度的建构。此为企业家对合伙人制度建构的认知之一。企业家的认知之二就是合伙人制度建构的必要性。企业家应该意识到当企业发展到快速成长阶段时,他一个人无法经营企业的所有事务,必须通过让渡股权来招揽更多优秀的合伙人,帮助他分担责任。只有这两点认知合在一起才能形成企业家主动建构合伙人制度的动力。

### 2. 有可选择的合伙人

合伙人依其来源和能力可分为两种:第一种是来自企业外的、成熟的合伙人;第二种是来自企业内部的,需要培养的合伙人。第一种合伙人是自然而成的,这些人是天生为合伙人,而且他们的能力已经在其他的企业得到历练,可独当一面,有强烈成为事业合伙人的愿望,能够承担企业责任,有与企业家共同经营企业的能力。对企业家来说,这一类合伙人是不需要再培养的,是自带能力合伙人。第二种合伙人是需要培养的,这类人跟随着企业家股东创业,他们具有成为合伙人的潜质(如忠诚、事业心、责任心和能力),只是当下这种合伙人潜质并未变为现实能力,创业企业和企业家股东愿意通过股权和公司事业的方式来锻炼他们,将他们培养成真正的合伙人。显然,自然而成的合伙人主要来自外部,而需要培养的合伙人则来自企业内部。这两种合伙人各有优缺点,其中,第一种合伙人对企业和企业家的忠诚度远不如第二种合伙人。第二种合伙人是从企业内部培养起来,甚至有的合伙人是企业家的长期追随者,被企业家的人格和精神气质所吸引,是真正意义上的"小弟",他们对企业家和企业有较高的忠诚度和责任心。因而,第二种合伙人是企业家建构合伙人制度的最主要的合伙人来源。企业家要用心发现和培养自己所带领的团队中的潜在合伙人。

哪些员工可能成为合伙人?如何从员工中找到能够成为合伙人的人选?这意味着用什么样的标准来选择合伙人。至少有两大类标准可用以筛选到合适的合伙人,其中,第一类标准是形式标准。形式标准包括两种,第一个形式是指时间标准,就是以员工在公司工作的时间长短作为选择合伙人的形式标准。原则上,员工在公司工作时间越长,对公司的忠诚度越高。工作时间越长的人越有成为合伙人的可能,因为忠诚度体现为对公司的坚守,即时间是忠诚度的外在形式。第二个形式标准是岗位标准。原则上,一个员工的岗位是他的能力的外在体现,也就是说:一个具有较高职位的员工,其对公司的价值、对公司未来的贡献要高于比其职位低的员工。两个形式标准相比,工龄标准更基础。在选择合伙人时,先选定一个时间标准,比如一个员工要成为合伙人,在时间上他必须先在公司工作满 12 个月或 24 个月,或者公司认为一个可以验证员工道德性、工作能力和对公司战略认同的时间段。另外,合伙人应主要来自较高岗位的员工,如中层管理者或者高层管理者,这些员工都是高价值的人力资源。他们成为合伙人以后,能够替企业家股东分担更多的责任,而且,这些高位阶员工的认知水平、情绪能力和影响力等都优于普通员工。第二类标准是实质标准,主要是指合伙人内在的精神,核心是"合伙人精神"。合伙人的实质标准主要包括这几个方面:第一个是合伙人的职业价值观,其内核是该员工对于企业战略是否认同,同时是否愿意成为合伙人,是否把工作当作事业来对待等;第二个是合伙人的团队精神,该员工是否有较好的沟通能力和协调能力,是否有事业和利益分享的意愿,是否有忍让担当的精神,这些其实都是企业家必要的精神要素;第三个是管理能力,因为合伙人最终都要和企业家一样成为公司的领导者,合伙人要分担企业家的管理责任,因而,必须有从事管理的意愿,善于交流,愿意为公司团体奉献自己的管理能力。上述合伙人的内在标准,实际是企业家精神的体现,或者是企业家精神的某些部分。合伙人是"准企业家",但同时又是"高级员工",合伙人的特质介于企业家与员工之间:合伙人没有企业家那样纯粹的或完整的冒险精神和创新精神,合伙人仅有企业家的部分精神,但同时,合伙人要比员工更具有事业心和责任感。

**3. 认同的股权顾问**

合伙人制度建构是一个专业活动,必须由股权顾问与企业家之间的充分合作才能完成。因而,找到合适的股权顾问也是构成合伙人制度建构的先决条件。首先,合适的股权顾问应该是专业的和有经验的。专业的股权顾问意味着股权顾问必须通晓股权法律的基本常识,而不是一知半解的"股权大师";对中小创企业的人力资本特点较为熟悉,对创业活动有深刻的理解。有经验意味着股权顾问有成熟的案例体系,对合伙人制度建构有自己的理解。其次,股权顾问对企业家和企业有深入了解,对企业家设计合伙人制度的目的有精准掌握,对需要解决的问题有深刻理解。再次,合适的股权顾问必须愿意长期跟随企业发展,深度辅导,而不是仅为企业提供一个所谓的模板和范本。最后,合伙人制度必须是适合企业的。合伙人制度对每一个企业而言都是独特的,这是因为,每一个企业是独特的,每一个企业家是独特的,合伙人的性格、价值观等都是独特的,这就决定了任何一个合伙团队必然是独特的。有放之四海而皆准的股权定律与规律,但没有普遍适用的合伙人制度。每一个合伙人制度的方案都是个性化的方案,因而找到一个能设计出适合企业个性需求的股权顾问是十分重要的。

## 3.3.2 合伙人的持股与晋升

越来越多的企业家已经认识到:直接给合伙人股权,将合伙人记载于股东名册的做法是不明智的!已有的教训清楚地展现出来一副"退出难"图景:随着合伙人能力的提升、地位的提高、资源的日渐丰富,有的合伙人的野心也快速增长,会产生争权夺位、另立山头等想法,进而会利用其股东地位向企业或企业家提出非分要求,而企业家要剥夺他们的股东身份,在公司法上是非常困难的,因为股东是不可以开除的。所以,越来越多的企业和企业家,在进行合伙人制度的股权建构时,逐渐采用渐进的股权持有方式,来解决合伙人的持股问题。最为典型的合伙人持股方式是通过有限合伙企业间接持有公司股权。

### 1. 持股方式

合伙人的持股方式主要有如下几种：第一种是直接持股，即将合伙人记载于公司股东名册中，合伙人成为与企业家拥有同等法律地位的股东；第二种是公司成立有限合伙企业，由企业家控制其中的普通合伙人（GP），合伙人成为有限合伙企业当中的有限合伙人，企业家通过普通合伙人（GP）来控制有限合伙企业，进而达到控制合伙人股权的目的。与有限合伙企业持股相似的做法是成立一个有限责任公司，其原理与成立有限合伙企业相同，但由于需要两次缴税，有限责任公司持股方式逐渐被有限合伙企业所替代。第三种方式是由企业家以个人身份代持合伙人股权。比较这三种持股方式，从合伙人视角来看，从第一种到第二种再到第三种，在越往后的持股方式中，合伙人距离公司的直接股东身份越远，反向而言，这三种方式对企业家而言，越往后的持股方式对企业和企业家的保护性越强！三种持股方式是企业家管理合伙人股权的基本方式，也因此，使股权持有方式具有了治理功能，这一点对中小创公司而言，具有极为重要的价值！

整体而言，由大股东代持合伙人股权的做法对构筑合伙关系、建立合伙人团队是不友好的，这会让合伙人觉得自己被企业家所"代表"，失去与公司发生直接关系的可能，会影响合伙人的创业热情。因此，更为普遍的做法是在第一种方式和第二种方式之间来做选择。比较这两种持股方式，二者在股权治理和合伙人治理上存在明显差别。其一，根据合伙人是否被企业和企业家验证，合伙人可被分为已经验证和尚未验证两种。在合伙人发现、培养和管理等方面，可以做到区别对待、分类管理。尚未验证或验证没有结束的合伙人与公司和企业家的关系是脆弱的，其不能获得直接股东资格，通过有限合伙企业这一持股载体是比较恰当的。从治理视角，其优点在于：一旦这些脆弱的合伙人在中间退出或与公司发生矛盾，可利用有限合伙内部转让合伙份额的做法减轻对创业公司的冲击。因为根据有限合伙企业的法律规定，合伙人之间的合伙关系自治性较强，可通过合伙协议来解决相互之间的矛盾，而对应的有限公司股东之间的关系多为强制性法律关系，难以通过自治来解决，所以，将合伙人记载在有限合伙当中，是一种验证合伙人的主要股权持有方式。其二，对于尚未验证成功的合伙人而言，其身份脆弱的另一种体现是对公司分红权的享有程度，他们可以享有也可以不享有，可以部分享有或者部分不享有，享有程度的差别是这些合伙人的表现。如果表现良好，就可以获得更多的分红，而如果表现不好，甚至面临退出公司，那么他们享有的公司的分红会更少，这都是有限合伙企业管理灵活性的体现。

### 2. 合伙人的晋升

对于已经被企业和企业家验证而被信任的合伙人，公司可将其作为股东记入股东名册，直接拥有股东身份。他们可以在股东会提出对公司战略发展、经营管理、体系建设等方面的意见，也可以参与公司分红，在公司合伙人会议上拥有表决权，担任高级管理职务等，这才是真正意义上的合伙人。他们能够替企业家承担更多的责任，分担更多的公司事务。比较两类合伙人，尚未验证或验证未结束的合伙人，可称为初级合伙人，而已经被验证的合伙人，可称为高级合伙人。如此划分，展现出一个晋升通道：任何一个初级合伙人，如果有足够的工作时间、个人能力和对公司业务足够的责任心，就可能晋升为高级合伙人。

以上两种合伙人及其持股方式所引起的治理方式存在区别，如表 3-6 所示。

表 3-6 合伙人与准合伙人的区别

|  | 正式合伙人 | 验证未结束的合伙人 |
|---|---|---|
| 股权持有方式 | 直接持有 | 有限合伙企业持有或大股东代持 |
| 合伙人会议参与方式 | 参加合伙人会议<br>参与公司治理 | 旁听或不参加合伙人会议<br>不参与公司治理 |
| 岗位 | 担任副总<br>负责一个业务板块 | 核心员工或担任总监<br>负责一个业务小组 |
| 分红权利 | 参与分红 | 有条件参与分红 |
| 对外身份 | 合伙人或联合合伙人 | 员工 |

### 3.3.3 合伙人股权分配的三个关键点

在企业家与合伙人之间，以及合伙人内部分配好股权是合伙人制度成败的关键，股权是这一制度的核心利益。合伙人股权分配涉及公司股权结构的建立与完善，牵涉员工持股以及利润分配等关系。

在合伙人制度设计中，合伙人的持股数量、出资价格和分红是三个最敏感的关键点。

**1. 持股数量或比例**

企业家应从公司发展的阶段需要，整体规划股权稀释、合伙人股权持有数量和比例问题。

首先，合伙人股权分配必须保证企业家的股权控制权。企业家控制是中小创企业股权结构的第一原则，它不仅体现在合伙人股权分配中，也体现在员工持股、股权激励和股权融资中。只有保证企业家对公司的股权控制，才能保证公司股权分配的基础是稳固的、公司的发展方向是确定的，也才能保证建构起来的合伙人团队是稳定的，否则会引起公司控制权的争夺。

其次，企业家应该对合伙人的长期持股给出一个较为明确的承诺。如企业家承诺：在未来一年愿意出让公司股权的 5% 和 10% 给合伙人，未来两到三年可以出让公司股权的 15% 到 20%，未来五到八年可以出让公司股权的 30% 或 40% 左右等。承诺的目的是让合伙人有一个相对确定的预期，从承诺中可以看到企业家的稀释决心。如果合伙人和企业家一起努力，公司不断发展，合伙人是可以分享公司发展带来的利益和事业的。公司股权从企业家"流向"合伙人，会激发合伙人的创业信心，这对鼓舞合伙人团队的士气是很重要的。这是合伙人制度和合伙人股权分配的价值所在！

最后，合伙人是按比例持股，还是按股数持股，这是一个需要认真对待的股权筹划问题。假定公司注册资本为 100 万元，给一个总监 5 万股，企业家如何解释这 5 万股？这 5 万股应被视为总股本的 5%（股权占比），还是 5 万股（股数）？尽管从静态视角来看，5% 和 5 万股是等式关系，但如果从公司股权扩增视角来看，两种解释存在着巨大差别：如果给合伙人承诺的是 5% 的股权，在公司增资扩股到 1 000 万元（股）时，5% 意味着该合伙人将实际持有公司 50 万股，依此类推，如果合伙人较多且该比例为同比例扩增时，公司股权比例和股权结构就"僵死"了，无法给外部的投资人和新合伙人分配股权；但如果承诺是 5 万股时，无论公司注册资本（股本）如何扩增，也不会影响股东之间的股权比例，随着注册资本的扩增，不仅股数的占比逐渐降低，而且会为新增股权腾让出足够的空间。因此，企业家在股权分配时，应该区分合伙人的种类，在持股比例和持股数量之间作出正确选择，确保后续股权扩增和公司控制权问题不被合伙人持股所掣肘！

**2. 出资价格**

合伙人的出资成本应该是多少？应该采用哪个财务指标来确定合伙人的出资价格？股权激励、员工持股和股权融资与合伙人持股一样，都是企业家或企业家团体通过出让股权来换取某种资源的活动。双方满意的股权价格是交易成功之所在！前述每一种股权交易的价格与其交易类型和交易目的必须一致，比如股权激励的交易价格一般较低，而股权融资的价格一般是较高。因此，合伙人的出资价格必须与合伙人制度建构的目的相适配。原则上，合伙人的出资价格可参考以下几个财务标准：第一个是原始价。可简单理解为"一股一元"，这是从注册资本视角对出资价格的衡量。第二个是净资产价格。净资产价格对于创业企业来讲，是一个不太友好的数字，初创企业的每股净资产的价格往往都很低，甚至多数企业为负数，毕竟创业早期的企业都处在投资阶段。按照净资产价格认购，会让创始股东/企业家觉得员工占了自己的便宜，所以，净资产价格对融资和股权激励及员工持股来讲，可能是一个较好的参考值，但对合伙人持股则不是。第三个价格是溢价，也就是创始股东/企业家以高出原始价的价格让员工来认购股权。溢价主要出现在股权投融资活动中。对员工和合伙人而言，也不是一种友好的价格标准。第四个价格标准就是综合标准，即企业家和员工在参考同行业价格以及以上几种标准的基础上，通过协商，达成双方可接受的价格。按照以往的经验，在企业的生存期或者进入发展期之后，合伙人认购公司股价的主要的参考标准是原始价。当然，每一个企业所处行业、发展阶段，以及企业家和合伙人对企业未来的预期等各有差异，最终形成的出资价格各有不同，难以一概而论。总之，合伙人持股的价格尽量相对较低，否则，会在开始便对员工积极性造成伤害，会把好事变成坏事！

**3. 分红**

分红主要涉及三个问题，包括分红时间、分红标准和分红数量。首先，就分红时间来说，原则建议每年分红一次。以年为单位进行分红，与《公司法》所规定的股东分红标准一致，同时，与财务预算和决算制度也一致，也体现了分红的"股权"性质。合伙人培养的方向和目标是股东，所以分红周期也应该与股东看齐。每年年度结束之后进行决算，在每年的三四月份或四五月份，根据决算情况，股东会决定分红（是否分与分多少等）。这一点上市公司体现得最为明显。有的销售型企业，采用季度分红或者项目分红，这都违背了股权分红的原理，将分红视为绩效或奖励。其次，就分红标准而言，合伙人希望公司分红有一个确定的、客观的标准。一般而言，如果实行预决算财务制度的话，可以将二者结合在一起，利用奖金或绩效原理来设计出一个相对客观的分红标准，比如年初通过合伙人会议确定年度预算（指标可为营业额、利润总额等），通过决算来确定达成情况，达成率越高分红比例越高。分红标准与公司绩效实现挂钩，合伙人根据绩效对分红也有预测。这种分红标准的客观性依赖于财务信息公开程度。对于创业企业来讲，越早公开财务信息，越有利于建立合伙人制度，但早期公开应奉行"宜粗不宜细"原则。再次，分红数量就是每股可得利润乘以合伙人股份数量，在此公式中，每股可得利润是核心变量。对初创企业来说，由于早期都在投资，必然是亏损的，后期会有财务填补过程，早期如果用净利润来分红，肯定是困难的，毕竟早期很难有利润，即使有也是年度利润，整体利润肯定很少，甚至没有利润。所以，原则上建议在初期不按公司整体利润来分红，可探索先按年度利润分红，在公司财务制度（如预算决算制度等）逐渐规范，公司业绩越来越好时，再用公司整体利润的标准来分红。

## 3.3.4 合伙人退出机制

在所有的股权设计活动中，如合伙人股权制度、股权激励、员工持股、股权融资以及股权控制等，退出机制都是关键。只有"入口"，没有退路的股权制度都是"单行线"，无法应对股权活动失败的困局！一个有效的合伙人退出机制至少应该包括退出条件和退出价格这两个关键条款，当然，其他技术性内容也需要规定。

**1. 退出原则**

退出原则是一种声明，它宣示了一些合伙人退出的基本原则。主要的退出原则包括如下：

离职即退伙原则。合伙人在公司上市前（或其他设定条件）的任何时候，以任何方式与公司解除劳动合同关系的，视为退伙，这是退出的基本条件。退伙即意味着自劳动合同解除生效之时，就失去持股资格，不再继续持有已经获得的公司股权，不管该股权是直接持有还是间接持有。这里用劳动合同解除这把"钥匙"，解除了事业合伙关系。这一原则是对合伙本意的重申和回归，事业合伙人（第二身份）的前提必须是员工（第一身份）。因为，无"员工"不"合伙"！

人走股不留原则。这一原则解决的是劳动合同与持股之间的直接关联关系。先取得员工身份，再获得合伙人身份，最后才能获得股权，这是合伙人制度的内在逻辑。第一个原则解决的是劳动合同（员工）与合伙人身份之间的关系，而这个原则就更为根本，它宣示了股权与员工身份之间的间接关联关系。这一原则保证任何人"带不走"股权。因为如果一个合伙人离开公司后，依然持有股权，而他已经不在公司工作了，却能像投资人那样参与分红或增值，这对于内部合伙人来说是不公正的。所以，合伙人离开公司就意味着放弃股权。

只能转给特定人原则。对非上市公司而言，合伙人退出与股东退出一样，均采用转让方式退出。为保证合伙人转让股权不影响有限责任公司的"人合性"特征，应事先声明：合伙人转让股权是受限的，而不是自由的，必须受到双方事先约定的限制。除价格限制外，受让对象也必须在企业家控制之中。"特定人"一般指企业家或企业家指定的人。唯有如此，不仅可以排除外人进入公司，防止"坏股东"，而且也可以将该股权放入"期权池"，留给新的合伙人。

上述原则的价值在于：其一，对合伙人而言，一旦这些原则被记载于合伙人制度或合伙人协议等文件中，对合伙人构成法律约束；其二，更为重要的是对合伙人构成观念约束。法律与观念的聚合使这些原则不仅在诉讼时可以发挥"挑大梁"的功能，而且也能在合伙人心里种下原则的"种子"。

**2. 退出价格**

退出价格的确定标准有两个，一个是工作时间，另一个是过错程度。工作时间越长，退出价格越高，反之亦然。同时，合伙人退出的原因可分为有过错和无过错两类。两个标准结合后的退出价格确定原则是：如无过错，尽量不要让合伙人吃亏，要最大可能地给予较高价格；如有过错，则需按惩罚性价格退出。示例如下：退出时的转让价格以工作年限为参考，如果退出时，在公司工作未满3年（自劳动合同签订之日起计算，下同）的，按购入价（实际出资价）计算；如果退出时，工作满3年（含3年）以上但未满6年的，退出时的转让价格为按上年度净资产计算的每股价格的80%计算，如果低于购入价（实际出资价）时，按购入价（实际出资价）计算；工作满6年（含6年）以上的，退出时的转让价格按上年度公司净资产计算的每股价格计算，如果低于购入价（实际出资价）时，按购入价（实际出资价）计算。其中的"上年度公司净资产"可以替换成公司确定的任何其他财务标准。

**3. 退出后约定**

上述问题主要是退出机制的实体部分，在实施合伙人退出股权时，对相关技术性或程序性问题，必须作为退出机制的一部分进行事先约定。首先，税费约定。原则上，如果合伙人退出时通过股权转让获益，须依照法律规定承担股权转让的税费。其次，必须按照双方签署的协议约定方式，将其持有的公司股权或合伙份额转让给企业家或其指定的人。但是，在实践操作中，会出现该合伙人不配合办理股权转让手续，致使难以办理工商变更登记。鉴于此，可以在合伙人制度或事业合伙人协议中进行如下约定：合伙人在满足退出条件后，必须按照企业或企业家指定的时间办理转让手续；在企业或企业家发出通知后指定时间内未办理转让手续的，以企业或企业家指定日期为准，每逾期一日须承担一定金额的违约金，直至合伙人按企业或企业家指令办理完转让手续为止。

相比较于其他股权活动，股权融资中的退出机制设置得最为成熟，因为退出是投资人利益变现的唯一途径。由于投资人一般在股权融资中处于优势地位，在投融资协议中，都会全面、详细和严苛地设定出有利于投资人的退出机制，以及对企业家及其团队退出的限制机制等。在投融资领域中，已经形成了一套有利于投资人的成熟的退出条款。这些条款被广泛地引用到股权激励、员工持股和合伙人制度中。在本书第5章会对相关条款进行解读。

## 3.3.5 合伙人会议制度

合伙人会议是合伙人制度的动态运行方式。通过合伙人会议的运作，可以让合伙人感受到自己的价值和团体决策的力量。所以，企业家必须用心经营合伙人会议，将其培养成公司治理的决策中心，实现企业家团体对企业的治理和控制。

合伙人会议构成人员。企业家（公司创始人或公司控股股东）是合伙人会议的必然组成人员。同时，所有合伙人（如果对合伙人分层管理的话，无论是高级合伙人，还是初级合伙人）均为合伙人会议的参加者。

合伙人会议定位是公司的董事会。对创业企业来说，由于发展阶段的原因，公司治理的权力中心是企业家。但合伙人的出现，就出现了企业家与合伙人之间如何分配治理权力的问题。为了凸显企业家的核心地位和治理中心，合伙人会议充当咨询型董事会角色，其功能在于让所有合伙人参与治理，挖掘合伙人的决策潜力，提升合伙人的决策思维和能力，以便让合伙人为企业家战略决策提供帮助，也可以为企业家团体治理提供训练机会。把合伙人会议看成一个观察地和训练场，让每一个合伙人在会议上展示自己的战略能力和思维。另外，可以把合伙人会议视为高管的来源地，可以规定所有高管或中层管理人员都必须首先是合伙人。

合伙人会议人数要适当。在初期，公司规模较小，人员较少时，合伙人会议人数可为5人左右；在人员和企业规模扩大后，可以增加到10人左右；在企业发展到较大规模的时候可为15人左右。合伙人会议的参加人员应该与公司的管理人员总数差不多，目的是要把合伙人会议作为企业的"黄埔军校"，最大程度地实现合伙人与管理人员的重叠。当然，对研发型创业企业，合伙人和持股员工要做必要切割，毕竟持股员工大多并不具有发展成合伙人的可能。

合伙人会议的职能、投票权设定以及召开时间等都是很重要的制度内容。首先，合伙人会议职能主要是战略研讨和发展大计的确定。合伙人会议的主要议题包括：讨论公司的战略与发展；讨论公司的重大事项；决定入伙条件、价格、退出、分红等。其次，合伙人会议表决权机制：作为公司创始人的企业家为永久合伙人与执行合伙人，负责合伙人会议的召集与主持。在表决时，各合伙人均平等地持有一票表决权，但为保证企业家对合伙人会议的战略控制，作为公司创始人的企业家拥有超级投票权，即一票否决权。最后，合伙人会议召开时间也递进延长，在合伙人制度开始后一年内，每月召开一次，以战略和务虚为主；一年后，原则上每季度召开一次。如此递进式操作，是为了最终还原"合伙人会议是中小创企业董事会"这一定位。

### 3.3.6 配套制度与其他

不能把合伙人制度理解为一张纸，必须把它看成一整套活的运行机制。要让建立起来的合伙人制度运转良好，必须保证合伙人制度有良好的"土壤"。

**1. 人力资源制度**

人力资源制度是合伙人制度的主要基础。合伙人制度所指向的对象是具体人，包括员工和合伙人，从这个意义上来讲，可以把合伙人制度归为人力资源制度的一部分。合伙人制度是需要人力资源制度来配合的，比如说在招聘的时候，可以按照合伙人的标准去招聘。如果招聘到的人的条件越接近合伙人的条件，就越容易培养出合伙人来，这是其一。其二，人力资源制度设计当中的一些制度，如考核标准、绩效制度等也是筛选员工、发现合伙人的重要标准，因而，这些制度都构成了合伙人制度的重要依据。另外，岗位设计、工资体系等都是合伙人制度的基础。对于创业企业，尤其是度过生存期的创业企业来说，寻找合适的人力资源经理，建立符合企业发展的人力资源制度，是建立合伙人制度的重要保障。

**2. 财务制度**

合伙人制度最终要通过股权收益来实现对合伙人的激励，而且这种激励越刺激越强烈，对合伙人制度的建立越有价值，因此，合伙人制度非常依赖于良好的财务制度。财务透明和预决算制度对合伙人制度的保障尤为重要。首先，对于创业企业来讲，财务透明是一件非常困难的事情。即使如此，也需要最大程度地建立一套中小企业的财务透明的标准。将公司的核心财务指标尽可能在合伙人和企业家之间公开，核心财务数据如年度营业额、费用额度、利润额度等。这些核心指标透明可让合伙人对分红有一个相对预期。当然，透明到什么程度由企业家股东掌握。其次，预决算制度。预决算制度主要是给合伙人的预期建立一个财务基础，也是驱动合伙人的财务基础。如果公司有良好的预算制度，在年初将公司业绩目标通过预算方式确定下来,到年终通过与决算对比,可以让合伙人清楚知道自己的业绩与分红。财务透明和预决算制度的结合,可以增强合伙人分红的科学性和客观性,也可以管控合伙人的预期!为此,找到合适的财务经理,建立适合企业行业和发展阶段的财务模型、财务信息制度和预决算制度,对建构有效的合伙人制度非常重要。

## 3.4 阿里巴巴的合伙人制度评析

企业发展的不同阶段,合伙人制度表现出不同的功能。在企业较小或发展初期,合伙人制度的主要功能是进行公司治理(代替股东会和董事会)和激励团队,尤其通过合伙人制度维护企业家的治理权威。本章是立足于此立场,展开对合伙人制度的详细分析与建构。在此阶段,合伙人制度最能发挥其内在的治理价值。在企业发展较大、外部资本进入后,合伙人制度的治理功能发生了改变,因为股东会或董事会已经成为治理中心,合伙人制度就显得"多余"。但合伙人制度既有的维护企业家治理权威的功能依然可以发挥。在企业家及其团体与投资人团体围绕公司控制权展开斗争时,当股东会或董事会对企业家及其团体并不友好时,合伙人制度就成为企业家及其团体可以利用的重要工具。阿里巴巴的合伙人制度与华为的持股员工代表会制度就是基于这种观点而被关注。

### 3.4.1 阿里巴巴合伙人制度的内容

根据阿里巴巴的招股书和网站介绍,"阿里巴巴合伙人制度"是具有阿里巴巴特色的公司治理制度,其核心内容是通过特殊的制度设计,赋予合伙人拥有董事的提名权和任命权,进而实现企业家团体对公司的控制。

首先,合伙人的提名和选举。

要成为阿里巴巴合伙人,先得被提名。而现有合伙人享有提名权,他们每年可向合伙企业委员会推荐合伙人候选名单;在经过合伙企业委员会审查候选人是否符合公司合伙人选任资格后,再决定是否向整个合伙企业推荐提名;再由企业合伙人委员会就推荐的候选合伙人进行选举,在获得至少75%的合伙人同意后,才可以成为阿里巴巴合伙人。

要有资格参加选举,合作伙伴候选人必须具备以下特征:拥有正直诚信等高尚个人品格;在阿里巴巴集团持续服务不少于五年;对阿里巴巴集团业务作出贡献的业绩记录;认同并践行阿里巴巴的使命、愿景和价值观等;持有阿里巴巴股权。

其次,合伙人的职责。

"合作人的主要职责是体现和促进实现我们的使命、愿景和价值观。我们期望合作人在公司内外向客户、商业合作伙伴及数字经济体的其他参与者传播我们的使命、愿景和价值观。"

再次,合伙人委员会的组成。

合伙人委员会是合伙人制度的核心组织。对内，它决定整个合伙人组织体的主要事务；对外，它代表整个合伙人组织。合伙人委员会组成人数为 5～7 人；合伙人委员会由永久合伙人和普通合伙人两类共同组成，其中永久合伙人仅有两人；永久合伙人为终身制，而普通合伙人的任期则为五年，可以连任；合伙企业委员会负责管理合伙人选举和管理递延现金奖金池的相关部分。"任何应付给作为我们的执行官或董事或合伙企业委员会成员的合伙人的款项均须经我们董事会薪酬委员会批准。"

然后，合伙人（合伙企业）的董事提名权。

合伙人拥有提名董事的权利；合伙人提名的董事占董事会人数一半以上，因任何原因董事会成员中由合伙人提名或任命的董事不足半数时，合伙人有权任命额外的董事以确保其半数以上董事控制权；如果股东不同意选举合伙人提名的董事的，合伙人可以任命新的临时董事，直至下一年度股东大会；如果董事因任何原因离职，合伙人有权任命临时董事以填补空缺，直至下一年度股东大会。

根据阿里巴巴的招股书，上市公司董事会共 9 名成员，合伙人有权提名简单多数（即 5 人），如软银有权提名 1 名董事，其余的 3 名董事由董事会提名委员会提名，前述提名董事将在股东大会上由简单多数选举产生。

根据达成的表决权拘束协议，阿里巴巴合伙人、软银和雅虎将在股东大会上以投票互相支持的方式，确保阿里巴巴合伙人不仅能够控制董事会，而且能够基本控制股东大会的投票结果。

最后，退出机制。

最初的阿里巴巴合伙人制度是没有退出机制设置的，但在最后一次修改的 IPO 文件时出现了较为完整的退出机制。普通合伙人在如下条件时退出合伙人，退出情形包括：在 60 周岁自动退休；自己可以随时选择退休；离开阿里巴巴集团；死亡；被合伙人会议代表 50% 以上股权的股东投票除名。

永久合伙人直至年满 70 周岁或退休、身故、丧失行为能力或被免去合伙人职位等情形时，也将失去其合伙人身份。

### 3.4.2 阿里巴巴合伙人制度评析

可以从如下角度理解阿里巴巴合伙人制度的价值和意义。

阿里巴巴合伙人制度是一种治理创新，是中国创业企业对国际治理理论和实践的新贡献。其创新体现为组织创新和控制方式创新。一方面，坚持了董事会中心主义的国际公司治理的主流立场；另一方面，通过合伙人制度控制了董事会。以往的治理都是在既有公司组织之间进行权力争夺，但阿里巴巴的治理则是在股东会和董事会之间嵌入了一个新的组织，把股东会对董事会的直接控制，形式上变成了"股东会通过合伙人制度对董事会的控制"，实际变成阿里巴巴合伙人对董事会的控制。

阿里巴巴合伙人制度在股权性质上属于"同股不同权"。有研究者将阿里巴巴的合伙人制度归结为"创新的双层股权结构",认为股东会中实际存在两类股东,一类是投资人,另一类是阿里巴巴的管理团队。尽管在公司章程中,并没有约定出 AB 两种股份,但由于阿里巴巴管理团队通过合伙人制度拥有多数董事的提名权。董事会提名权在法律上归股东所有,阿里巴巴合伙人制度实际代行部分股东(管理团队股东)职权,只不过,通过合伙人制度从投资人那里"获得"了超额的投票权而已。传统的"同股不同权"来自美国资本市场,表现为在股东会中,设置 A 类和 B 类两种不同投票权的股份,B 股拥有超过 A 股多个倍数的投票权,出现两层股权结构。而阿里巴巴合伙人制度并没有改变股东会的股份种类,在形式上,股东的股份是同类的。创新发生在股东会之外!

阿里巴巴合伙人制度是对合伙创业的升级,是对合伙人集体创业的承认与延续。所谓"升级"意指阿里巴巴合伙人制度已经完成其创业使命,作为创业团队的组织体,其在阿里巴巴的生存期和发展期成为公司治理核心,不仅引导企业渡过了发展难关,并且形成了企业独特的合伙人文化,为企业进入资本市场和成为公众公司打下了坚实的文化和制度基础。"承认与延续"表明阿里巴巴创始团队在迈向更高平台、走向社会化过程中,依然能不受资本影响,坚守其合伙人制度和文化,保证创始团队的文化、价值和企业战略始终掌握在企业家团体手中。正如阿里巴巴上市公告书和网站所述:"与采用高投票权股票类别将控制权集中在少数创始人身上的双重所有权结构不同,我们的方法旨在体现一大群管理合伙人的愿景。这种结构是我们保护创始人塑造的文化的解决方案,同时考虑到创始人将不可避免地从公司退休的事实。"

阿里巴巴合伙人制度是解决创始人团队如何持续获得公司控制权难题的一个创新方案。公司控制权是公司治理的核心权力。先有控制权,才有治理权。在企业的中小阶段,股权集中在企业家与合伙人结成的企业家团体手中,该阶段的治理主体是内部人。融资引入的投资人必然要分享,甚至想夺取企业家(团体)的公司控制权。融资次数越多和融资数量越大,企业家(团体)与投资人之间的公司控制权争斗自然就越激烈。大多情况下,企业家会失去其股权控制权。为此,如何解决融资与控制权问题就成为企业家(团体)在早期股权结构、合伙人制度和融资方案设计时,必须认真面对的一个问题。合伙人制度在很多企业被视为解决这一难题的优先解。当然,阿里巴巴的合伙人制度是这一优先解中最具代表性的方案。其创新成功的一个必要因素是投资人的妥协。在这一点上,阿里巴巴合伙人制度是一个个例,毕竟不是每一个资本市场的监管者都那么宽容,也并不是每一个投资人都那么容易妥协!

阿里巴巴合伙人制度不具有普遍性,仅为该企业所独有的一种解决方案,但依然具有启示:尽管公司法律提供普遍的或标准的治理方案,但每个企业都有其特点,找到合适企业特色的治理方式是关键。在这一点上,阿里巴巴的合伙人制度与华为的虚拟股权制度一样,都是卓越企业家根据企业特征探索发展出来的治理方案。

## 本章小结

1. 企业家是中小公司的核心,是创业"城邦"的"国王",是"哲学王",是创业团队的"头狼"或个人创业的"独狼",其对企业成败具有绝对作用。
2. "企业家中心主义"是"股东会中心主义"在企业发展的中小阶段的体现,也是"控股股东中心主义"的别称。企业家股东与控股股东为同义词。
3. 企业家和合伙人之间是主辅关系,即企业家(控股股东)在公司治理、公司控制和公司管理等居于主导地位,合伙人的价值是匡正企业家的缺失,帮助企业家实现创业。
4. 中小公司应该建立合伙人制度,因为现代创业是团体创业。不分享股权和事业,难以团聚人力资源和其他企业资源。
5. "一个'老大'带若干'小弟'"不仅描述了最好的股权结构,也表现为其是最经典的创业合伙关系。
6. 企业家是股权分配的主导者。其与合伙人之间的股权分配是第一次,也是最关键的一次股权分配;其对员工的股权分配(股权激励)是非必要的,其与投资人之间的股权分配(股权融资)尽管是次要的,但却是必要的。
7. 企业家的质量决定了合伙人与股权结构的质量。"卓越企业家"与"普通企业家",以及"头狼"与"独狼"是有区别的。
8. 合伙人制度由合伙人选拔制度、分红制度、考核制度、合伙人会议等系列内容组成,是一种动态的、渐进的构建而成的中小企业治理制度。

## 批判性思考

1. 合伙人制度的集体主义价值观包括什么?
2. 为什么企业组织形式会从合伙人制度迈向有限责任制度?

# 第 4 章
CHAPTER 4

# 企业家股权控制与反控制

股权结构铺就公司治理机制运行的轨道，同时，也产生了一个新的权力（以权利形式体现），即公司控制权。公司控制权来自股东持股比例大小之间的关系，持股多者拥有控制持股少者和公司整体的权利。想要治理，先进行控制。对中小创公司的治理而言，股权治理更关注公司控制，尤其是股权控制问题。因为只有企业家股东持有多数股权，才可以实现企业家价值，也才可以治理公司。同时，为实现控制者（作为大股东的企业家）与小股东（合伙人）之间的治理平衡，法律为后者提供了许多反控制措施。控制与反控制尽管在形式上是一对矛盾，但内在地，二者是统一、协调的。

## 4.1　控制的治理价值与分类

公司控制权争夺的本质是公司治理权的争夺，亦是公司剩余权的争夺。只有理解公司控制，才能理解公司治理。传统公司治理理论，不仅忽视了公司控制的治理价值，还常把公司控制视为负面的治理因素。这导致在理论上限制或忽视了公司控制的实践价值。只有在股权治理中，才会更清晰、全面地解释内部人（企业家及其团体）控制的正面价值。

### 4.1.1　大公司与中小创公司的控制差别

公司控制在传统公司治理模式和股权治理中有不同的形态和内涵，当然，二者之间的内在同质也是很明显的。通过比较，可以清楚地看到公司因治理问题的不同而划分的两种治理类型，以及由此引申出的控制差别。

**1. 代理型治理与控制型治理**

依据治理问题，公司治理被分为代理型和剥削型。[一]代理型公司治理是最为熟知的公司治理类型，其需要解决的代理问题也是最为广泛的治理问题，其主要解决因授权产生的被授权人的腐败与懈怠问题。经理人代理问题最早被关注、被深入研究，并在其基础上产生出现代公司治理理论。代理型公司治理解决的是经理人与董事会、董事与股东会之间的授权关系。而剥削型治理解决的是股东会中的大小股东之间的关系。如果依然用代理理论来解释，也可以将剥削型治理归入代理型治理，即大股东作为受托人，对小股东产生代理；其代理问题主要表现为压制或牺牲小股东利益，该等表现与传统代理现象有明显差别，故而另行归类。股权的多少是产生剥削型治理问题的根源。多数股权拥有者因表决权规则获得了剩余控制权。尽管"剥削"是"潜在的"，并不是必然的，但"控制"是必然的，因此，用"控制型治理"比"剥削型治理"更能表达出这种治理问题的要害。

**2. 董事会控制与企业家控制**

控制主体决定了公司治理中心的类型。以大公司为对象的、以代理为主要问题的传统治理理论主张"董事会中心主义"理念，这一理念认为公司应该控制在董事会手里。由于股东众多导致股权分散，股东会被虚置，为防止经理层对公司的控制，现代各国公司法普遍将公司治理权赋予董事会，董事会拥有概括性控制公司的主要权力。英美治理模式作为此类治理模式的代表，将董事会文化和制度推及至世界范围[二]，成为"现代"与"文明"公司治理之典范。但对于中小创公司而言，由于股东会和董事会均被企业家（或/和其合伙人团队）所控制，企业也由企业家（或/和其合伙人团队）自己经营，股东、董事和经理三个角色叠合在一个人或一个团队身上，所以，就产生了一种新的控制中心，即企业家中心。控制型治理也来源于此。对外，企业家以其多数股权通过对小股东（合伙人及其他小股东）的控制实现了对公司的控制；对内，企业家对小股东（合伙人及其他小股东）产生了压制或剥削。

**3. 控制董事会与控制股东会**

传统公司治理的要点在于如何控制并发挥董事会的积极性，而股权治理则是教导企业家如何团结合伙人以及如何将股东会控制在自己手里。所以，传统公司治理关注如何在股东会和董事会之间分配权力，并将公司战略制定权和经营权交给董事会，因此，董事会争夺就成为传统公司治理中的常见现象。累积投票、独立董事与外部董事、董事会专门委员会、董事投票特殊设置、董事会议事规则、总经理汇报等董事会控制和运行制度就愈加丰富，相应地，有关股东会控制的策略较少。但在股权治理中，恰恰相反，以股权为基础，

---

[一] 宁向东. 公司治理理论 [M]. 2版. 北京：中国发展出版社，2006.
[二] 我国《公司法》在 2021 年的修改稿中，第一次审议稿就曾将董事会中心作为其内容，但第二次和第三次审议稿，以及 2023 年 12 月通过的修正稿又恢复到股东会中心主义立场。

中小创公司的治理实践发展出一系列控制手段，如直接股权控制、实际控制人制度、一致行动人制度、AB双层股权控制、其他类别股权控制、股东之间的协议控制、代持制度等。

**4. 平衡优先与控制优先**

代理型治理的价值是平衡优先，而控制型治理的价值则是控制优先。平衡优先表现为以下几方面。其一，公司治理是所有参与者的治理，即参与平衡的主体是广泛的，"利益相关者"概念就是对所有治理主体的概括，这是一种广泛民主观念在公司治理中的体现。其二，公司治理的目标是实现所有参与者的利益最大化，实现利益和地位的"不偏不倚"，即股东、董事、经理、债权人、员工甚至社区参与者都能"各得其所"，而不是任何一方在利益上对其他各方产生剥削或掠夺。其三，控制与反控制之间的平衡。为反对大股东对小股东的剥削，公司法律为小股东配置了很多权利，如质询权、诉讼权、代位请求权、知情权、召集权等；为反对董事的剥削，为董事设置了勤勉尽责和受托义务、赔偿责任等；为经理也附加了报告义务、赔偿责任等，目的是实现对控制者的控制。而对中小创公司的股权治理而言，情况则是相反的，允许大小股东之间通过协议方式处分自己的股权及其权能，形成大股东的控制，许可股东之间地位的不平等，甚至将这种不平等视为公司价值的一部分，如AB股的差异表决权、优先股、分红权与表决权的不一致等制度都成为实现企业家控制权的股权措施。重控制而轻平衡，这是由企业的中小阶段所决定的，因为企业在中小阶段的主要问题是解决生存问题，企业家凭借其独特的能力能带领企业安全穿过"黑暗区域"；相反，如果这个阶段要照顾到每一个股东或合伙人的意愿，那么容易内讧或者因难以形成决策导致丧失发展机会。平衡优先价值体现的是股权"民主"，控制优先表达的是股权"独裁"，这两种价值在其适当阶段都是符合正义原则的。

**5. 制度性控制与个人性控制：法治与人治**

在大公司治理中，公司控制是各参与主体力量平衡的结果，法律为控制平衡设置了组织制度。股东会、董事会、监事会和经理层是法律为公司治理提供的主要工具。由于该等组织主体是普遍采用的，故而，法律采用强制性或缺省性规范方式将其确立为基本治理制度。制度性控制的优点是其可以解决普遍性问题，为此，其指向的公司类型必须是统一的，这类公司的治理问题也必须是大致相同的，只有如此，模型化的法律才能产生"范天下之不一而归于一"的规范效果。这当然也是制度价值的一种体现。股东会、董事会、监事会和经理层等组织的设置实际将公司权力按照现代政治理念进行了分权与制衡、授权与约束，尤其不同法律文化对上述公司组织权力进行不同配置，形成适合自身文化的治理模式。大公司的控制模式是组织化和制度化的，但中小创公司不是，生存压力、竞争淘汰、个性化发展等促使个性化治理是这一阶段治理的特色。相比较于大公司共性的制度性控制，中小创公司的控制则是个性化的个人性控制。企业家的人格魅力、冒险精神、个人权威等自身独有的品质是治理成效的来源，无论是合伙人、小股东，还是员工，都因此接受并服从企业家的个人命令。如果大公司的治理是法治的,那么中小创公司的治理则倾向于人治,控制也是如此,前者是制度性、规范性控制,后者是个人性、甚至人格化的控制。

**6. 法律控制与契约控制**

大公司的平衡性控制是法律规定的,是强制的。任何公司一旦发展成为大公司、公开公司或公众公司,其具有的社会性以及强大的资金和市场能力,就决定了国家会参与其内部治理。公司法律中内部组织及其权限就是国家以法律方式参与公司内部治理的体现。国家除了以税收方式进入公司事务外,也以治理和诉讼方式对公司形成潜在约束!大公司治理依赖的平衡性控制是公司法供给的,而不是大公司自生的或自选的,故而,大公司的治理及其控制都深具强制色彩。相反,中小创公司的股权治理中的公司控制具有明显的自治色彩,一方面是因为该等公司都是封闭性的,其治理不具有外部性,各个国家的公司法并不过多强制要求;另一方面,这类公司所处阶段的任务决定了法律应该尊重其治理的自治性,这类公司面临生存压力较大、团队不稳定、业务不确定、产品不成熟等问题,企业整体尚未"定型",应该给予巨大空间让其自由生长。所以,中小创公司的治理和控制具有典型的契约特征。比如股东之间可以让渡权利,表决权与分红权可以交易,战略目标不同的股东之间通过契约可以分别实现各自利益;企业家与合伙人之间通过协议形成表决权的一致等。公司法在治理的组织和结构上形成了一个强制性框架,但同时这个框架内部又是自治的,为股东之间的协议治理留下了巨大空间。

以上有关两种治理的控制差异,可以归纳为表 4-1 的内容。

表 4-1　公司治理与股权治理比较

| | 公司治理 | 股权治理 |
| --- | --- | --- |
| 治理类型 | 代理型治理 | 控制型治理 |
| 控制范围 | 公司 | 股东会 |
| 控制价值 | 平衡优先(约束与激励) | 控制优先(控制与生存) |
| 控制主体 | 董事会 | 企业家 |
| 法律角色 | 法律对控制的强干预 | 自我的强控制与法律的弱干预 |
| 控制对象 | 董事会 | 股东会 |
| 控制类型 | 法律控制 | 契约控制 |

## 4.1.2　股权控制的治理价值

股东之间因出资目的不同导致其内部并不会在所有事情上都"铁板一块"。大小股东在治理动机、能力等方面有巨大差别,是异质的。小股东参与公司治理的意愿整体偏低。因此,应支持大股东的控制权和治理权。观察公司控制权和治理权时,大股东或控股股东是主要主体。

**1. 没有控制就没有企业**

没有控制就没有生存，当然也就没有企业。无论是大公司，还是中小创企业，其自身是一个社会组织体。生存和发展是其前后相继的两个组织目标，在逻辑和事实上，前者也是后者的基础。尽管大公司已经度过了企业的生存期，发展问题覆盖了生存问题，但在此发展阶段，如果治理不当或经营不善，依然会面临生存问题。所以，生存问题是所有企业或者说企业发展的所有阶段的基础问题。这一问题对中小创企业而言，更具有现实意义，因为企业在生存期是非常脆弱的，解决生存问题是第一目标。生存威胁不仅来自外部市场，同时也来自内部关系，特别是内部控制关系。控制力实际上是公司的组织力。从公司内部治理视角而言，如果在中小创阶段，企业家及其团体不能控制企业，那么就无法确定企业的稳定战略，实现组织生产和经营，就无法度过生存期。中小创企业的控制人也必须意识到这一点：无实际控制人状态是企业股权多元化的结果，它是大企业或企业发展到更大规模时期的一种可能状态，但绝不是企业发展初期的一个选择！

**2. 无控制不治理**

首先，"治理"一词应被理解成"统治"，由"统"和"治"两部分构成。"统"即控制，"治"即治理与管理；"统"意味着最终权力的统一和归结，"治"意味着治理权力的应用。公司治理是一个控制制度，股东会、董事会与监事会为其控制主体，激励和约束则为其控制手段。在此理解基础上，所谓"治理中心"，不管是股东会、董事会，还是经理，无非就是"控制中心"而已。简而言之，谁控制就是谁治理。正是基于这样的认识，日本的公司治理理论中，直接将公司治理定义为"公司统治"。其次，公司控制是公司治理的基础。控制为公司治理提供了权力和秩序。法律为公司控制和治理提供了最初的秩序，以契约为基本手段，将股东以及董事、监事等参与者聚合在股东会、董事会和监事会中，帮助公司法人形成了权力主体、运营主体和监督主体。股权为公司控制和治理提供了坚实基础，让股东之间形成了股权结构，进而为公司控制提供了保障。公司控制为公司治理提供了力量，而股权及其关系决定了公司控制及其类型，因此，理解治理，最终是需要理解股权的！再次，无实际控制人状态存在着治理难题。一方面，无实际控制人容易导致公司控制权被争夺，产生来自公司外部的控制权竞争；另一方面，无实际控制人更容易导致公司僵局。无实际控制人多因股权融资使公司第一大股东的股权被严重稀释所导致。另外，在没有实际的股权控制者时，法律提供了一致行动人协议等工具，帮助实现公司控制。总之，无实际控制并不是一种常态，且对中小创企业来说是一种灾难。有实际控制人的公司治理属于内部治理类型，无实际控制人的公司治理主要依靠外部环境进行，如强制性的公司法和证券法、强有力的监管制度等。美国公司制度和文化崇尚无控制人治理状态。最后，平衡治理或所有治理参与者的共同治理是一个治理理想，这种类似"大同社会"的集体治理存在着人性、利益、价值观等多种挑战，尽管其可以作为大公司、社会化公司治理追求的目标！

### 3. 控制者的质量决定了企业的质量

第 3 章在论及企业家与合伙人关系时提出:"老大"的质量决定了合伙与股权关系的质量。这里也是同理,企业家或"老大"的质量决定了企业的质量。

首先,大公司的控制者可能是一个自然人,但多数情况下是一个法人或董事会等组织,之所以如此,是因股权分散所致。而中小创企业则不同,股权集中使公司控制人大多都是一个企业家或以企业家为核心的企业家团体。同时,如前所述,大公司的治理依靠法定正式制度来实现,是法治在公司治理中的体现,而小公司的治理则主要依靠股权、协议等非正式制度来实现,治理过程中突出企业家这个"老大"的核心地位。综上可知:企业家是中小创企业的实际控制者和治理者,他以企业家身份对公司进行治理。其次,企业家的质量成为衡量中小创企业质量的标准。这一点风险投资商们更加清楚,与其说风险投资是在投资一个企业或一项事业,不如说他们是在投资一个人(企业家)。越是优质的企业家,比如连续创业者,越会获得更多风险投资商的青睐。企业家的质量由如下因素综合决定,如年龄、身体状况、创业经验、领袖人格、冒险精神、创新精神、组织能力、行业资源等。一个企业的成功实际是一个企业家的成功。所以,控制企业的企业家才是中小创企业治理的决定因素,其质量优劣自然会决定企业的未来!

### 4. 中小创企业控制是非法律性控制的

大公司的法律性控制意味着法律以强制方式规定了控制组织,并规定了这些组织的权力与控制规则,股东会、董事会和监事会等就是这样的强制性组织,这是法律给公司的标准配置。大公司依靠法律设置的强制性控制架构可实现公司的制度化控制和治理。另外,法律性控制和治理因为法律规范的标准化属性,使大公司的控制和治理制度具有明显的标准化特点,其组织是标准的、人员要求是标准的、议事规则是标准的、权力运行程序也是标准的。强制的、标准的控制和治理制度可以达成一个显要结果,那就是公开化。从这个意义上,大公司因为其治理的公开化,才被定义为公开公司。所以,法律、强制、标准与公开是理解大公司治理的关键词。中小创企业则不同,其内部控制和治理具有非法律、非标准化特点。要理解中小创企业的治理,不能从正式法律制度视角展开,因为中小创企业是不需要规范的股东会、董事会和监事会的。中小创企业不需要制度化的公司治理,它需要的是非制度的、以股权和协议为主的个性化治理。协议控制和治理是柔性的,它可以实现个性化目的,也因此,它是封闭的、隐蔽的,是少数人的内部控制和治理,其影响是局部的,而非社会化的。这些特征使有限责任公司满足了中小创企业的治理和发展需要。这样,大公司与中小公司(有限责任公司)在公司类型上就被区分开。大陆法系的有限责任公司与股份有限公司的划分,以及英美法系的封闭公司与公开公司的划分,其划分根源就在于控制和治理的自治(内部协议)与法治(国家法律)之别。

**5. 股权控制是所有控制方式的基础**

首先，股权控制是一种"硬实力"。公司控制和治理都需要依赖一种强制力才能实现，而在公司法范围内，表决权就是这种力量，它可以通过股权数量将投票人的个人意志变成公司的意志和力量。"多数决原则"是在公司治理探索中形成的产生集体力量的程序共识。股权控制就是表决权在股东会中的表达或体现。尽管法律赋予了董事会和监事会法律权力，但控股股东可以利用其优势股权，通过控制股东会对董事和监事人选进行干预，以便达成控制。其次，股权控制经历从强到弱的发展过程。根据公司股权稀释的一般规律，公司发展的早期股权集中在企业家及其团体手中，股权多元化（融资或激励）会降低企业家（大股东）的持股比例，使得其股权控制力不断下降。在下降过程中，股权控制者会不断通过其他控制方式来"对冲"股权稀释导致的控制权减少。再次，股权控制是所有控制方式的基础，这是由其所在的"场域"决定的。股东会是公司最高也是最后的权力机关，而股权控制就发生在股东会。因为股权控制就是股东会控制，拥有多数股权自然会通过多数决投票原则实现对股东会的控制。而其他控制手段都是技术性的，只有股权控制是结构性的。股权控制来自股权结构，公司的组织结构和权力分配等都来自股权结构。

## 4.1.3 不同控制方式的治理功能

在大公司阶段，公司控制的组织化和制度化治理功能是确定的，也是普遍的和标准的，所以，控制与治理之间的关系是直接的、明确的。以董事会的控制为中心，发挥法律赋予董事会的职权，实现对公司的整体治理。但中小创企业的治理并不如此，其控制方式多元化决定了治理的个性化，进而反思不同控制方式就可以观察到不同的治理方式。要避免陷入只有一种治理（大公司治理）的偏见，而忽视了中小创企业鲜活的多元治理经验。

**1. 企业家个人控制的治理功能**

当企业家个人是控股股东或大股东时，其持有的股权比例决定了企业家个人对公司拥有直接控制权。当企业家持有 50% 以上股权且有多个合伙人时，其个人拥有了公司的治理权。多数创业企业的最早期的治理就是企业家的个人治理，尤其在传统行业更是如此。企业家个人治理具有典型的"人治"特点。其一，治理具有个人特征，如个人价值观会通过个人治理转换成企业价值观，甚至会出现公司治理的家族化。个人性格、价值偏好和精神气质会对公司治理产生直接影响。其二，治理的制度化会被严重削弱，公司运行应有的程序功能也会被缩减，产生任意的治理和管理倾向，为公司迈向组织化和制度化治理造成负面影响。其三，治理效能会提升，这是个人治理的优点，对中小创企业发展阶段追求效率目标是较为有利的。总之，企业家个人控制和治理的成败皆因企业家个人原因，即成在一人，败也在一人。如果企业家是优秀的，有良好的自律能力，那么他便能将人治的优点发挥好，否则，带给公司的可能就是灾难。但从出资人视角而言，企业家是大股东，基于对自己出资的责任，其应该是负责任地对公司进行治理和管理，尤其对创业企业来说，"企业家中心"治理模式（人治）应该被看作是一种良好治理方式。它为最大程度地发挥一个优秀企业家的治理意愿，实现其治理理想提供了巨大的空间。

**2. 企业家团体控制的治理功能**

这种控制及其治理模式最典型的体现就是合伙人制度。如果说企业家个人治理是"一人之治"，那么合伙人治理则是"众人之治"，具有组织化和制度化治理的基础。但在合伙人治理中，企业家与合伙人并不是平等的。阿里巴巴的合伙人制度中，永久合伙人与普通合伙人在治理实践中是存在等级关系的，前者对后者处于事实上的领导地位。企业家团体控制可以被理解成：企业家领导合伙人对公司进行控制。合伙人对企业家充当咨询或伙伴的角色。但同时，如同腾讯创业时股权结构展示的那样，企业家作为大股东也潜在地受制于合伙人。企业家与合伙人之间处于一种长期的、微妙的平衡关系中，一方面，企业家充当"老大"角色，他是原始创业者，是最后决策者，是最大股东，他具有权威，处于领导地位；另一方面，他在决策时必须听取合伙人（"小弟"）的意见和建议，不能一意孤行，必须顾及合伙人的感受。在公司治理中，也是如此，企业家需要掌握平衡术。企业家团体或合伙人组织内部有相对明确的规则，相互平衡的体现就是对规则的遵守。这种企业家团体内部的治理会外化为对公司的治理，两种治理基本是同构的。所以，企业家团体治理模式整体上优于企业家个人治理模式，因为它可以最大程度地集合意志，减少决策风险，避免一人治理的武断之缺陷。

**3. 协议控制的治理功能**

协议控制是一种补充性控制方式或者间接控制方式。其存在的前提是股权数量不足，难以形成直接的股权控制，而不得不借助如一致行动协议、表决权与分红权交易协议、表决权征集协议等。由于协议是可违反的，是一种民事行为，这决定了其治理能力是脆弱的，即使附加以违约责任，也难以达到股权控制的力度。对于中小创企业来说，协议控制都是临时性的，如果有机会获得股权控制，其总会被替代。

**4. 权威控制的治理功能**

权威控制是指精神领袖拥有的一种特殊控制方式。它一般是因企业家的股权被不断稀释而导致股权数量很少，难以通过股权对公司进行控制时，借用企业家长期以来对企业的价值观念、文化和团队的影响力等实现的一种控制。任正非（华为）和董明珠（格力电器）对各自公司的控制都是采用个人权威来实现的。尽管权威控制是一种更为高级的控制方式，它通过思想或个人气质影响公司治理，但很显然，权威控制有其明显的缺点，那就是具有独特的个人属性，而且随着企业的发展个人权威可能会被消解，甚至会面临来自内部或外部力量的挑战。其优点也是显而易见的，即企业家利用个人权威或长期正确的战略决策来塑造企业的治理制度。这一点可以从华为的持股员工代表会这一制度中获得正解。

## 4.2 企业家的直接股权控制

股权控制是基于股权结构而产生的一种最有力的、最根本的控制方式。股权结构是公司治理的"底座",实现股权控制才能实现对董事、监事的任命,进而才能达到对公司治理组织和机制的切实控制。所以,股权控制是所有公司控制方式的基础。

### 4.2.1 直接股权控制

直接股权控制意味着：根据表决权原则,当某一自然人股东拥有简单多数股权时,可通过对公司股东会的控制实现对公司的整体控制。拥有简单多数股权是产生控制力的来源。

根据表决权数量,可以把直接股权控制分为三种。

**1. 完全直接股权控制**

完全直接股权控制是指单一股东拥有公司100%的表决权现象。在我国现行公司法律范围内,只有一人有限责任公司才符合此情形。一人(自然人)有限责任公司也被称为"独股公司",它内在地存在着个人无限责任与公司有限责任之间的悖论。所以,这一公司类型的发展一直备受争议。我国在2005年《公司法》修订中才确认了这一公司类型。即使如此,由于司法裁判中对所涉案件采用股东"举证责任倒置"原则,这使股东与公司人格混同的风险大增,因而,在公司实践中,这类公司数量极少。尽管法人作为唯一出资人的"独资公司"较为常见,但由于法人只承担有限责任,因此,实质上,这类公司也只承担有限责任。从控制视角来看,拥有100%股权意味着出资人的个人意志在公司内是唯一的,其拥有对公司排他的治理权。股东会、董事会和监事会等组织与制度也实际上被"无视",即使法律强制性要求设立,也是被"虚置"的。个人意志与公司意志的叠合,不仅会让公司的有限责任属性被掩盖,而且会导致公司治理中的个人化,放大外部参与者(如债权人)的疑虑,这从根本上动摇了一人公司的社会属性。因此,对于创业者而言,无论从哪个角度,一人有限责任公司都不是一个好的选项。

**2. 绝对直接股权控制**

在《公司法》的表决机制中,设置了特别表决权和普通表决权两种通过表决权集合股东意志的方式。其中特别表决权的表述为："股东会作出修改公司章程、增加或者减少注册资本的决议,以及公司合并、分立、解散或者变更公司形式的决议,应当经代表三分之二以上表决权的股东通过。"可见,法律根据表决事项的重要程度,将所有可能决定公司根本体制的事项,进行了罗列并赋予了强制效力。从控制角度来看,这就已经提示出公司控制的一个重要边界，即强控制与弱控制，能控制三分之二表决权则可实现对公司的强控制。公司章程、注册资本与公司组织体是强控制的对象。其一，公司章程与股东协议一样，是公司成立的基础文件，在公司成立后充当公司的"宪法"，规范公司参与者的主要行为，无论其规定的实体权利义务，还是程序权利义务，都是基础权利义务。公司章程的修改有实质修改与形式修改两种。尽管在实务中，有的工商管理部门会将公司章程的形式修改（依据法定代表人更换、依据股东会决议的行为）也视为实质修改，需要股东会三分之二表决权通过，甚至有的极端化的做法是需要全体股东同意。但公司立法所讲公司章程修改仅为实质内容之修改。拥有三分之二表决权可实现形式意义和实质意义上的公司章程修改，并据此重塑公司结构。其二，注册资本之所以是重要的，是因为它决定了公司经营能力的大小。公司作为商业组织，为股东赚取利润是其存在的基本价值。要获得更大的收益就必须有更多的投入，不管投入的是资金、物质或是无形资产，都应该通过法定程序，从股东个人所有转变为公司的自有资产，记载于公司章程；同时，也便于市场知道公司的财务能力，形成对公司资产和信用的市场评价。注册资本是公司的"血液"，它的流动速度和质量决定了公司的盈利能力。基于此等重要意义，注册资本的变动，特别是减少注册资本会引起交易对象和市场的强烈反应，被设定为强控制事项。其三，公司组织体的变化也是重大事项。公司合并会让其中一个公司失去其法人资格，公司分立会产生新的法人组织，公司解散会消灭公司资格，这三种公司决策会改变公司的根本体制，因其直接指向公司法人资格的存亡，尽管不能让所有股东都同意，但根据多数决原则，依然应该将其确定为强控制事项，没有经绝大多数股权同意不得变更。至于公司形式的变更，如从有限责任公司变更为股份有限公司，或从股份有限公司变更为有限责任公司等，都涉及公司根本体制变更，尽管此变更并不引起公司管理的实质变化，也不会给外部市场造成困惑，但依然会引起公司某些特性改变，比如股权或股份的转让在这两种公司中差别就比较大，再如法律对股份有限公司的治理和运行附加了高于有限责任公司的要求等。另外，上市公司在一年内购买、出售重大资产或者担保金额超过公司资产总额30%的，应当由股东大会作出决议，并经出席会议的股东所持表决权的三分之二以上通过，其逻辑也是如此，即将出售重大资产、担保金额超过公司资产总额30%视为对上市公司有重大影响的行为。

特别表决权对公司控制是很重要的，但为什么却是难以长期维持的呢？因为如果企业家长期持有超过三分之二的表决权，就无法有效地用股权引入资金、人才和企业发展的其他资源，所以，开放股权，引入股东，稀释股权，放弃三分之二或以上表决权对于企业家来说是必需的！

### 3. 相对直接股权控制

表决是股东会、董事会和监事会等委员会制度的决策方式，其是公司民主的体现，目的是集合不同主体的意愿，以便将个人意志凝聚成集体意志。如果把特别表决权理解成多数决的特别状态，那么一般表决权就是多数决的常态或一般状态。《公司法》对一般表决权及其事项采用推定方式确立，特别表决权事项以外的事项均为一般事项，将过半数同意视为当然理解。有限责任公司的表决权规定中并未以文字方式来明确规定半数同意与一般表决事项。只是在股份有限公司表决权中，将两种表决权以并列方式做了明确规定："股东会作出决议，应当经出席会议的股东所持表决权过半数通过。股东会作出修改公司章程、增加或者减少注册资本的决议，以及公司合并、分立、解散或者变更公司形式的决议，应当经出席会议的股东所持表决权的三分之二以上通过。"

之所以把拥有超过 50% 的股权控制定义为"相对的"和"直接的"股权控制，是因为：一方面，50% 相较于 67% 是相对多数，后者是绝对多数；另一方面，超过 50% 表决权的股东可通过股权控制公司的日常经营活动。50% 是直接股权控制的最低要求，也是多数决原则之下的真正的"多数"体现。"多数决"体现的是多数对少数的控制。超过 67% 的股权可以决定公司重大事项的决策，但那些重大事项因其重大而数量很少，单纯为控制这些重大事项而取得 67% 的股权的成本是很大的。超过 50% 表决权的股东尽管控制力有所下降，但其控制范围较为广泛，控制事项更为复杂，其完全可以对公司日常经营进行控制。假定有两个公司，注册资本都是 100 万元，A 公司的控股股东持股比例为 67%，B 公司的控股股东持股比例为 51%。尽管 B 公司的控制股东持股比例相对较小，但是他的剩余控制权却要大于 A 公司的控股股东。所以，并不能简单地说绝对直接股权控制就优于相对直接股权控制。

对创业者而言，对股权控制要有理性认识，既不能忽视直接股权控制的重要性，也不能认为持股比例越大越好。应该根据创业团队以及所在行业的特点，有区别地去确定企业家股东初始的持股比例。要认识到相对直接股权控制的静态和动态关系。在创业初始，企业家股东尽可能持有较多股权，这一静态起点对后续股权稀释而言是重要的。企业家股东初始持股会决定其股权稀释过程的进度或稀释幅度。

上述所提股份或股权均为普通股，即所有股东所持股权或股份的法律权能是平等的，尤其是所有股权或股份的表决权是相同的。在公司的股权控制中，还有一类股权，即特别表决权控制。第 5 章会专门对特别表决权控制进行论述。

### 4.2.2 非控制性表决权的控制意义：所谓的"股权[一]生死线"

从控制视角来看，只有上述超过 50% 的股权才真正拥有控制公司的直接力量，小于 50% 的股权的控制都不是公司法赋予的股权控制。但一些市场派"股权大师"，为吸引客户，将我国《公司法》《证券法》和证券规则中规定的股权比例扩大化和简单化，列出很多细小的所谓"股权生死线"，以博得企业家对表决权和股权控制的重视。其出发点可能是对的，也指出了问题的所在，但却缺乏科学和专业态度。

流传较广的版本是所谓"股权生命九条线"，如表 4-2 所示。

---

[一] "股权"与"股份"含义一致，仅因其使用场景有别。未特别提示的，二者可以互换。

表 4-2　股权生命九条线

| 完全控制权 67% | 相对控制权 51% | 安全控制权 34% |
| --- | --- | --- |
| 要约收购线 30% | 重大同业竞争警示线 20% | 临时会议权 10% |
| 股权变动警示线 5% | 查阅权 3% | 代位诉讼权和临时提案权 1% |

以下从中小创企业立场，从公司法律和证券法律两个相近法域来揭示其法律内涵与控制价值。

**1.《公司法》规定的表决权**

在我国《公司法》中有股东会表决权的主要规定，我国《证券法》中的表决权是《公司法》规定事项的延展或补充。《公司法》中表决权的核心部分依然是上述过半数表决权和过三分之二表决权，其他有关表决权的解释都是对该两个表决权的补充，或因此引申出来具有特别目的的表决权功能。

34% 表决权。这一表决权并不是《公司法》规定的，而是从《公司法》规定中反推出来的，是对三分之二表决权的制衡。有论者将其称为"一票否决权"或"反向控制权"，是从对立和制衡角度对特别表决权的理解。如果企业家或控股股东最低持有三分之二表决权，即 66.67%（四舍五入归为 67%），那么他的对方持有股权只要大于 33%，即可让控股股东丧失拥有的三分之二的表决权，进而让控股股东失去绝对的和直接的股权控制，将其控制权限定在二分之一表决权范围内。从控股股东角度来看，小股东用其超过三分之一的表决权（简化表述为 34%）对控股股东形成了反向控制，控股股东不能直接修改公司章程、改变注册资本，或对公司的实体和形式进行变革。站在小股东立场，持有大于三分之一的表决权会对控股股东的公司控制权形成很大制约，可以实现小股东对控股股东的股权制衡。在这一点上，关注 34% 股权对理解和实施公司股权控制是有价值的。

在创业的早期，为更好地控制公司，并为稀释股权做好准备，特别是在融资前，企业家会有强化其拥有大于 67% 股权的意识。但是在股权融资、股权激励或引入合伙人之后，企业家的股权比例一般都会降低到三分之二以下，其控制权会逐渐被削弱。

10% 表决权。与其把此比例表决权理解成公司控制权力的一部分，不如理解成公司反控制的一种权利。由于在我国公司实践中，大股东对小股东的剥削和代理问题严重，为平衡两类股东关系，《公司法》把 10% 表决权赋予小股东，作为其反抗大股东剥削的一个保护性权利。首先，10% 表决权可获得临时股东会和董事会的召集权。《公司法》第六十二条规定："代表十分之一以上表决权的股东、三分之一以上的董事或者监事会提议召开临时会议的，应当召开临时会议。"这是《公司法》赋予持股比例超过 10% 的股东（单一股东或多个股东之组合）反对大股东压制或剥削的一种方式，即提议召开临时股东会，以提案和议案的方式，通过股东会维护小股东的合法权利。其次，10% 表决权可以享有解散请求权。《公司法》第二百三十一条规定："公司经营管理发生严重困难，继续存续会使股东利益受到重大损失,通过其他途径不能解决的,持有公司百分之十以上表决权的股东,可以请求人民法院解散公司。"小股东据此可以请求司法机关解散陷入僵局的公司,以保证公司和所有股东的利益不再受损。10%股权的控制价值整体上属于"反抗权",是小股东制衡大股东的一种救济性权利。尽管站在大股东角度这些权利可能是对其股权控制权的威胁,但如果认识角度转换为公司和小股东,会看到这种反抗性质的股权对公司治理具有很好的矫正功能。

3%表决权。在股份有限公司中持有公司3%以上表决权的股东可享有查阅权。《公司法》第一百一十条规定:"连续一百八十日以上单独或者合计持有公司百分之三以上股份的股东要求查阅公司的会计账簿、会计凭证的,适用本法第五十七条第二款、第三款、第四款的规定。"查阅权作为股东知情权的基础性权利,其设置的目的是保障小股东权益,让小股东知晓公司经营基本信息,以便更好维护自身权益和参与公司治理。也可以将其看作是对大股东的一种制约方式。

1%表决权。这一表决权可以实现两种股东权利,其一是代位诉讼权。《公司法》第一百八十八条规定:"董事、监事、高级管理人员执行职务违反法律、行政法规或者公司章程的规定,给公司造成损失的,应当承担赔偿责任。"为维护公司利益,《公司法》第一百八十九条规定:"董事、高级管理人员有前条规定的情形的,有限责任公司的股东(注意:对有限责任公司股东持股比例并无要求)、股份有限公司连续一百八十日以上单独或者合计持有公司百分之一以上股份的股东,可以书面请求监事会向人民法院提起诉讼;监事有前条规定的情形的,前述股东可以书面请求董事会向人民法院提起诉讼。监事会或董事会收到前款规定的股东书面请求后拒绝提起诉讼,或者自收到请求之日起三十日内未提起诉讼,或者情况紧急、不立即提起诉讼将会使公司利益受到难以弥补的损害的,前款规定的股东有权为了公司的利益以自己的名义直接向人民法院提起诉讼。他人侵犯公司合法权益,给公司造成损失的,本条第一款规定的股东可以依照前两款的规定向人民法院提起诉讼。"这就是《公司法》上股东的代位诉讼权。由于该权利指向对象仅为董事、监事和高管或公司外主体,而不包括股东,且权利主体也仅为股东,因此,该权利是股东为维护公司利益而享有的一种权利。代位诉讼权对股权控制并无明显价值!其二是临时提案权。《公司法》第一百一十五条规定:"单独或者合计持有公司百分之一以上股份的股东,可以在股东会会议召开十日前提出临时提案并书面提交董事会。"这是对股份公司小股东的一种法律保护。由于上市公司股东人数众多,股东持股比例较低,大股东容易利用投票权优势对小股东剥削或侵害公司利益,我国《公司法》借鉴世界主要国家的小股东保护制度,降低了小股东临时提案的股权比例。

**2. 证券法域中的表决权**

30%股权。《证券法》第六十五条规定:"通过证券交易所的证券交易,投资者持有或者通过协议、其他安排与他人共同持有一个上市公司已发行的有表决权股份达到百分之三十时，继续进行收购的，应当依法向该上市公司所有股东发出收购上市公司全部或者部分股份的要约。"有论者据此将30%股权称为"要约收购权"，但从法理解读此条文，应被理解成"要约收购义务"。在上市公司场景中，据此条文，拥有30%股权，考虑到上市公司股份分散的特性，此股份比例已经达到或接近获得上市公司的控制权。但对采用有限责任公司的中小创企业来说，此股权比例并不能保证获得公司控制权，因为有限责任公司的股权比较集中，30%股权的控制力并不能显示出来。

20%股权。证监会《上市公司收购管理办法》第十七条规定了投资者及其一致行动人拥有权益的股份达到或者超过一个上市公司已发行股份的20%但未超过30%的，应该强制披露其投资者、一致行动人及其控股股东、实际控制人所从事的业务与上市公司的业务是否存在同业竞争或者潜在的同业竞争，是否存在持续关联交易等信息。有论者据此将20%股权视为所谓"重大同业竞争警示线"。从条文内容来看，此比例仅为防范上市公司控股股东、实际控制人等利用其公司控制权损害公司利益等行为。尽管涉及公司控制权，但却是为防范公司控制权而设定的规则。当然，该条与中小创企业的股权控制并无关联。

5%股权。同样由于上市公司股份分散，持有5%以上股份就视为大股东，其行为就会对上市公司产生影响，因而，有论者将上市公司持股5%以上就称为"股权变动警示线"，这是不无道理的。第一种重大股权变动是《证券法》第四十四条规定的：上市公司、股票在国务院批准的其他全国性证券交易场所交易的公司持有百分之五以上股份的股东、董事、监事、高级管理人员，将其持有的该公司的股票或者其他具有股权性质的证券在买入后六个月内卖出，或者在卖出后六个月内又买入，由此所得收益归该公司所有，公司董事会应当收回其所得收益。因为较短时间内的股票买卖会存在内幕交易可能，《证券法》第五十一条将前述人员界定为内幕消息的知情者。第二种重大股权变动是《证券法》第五十三条规定的，持有百分之五以上股东作为内幕消息的知情人，在内幕信息公开前，不得买卖该公司的证券，或者泄露该信息，或者建议他人买卖该证券。这是对其知情权使用的约束。第三种重大股权变动是《证券法》第六十三条规定的，如果股东持有上市公司已发行的有表决权股份达到百分之五以上的，其所持该上市公司已发行的有表决权股份比例每增加或减少百分之五都有报告和公告的义务，其所持该上市公司已发行的有表决权股份比例每增加或减少百分之一的，有义务通知公司并公告。第四种重大股权变动是《证券法》第八十条第八款规定的：如果"持有公司百分之五以上股份的股东或者实际控制人持有股份或者控制公司的情况发生较大变化，公司的实际控制人及其控制的其他企业从事与公司相同或者相似业务的情况发生较大变化"的，有义务进行报告和公告，并说明变动理由。

综上，对创业企业而言，证券法律规则以及股份有限公司规定的股权比例与其股权控制没有关系，只有有限责任公司范围内的股权比例才有控制价值。因而，上述所说的"股权生存权"基本都是"噱头"，是宣传之用而对表决权的夸张归纳。实际上，只有《公司法》规定的大于三分之二和大于半数表决权，以及34%表决权和10%表决权才对中小创企业具有控制价值，不管其是正面的建立控制，还是为平衡治理而产生的反控制。

## 4.3 企业家的间接股权控制

企业家在没有超过半数表决权时,其控制思维应该从直接股权控制转换为间接控制。间接控制公司依然是以股权为基础的,否则,会成为纯粹的协议控制,那是没有实际控制力的。所以,当企业进入发展期之后,在股东多元化、资本进入、股权激励等因素使企业家的控制力量减弱的情况下,企业家基于合伙信任、企业家精神气质等多种原因,利用多种方式,形成以自己为核心的公司控制。

企业家主要有两类方式来控制企业,即股权控制方式和非股权控制方式,前者是主要的,后者是补充性的。以下通过分类来评价企业家的几种可用控制方式,这些方式是宏观的,不仅限定于有限责任公司,也包括了股份有限公司,当然,下述的主要控制方式依然是以中小创企业为目标的。

### 4.3.1 类别股控制

如前所述,拥有过半数或过三分之二表决权即可实现法律上的直接控制。"直接"意味着不需要借助任何其他辅助手段,单凭表决权自身就可控制股东会,进而控制董事会和监事会。尽管直接股权控制是最基础也是最重要的控制方式,特别是对中小创企业来说,无论如何强调其重要性都不为过,但由于一方面直接股权控制是法定的,其权力范围、实现控制的方式等都是强制性规定,无须额外的理解或创造性地使用,另一方面前文对直接股权控制以及相关表决权都进行了详细阐述,所以,这里对相关内容不再赘述。直接股权控制中的股权是普通股,即每个股东所持股权在表决权、分红权等股权权能上是平等的,可以通过数量或比例等便可知晓其股权控制力量。

类别股控制虽然也是股权控制,但由于类别股改变了股权平等的属性,使得不同类别股权的控制力有所差别。从控制视角来看,表决权作为股权的核心权能,是股权产生控制力量的来源。类别股中最具控制力的是 AB 股制度,由于第 5 章关于融资中控制权博弈时会重点阐述,这里就一带而过。与 AB 股相似的是优先股,AB 股制度的核心是放大了 B 股的表决权倍数,使之具有超额的股权控制力,而优先股则是股权权能的交易,即股东在失去一部分表决权的前提下,获得优先分红的权利,其结果是让普通股更容易获得表决权优势,用较少的表决权实现更大的公司控制。在我国,AB 股和优先股仅适用于上市公司或非上市公众公司,而不适用于有限责任公司。

有限责任公司基于其自治特性,在股东之间可以通过表决权让渡产生与类别股同样的表决权控制。《公司法》第六十五条规定:"股东会会议由股东按照出资比例行使表决权;但是,公司章程另有规定的除外。"据此,在出资比例与表决权比例之间,股东可以协商,形成类似的特别表决权。案例 5-5 通过展示有限责任公司的出资权、表决权和分红权之间的分离现象,对此问题进行了具体说明。

## 4.3.2 间接股权控制的几种方式

有限合伙企业一般被用来进行股权激励、员工持股或合伙人管理。有论者将其视为公司控制的一种方式,这是不恰当的,因为企业家控制有限合伙企业不等于控制公司,这是因为:一方面,有限合伙企业一般持有公司的股权较少,比如股权激励时,有限合伙企业持股为10%~20%(也有超过20%的,但如果有限合伙企业持股过大,就会影响企业家的直接持股,进而影响企业家对公司的控制),其对企业家控制企业并无多大帮助;另一方面,有限合伙企业作为持股平台的控制力仅体现为其内部的控制力,即企业家通过设立有限责任公司作为有限合伙企业的GP(普通合伙人),担任执行合伙人达到对LP(有限合伙人)的控制。所以,将企业家对有限合伙企业的控制夸大为对公司的控制是没有分清楚控制对象是公司,还是有限合伙企业。在这里并不把有限合伙企业作为企业家控制公司的一种方式进行阐述,而是在后续股权激励部分,会从持股平台管理视角,详细分析企业家如何通过合伙协议对有限合伙企业进行控制。

**1. 非直接控股股东**

直接股权控股是单一股权控制,是一种纯粹股权控制方式。当企业家持股比例低于半数,单一股权无法形成绝对控制时,就必须借助于其他手段,此即综合控制。

无论是由于发展原因,如股权稀释,还是创业开始股权结构决定了没有一个股东持有超过半数的公司股权,同时,公司也不是平均分散的股权样态,那么,常见的一种持股现象是:有一个大股东,其持股数量和比例比其他股东和合伙人都大,在股权结构上属于"一个'老大'带若干'小弟'"的格局。在这类股权结构下,大股东对公司的控制就是综合性的。图4-1展示的北京林克曼数控技术股份有限公司(简称"林克曼";股票代码:430031)就是这样的大股东控制形态。

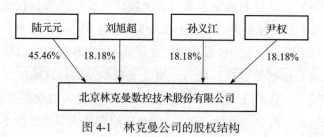

图4-1 林克曼公司的股权结构

数据来源:公司年报。

图4-1中,企业的大股东持股比例为45.46%,其他小股东(合伙人)分别持股18.18%,这是典型的"一个'老大'带若干'小弟'"式的股权结构。由于股权未过半,大股东无法对公司进行直接股权控制,但大股东股权比任何单一股东持股比例都有较大优势。大股东必须借助于其他方式来巩固其股权优势基础上的控制地位。其一,从公司职务上,大股东担任董事长和总经理两个最重要的职务,三个合伙人分别担任公司副总经理;其二,大股

东是公司的权威，承担企业家角色，拥有公司最核心技术。公告书显示：陆元元先生，中国籍，50岁，毕业于美国中央城州立大学，工商管理硕士。曾任太原重型机器厂减速机车间技术员、总工程师办公室工程师、工艺数控软件开发室主任，曾获山西省青年计算机专家、机电部科技进步二等奖、机电部享有津贴的青年科技专家等荣誉。现任本公司董事长、总经理、核心技术人员，且持有本公司45.46%股份，系本公司控股股东。

### 2. 股东间的一致行动：股东之间的表决权联合

一致行动协议是解决公司控制权的典型协议。《上市公司收购管理办法》第八十三条规定："本办法所称一致行动，是指投资者通过协议、其他安排，与其他投资者共同扩大其所能够支配的一个上市公司股份表决权数量的行为或者事实。在上市公司的收购及相关股份权益变动活动中有一致行动情形的投资者，互为一致行动人。"所以，合意是一致行动的前提，表决权联合是一致行动的基础，该协议目的是扩大表决权数量，提升表决权力量。一致行动协议的主要内容首先包括一致行动的事项为董事会和股东会的所有表决事项。其次，一致的行动包括：提案时充分协商，经双方同意后，一致提案；在股东会一致表决；在董事会一致表决、委托投票时必须一致表决。对上市公司而言，一致行动协议经公告实际获得了一定的社会效力，参与者如果违约须负担社会成本。但对中小创企业来说，就需要加大参与者的违约成本，所以，在起草一致行动协议时，需要详细设定具体可行的违约责任。

### 3. 企业家的权威控制：股权与权威的结合

权威是股权治理的高阶形态。在学理上，权威的来源有很多种，包括权力、知识、个性、传统和组织等，其中最直接且最有力的来源是权力。如果把股权看作是权力（尽管股权在个体视角，是一种私人权利，但从股东关系来看，因存在股权数量和比例的差别，其在股权结构和公司控制中就从权利异化为权力，这一逻辑与政治和法律学说中的权力来源是一致的），很显然，股权是产生权威的基础来源。但如果从企业发展阶段来看，企业家的股权是随企业不断壮大而逐渐被稀释的。股权控制与权威控制存在此消彼长的关系。公司早期，企业家持股比例很大，其股权控制力强，而到后期（比如互联网科技公司经过多轮融资后，在 IPO 之前），企业家持股数量普遍很低，但企业家的权威却比任何时候都强。在这一变换过程中，企业家失去的是股权及其控制，其得到的是权威及其控制的增强。需要找到一个平衡点，在这个平衡点上，企业家的权威控制的基础是坚实的，而不是虚弱的，比如阿里巴巴合伙人制度，就是一种企业家及其团体股权控制力量减弱后，如何通过合伙人制度，实现企业家权威控制的解决之道；再如，任正非从最初持有华为绝对股权到现在持有比例不到1%，最后发展出一套华为独特的治理体系，不仅保证华为公司治理的延续性，也维护了任正非的治理权威。

### 4.3.3 非股权控制方式：公司控制的些许技术

股权治理被误解为是一系列"术"。"股权大师"在宣讲股权知识时，不仅用技术替代原理，也无限夸大这些控制技术的作用和范围。下面的控制技术在经验上是可以用的，但单独使用却是脆弱的，只有在股权控制基础上它们才能更好地发挥作用，尽管这里将这些技术视为"非股权控制方式"。

**1. 经营权控制**

按照现有的公司治理组织设置，股东会拥有最高决策权，董事会拥有公司战略决策权，监事会拥有监督权，这三权的分立或分工共同目的指向执行权，即公司经营权，毕竟只有经营和管理才能产生公司绩效。基于此，公司权力可以分为两层：基础性的权力是治理权力，应用性的权力是经营权。伯利和米恩斯关于所有权与控制权的阐述就是揭示了两层公司权力的存在及其关系。经营权是一种实在的、具体的公司控制权，其由董事会和经理层共享。在董事长和总经理之间，通过公司章程可以界分二者权力，因此会出现：强董事长与弱总经理，或弱董事长与强总经理两种经营权模式。另外，在没有股权优势时，可以通过拥有经营权实现超越其他股东来控制公司。表 4-3 上海博隆装备技术股份有限公司（简称"博隆技术"；股票代码：603325）的股权结构及公司控制就体现了这一点。

表 4-3 博隆技术上市时的股权结构

| 姓名 | 职务 | 持股比例 |
| --- | --- | --- |
| 张玲珑 | 董事长、总经理 | 13.92% |
| 彭云华 | 董事、副总经理<br>技术部部长 | 9.78% |
| 林凯 | 董事 | 9.12% |
| 林慧 | 无 | 9.12% |
| 刘昶林 | 董事、总工程师 | 5.24% |
| 陈俊 | 副总经理、市场部部长，现场服务部部长 | 4.52% |
| 冯长江 | 监事会主席、副总工程师 | 4.02% |
| 刘学红 | 机械制造部部长、采购部部长 | 3.94% |
| 梁庆 | 董事 | 3.47% |
| 孟虎 | 职工代表监事、容器制造部部长 | 2.98% |
| 李绍杰 | 计划物流部部长 | 2.98% |
| 合计 |  | 69.09% |

数据来源：博隆技术招股说明书。

在主要股东持股较少，且股权结构极为分散情形下，第一大股东张玲珑，通过担任董事长和总经理职务，实际掌握公司日常经营权和公司治理的主导权。另外，前七个股东通过一致行动协议，不仅强化了七人对公司的集体控制，也强化了第一大股东对公司经营权的控制。

**2. 岗位控制**

上述由企业家担任董事长或总经理职务，或再通过公司章程或公司签批权等方式，获得公司日常经营权，其实质是通过岗位控制来实现公司控制的。由于董事长和总经理的职位较高，而且需要借助于公司章程等重要公司文件来实现，所以将其独立列示。这里的岗位控制主要是指在岗位职责确定情况下，通过获得公司关键岗位来达到控制公司的目的，该等关键岗位除董事长和总经理之外，还包括公司财务、保管公司印章的岗位等。一般在两个股东合作时，股权弱势的一方往往会争取财务经理的委派权，或者各自委派财务经理和副经理，实现两个财务经理联合签署等方式来达到平衡治理（控制或反控制）。见诸报端的"抢公章"事件多是在无路可走时采用的一种极端控制手段。尽管控制岗位等方式在法律上并不能获得太多支持，但也会通过造成公司僵局等方式达到控制公司的目的。

**3. 法定代表人职务控制**

法定代表人制度在法律上一再被诟病，但我国《公司法》依然坚持采用这一制度。由于法定代表人拥有的是"法定"的代表地位，法定代表人的签字与公司公章具有同等法律效力。在不同诉讼中，法官一再限制法定代表人签字权的法律效力的范围，但整体上基于尊重法律和商业活动的原则，法院还是支持法定代表人的代表权的，法定代表人职务依然是实现公司控制的一个重要手段。

### 4.3.4 股权的价值与控制力矛盾

前文较为模糊地展示了股权的一对内在矛盾，即股权价值与股权控制力之间的关系。对企业家来说，只有做大企业才是解决此张力的唯一正解。

图4-2展示了企业家持股比例与其股权价值之间的动态关系。

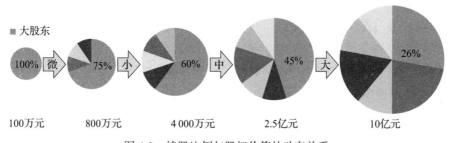

图 4-2　持股比例与股权价值的动态关系

从三个要素的统一来解读图4-2。这三个要素是企业发展阶段、企业家持股比例和企业家股权价值（本图中以工业企业为对象，以企业评估值为标的来示例）。在创业开始，企业家成立了企业，其个人持股比例和控制力量为100%，此时企业为微型企业，企业价值为100万元。这是创业的起点，公司是企业家为创业参与者准备的"舞台"。当企业价值从100万元向800万元增长的过程中，企业家股权被稀释，常见原因是引入合伙人，企业家为建立创业团队与合伙人分享公司股权，此时企业规模为小型企业，企业家的持股比例和控制力为75%，依然拥有公司绝对控制权，但企业家所持股权价值已经为600万元。当企业价值达到4 000万元时，企业还是小型工业企业，企业价值已经比创业开始增长了40倍，企业家股权也进一步被稀释（如引入投资人），企业家的持股比例和控制力为60%，企业家依然对公司具有股权控制力，尽管已经减弱为相对股权控制，其持股价值达到2 400万元。当企业价值达到2.5亿元时，公司股东已经多元化了，企业发展到中型规模，股权结构具有社会化特征，股权实现了引入投资、员工激励和合伙人持股等多个功能，企业家开始失去对公司的股权控制，其持股比例和控制力为45%，但其持股的股权价值已经达到1.125亿元。当企业价值达到10亿元时，公司成为大企业，具有公开和社会属性，企业家持股比例和控制力只有26%，其他各种外部人以股权方式不断进入公司，成为股东，其中各种财务投资者在公司的股权占比越来越大，他们发现企业已经成熟且稳定，股权价值相对确定，距离证券市场较近，具有长期股权投资价值。此时，企业家的持股价值已经达到2.6亿元。

可见，对企业家来说，永远通过股权控制公司是不可能的，应该理性对待股权控制力与股权价值之间的"交易关系"。其一，在企业的早期，控制权第一，因为企业需要发展，控制决定了治理，治理决定了管理，可以把此视为股权控制的一个定律；其二，企业价值是关键，只有把企业做大了，股权的价值被放大了，企业价值的重要性大于股权控制权的重要性，企业所需各种要素通过股权可以置换而来时，企业家就应该渐进地放弃股权控制权，但最好还是要保证第一大股东地位；其三，要树立动态控制意识，不能将公司控制权理解成静止的和永恒的，那样企业永远做不大，企业价值也不会放大，企业家的股权价值也不会变。只有做大做强企业，企业家才会从股权中获益！

## 4.4　反控制与企业家自律

本书强调了公司控制权的重要性，并将其视为公司治理的前提，也将控制主体确定为企业家。企业家控制公司可以看作是本书的一个基调。但必须看到，一方面，公司作为一个组织体，其参与者较多，有效的控制只能是一种平衡或制衡，如"一个'老大'带若干'小弟'"之所以被视为是最好的股权结构，就是因为这一结构实现了控制与反控制的平衡。只有被制衡的企业家才不会走向自己的反面，才会将自己约束在一个众人推崇和追随的道德范围内。本节从企业家之外的、作为其"敌人"的小股东视角，来审视法律赋予小股东的反抗或制衡大股东的一些权利；同时，将企业家视为一个明智的、自我控制的对象。从内到外，不仅强制，也需要自律，通过两种力量最终实现控制基础之上的制衡治理格局！另一方面，也必须看到：企业家是企业失败的主要原因。从管理学视角，企业失败有内外两种原因，其中外部原因主要包括宏观经济环境变化、自然环境的恶化（变化）、目标市场消费者需求的变化、市场竞争态势的变化、母公司的风险和危机应对不力等；内部原因主要包括战略管理失误、在资本游戏中的死亡、企业组织结构的硬伤（股权结构）、忽视品牌建设、企业文化缺乏、多元化陷阱、产品创新不足、盈利结构缺失、管理费用失控、财务审计失败和企业家个性缺失等。企业失败的上述内部原因虽然杂多，但其背后皆因企业家自身原因所致，因为中小创公司的所有权力交给企业家行使，无论哪种内部原因都来自企业家的决策。简化之则为：所有导致企业失败的内部原因，其根源都来自企业家。控制、规范企业家，使其尽可能地"用能"且"为善"！

### 4.4.1 小股东的反控制

无论中小创公司，还是大公司，大股东对小股东的剥削都是客观存在的。代理型治理关注的是所有权与经营权之间的关系，而剥削型代理反映的则是所有权内部的关系。大小股东之分是一种事实描述，但大小股东因其持股数量的差别产生了剥削与反抗的关系，这也是一种事实。各国公司法律在立法上都注意到股东内部的压制问题，为平衡股东内部关系，公司法律鼓励小股东利用具体股权保护自己的利益，甚至专门为小股东制定了特别权利，以实现大股东（企业家）与小股东之间的治理平衡。

**1. 反向否决权**

当小股东没有足够权利影响公司事务时，否决权是其实现控制的反向选择。小股东的否决权可以体现在股东会和董事会事项表决中。就董事会表决事项而言，公司章程、股东会议事规则和董事会议事规则等可以规定如下事项必须经全体董事会同意，如小股东认为重要的决议事项（如决定公司的经营计划和投资方案），董事长、总经理和财务负责人等重要职务的任命，内部管理机构的设置，制定公司的基本管理制度，融资和关联交易决策，更换会计师事务所等。就股东会表决实现而言，章程可以约定小股东可以获得的董事席位数量，也可通过提升表决权比例实现小股东的反向否决权，比如将《公司法》规定的过半数表决事项提升为必须过三分之二，将必须过三分之二表决权事项提升为必须100%。

表 4-4 就是利用反向否决权实现小股东反控制大股东的示例。

表 4-4 小股东的反向否决权示例

| | 股东会决议事项 | 100% | 2/3 | 1/2 |
|---|---|---|---|---|
| 1 | 决定公司的经营方针和投资计划 | | | √ |
| 2 | 选举和更换非由职工代表担任的董事，监事，决定有关董事、监事的报酬事项 | | √ | |
| 3 | 审议批准董事会的报告 | | | √ |

(续)

| | 股东会决议事项 | 100% | 2/3 | 1/2 |
|---|---|---|---|---|
| 4 | 审议批准监事会或者监事的报告 | | | √ |
| 5 | 审议批准公司的年度财务预算方案、决算方案 | | √ | |
| 6 | 审议批准公司的利润分配方案和弥补亏损方案 | | √ | |
| 7 | 对公司增加或者减少注册资本作出决议 | √ | | |
| 8 | 对发行公司债券作出决议 | | | √ |
| 9 | 对公司合并、分立、解散、清算或者变更公司形式作出决议 | √ | | |
| 10 | 修改公司章程 | √ | | |
| 11 | 决定公司为他人提供融资和担保事项的决议 | √ | | |
| 12 | 决定公司对外投资的决议 | √ | | |
| 13 | 决定公司超过100万元的对外投资、对外借款（含对股东借款）事项决议 | √ | | |
| 14 | 决定公司超过200万元的委托理财、关联交易等事项的决议 | √ | | |
| 15 | 决定公司100万元以下（含100万元）的对外投资、对外借款（含对股东借款）事项的决议 | | | √ |
| 16 | 决定公司200万元以下（含200万元）的委托理财、关联交易等事项的决议 | | | √ |
| 17 | 决定聘任或解聘公司经理 | | | √ |
| 18 | 决定公司经理报酬事项 | | √ | |
| 19 | 对股东向股东以外的人转让出资作出决议 | | √ | |

### 2. 小股东的知情权

知情权是指股东了解公司经营信息的权利。该权利是为解决股东与管理层之间的信息不对称难题，以便监督管理层，降低代理成本，维护股东的合法权益而设计。当公司被大股东控制后，该权利就成为小股东反抗大股东的重要法律手段。《公司法》第五十七条第一款规定："股东有权查阅、复制公司章程、股东名册、股东会会议记录、董事会会议决议、监事会会议决议和财务会计报告。"该条第二款规定："股东可以要求查阅公司会计账簿、会计凭证。股东要求查阅公司会计账簿、会计凭证的，应当向公司提出书面请求，说明目的。公司有合理根据认为股东查阅会计账簿、会计凭证有不正当目的，可能损害公司合法利益的，可以拒绝提供查阅，并应当自股东提出书面请求之日起十五日内书面答复股东并说明理由。公司拒绝提供查阅的，股东可以向人民法院提起诉讼。"

在真功夫的股权斗争中，潘宇海以股东知情权为切入口，扳倒了蔡达标（尽管潘宇海与蔡达标持股相同，但由于蔡达标实际控制着公司，使得潘宇海的处境和地位与小股东并无二致）即是例证，见案例 2-1。

### 3. 股东会和董事会的召集权

召集权是召开公司股东会、董事会和监事会的启动性权利。尽管为程序性权利，而一旦拥有此权利，如果再配以会议主持权，即可获得会议中的主导地位。基于对小股东的保护，《公司法》降低了召集权需要的股权比例，目的是让小股东利用此权利提出自己的主张，在股东会、董事会表达自己的诉求。

在实体上，有限责任公司的小股东享有临时股东会议的提议权，该权利与董事会和监事会权利相同。《公司法》第六十二条规定："代表十分之一以上表决权的股东、三分之一以上的董事或者监事会提议召开临时会议的，应当召开临时会议。"

在程序上，有限责任公司的小股东享有股东会议的召集和主持权。《公司法》第六十三条规定："股东会会议由董事会召集，董事长主持；董事长不能履行职务或者不履行职务的，由副董事长主持；副董事长不能履行职务或不履行职务的，由过半数的董事共同推举一名董事主持。""董事会不能履行或者不履行召集股东会会议职责的，由监事会召集和主持；监事会不召集和主持的，代表十分之一以上表决权的股东可以自行召集和主持。"

### 4. 善用监事会

监事会是被经常忽视的治理机构。其实，《公司法》赋予了监事会或监事足够的监督权，如果使用得当，也是一种制约大股东的重要力量。监事会职权包括：财务检查权、对董事和高管职务行为的监督权和罢免建议权、要求董事和高管纠正其侵害公司利益的行为的权力、临时股东会的召集和主持权、股东会提案权和董事和高管损害行为的诉讼权等。

|案例 4-1|

### 小股东用监事会保护公司利益

在一起股东纠纷中，小股东发现大股东利用职务，与大股东哥哥的公司进行虚假交易，已多次向其哥哥的公司支付 480 万元的服务费，但公司并没有接受任何服务。小股东在咨询公司法律顾问后，决定将此情况提交给公司监事会。监事会接到三个小股东的联名举报后，决定对公司财务进行检查，发现小股东举报情况属实。在要求大股东哥哥提供证据表明为公司提供过真实服务时，被拒绝。之后，公司监事会发出公告称：监事会将对公司财务进行全面检查，检查期间任何对外支出在履行完原定手续外，必须经过监事会同意。同时，监事会发现董事会已经过届，提议并召集临时股东会选举新一届董事会成员。在召开的临时股东会上，股东们就大股东的行为进行质询，大股东对此表示道歉，并表示承担所有责任，将追回支付给其哥哥公司的所有款项。此案中，小股东利用监事会对大股东进行了强有力的监督，就是善用监事会的一个具体例证。

### 5. 其他方法

除了以上方法，还存在许多事实上或法律上的技巧，都可以达到反控制的目的。其一，在股份有限公司中，公司可采用累积投票制度。在选举董事或者监事时，每一股份拥有与应选董事或者监事人数相同的表决权，进而使得小股东拥有的表决权可以集中使用，打破大股东对人事选任的垄断。其二，凡是大股东用来加强其控制权的手段，也都可以是小股东进行反抗的手段，比如占据重要岗位，尤其财务岗位（较少股东合资成立公司时，小股东保护自己比较常见的方式是委派自己的财务人员，这样，至少能保证财务的知情权），同时，争取拥有董事会席位（实现董事会中变相的一票否决权），当然，如前所述，更多的监事席位也是必需的。其三，通过协议或制度设计，让小股东拥有公司的知情权。知情权是股东行使其他所有权利的前提。可以通过公司章程或股东协议约定，公司每月或每季度向所有股东提供公司财务信息，或约定大股东每季度向所有股东通报公司经营情况等。其四，通过一致行动协议，形成小股东联盟，从股权上来直接对抗大股东的剥削等。前述企业家与合伙人之间的一致行动协议是为了获得和维持公司控制权，而这里的小股东之间的股权联合则是另外一个目的。但无论如何，在股权较少时，股权联合是一个较优的解决方案。其五，最后的权利是诉讼。公司法律为股东赋予了众多诉讼权利，其意就是为维护股东权益。《公司法》规定的股东诉讼权利包括但不限于：决议瑕疵诉讼（决议不成立、决议无效、决议撤销），损害公司利益诉讼，强制收购股权诉讼，解散公司诉讼和知情权诉讼等。

## 4.4.2 企业家的自律

企业家拥有公司控制权、治理权和经营权，是公司绝对的统治者。前述所讲股权控制、非股权公司控制以及小股东的反控制等，均是对企业家行使权力施加的他律。公司法律赋予企业家股权优势时，股权的权能既体现了权利的一面，也体现了责任和约束的一面，比如表决权的一面是聚集意志，形成决策，其另一面则是规范表决并尊重其他股东的表决权。同时，也要看到，基于企业家的独特精神和内在气质，企业家将公司经营视为自己的长期事业，这决定了企业家的自律精神是要高于其他股东的。除却他律，企业家的自律也是公司控制的重要内容，需要认真对待。

### 1. 刑法是企业家行为的外在边界

自律有两个边界，一个是外在边界，即社会边界，另一个是内在边界，即自我目标划定的边界。刑法是企业家行为的外在边界，只有那些刑法不惩罚的行为才是企业家可选择的创业活动。创业或创新首先需要了解刑法，凡是对社会有危害的经营活动都已经被国家以刑法名义列入禁止范围。"原罪论"是某个特定时期对企业家的法律评价，在社会发展的正常时期是不具有说服力的。

至少以下几点是创业者或企业家必须清楚认识到的。

首先，任何创新必须在法律范围内。创新活动都潜在地存在法律风险，原因就在于

"创"和"新"二字。由于是对经验的总结，法律是保守的，对创新行为的反应是滞后的。而创新活动基本是对既往经验的挑战，自然容易成为法律约束和限制的对象。创新活动，无论技术和产品创新，还是销售模式创新，创业者和企业家都需要对其进行合法性判断。如销售模式创新中的直销，其与非法的传销边界尽管很清楚（直销计酬是单层，而传销计酬则为多层），但在实践中容易从直销转为传销；再如 P2P 模式、众筹模式等都容易从合法滑向非法之地。

其次，没有超越法律界限的企业利润。企业的利润经过市场竞争都会限定在某个范围内。所有行业的利润率在特定时期是大致确定的。企业家不可为追求超额利润而违反法律。马克思曾经对此现象做出过让人深刻的描述："如果有百分之二十的利润，资本就会蠢蠢欲动；如果有百分之五十的利润，资本就会冒险；如果有百分之一百的利润，资本就敢于冒绞首的危险；如果有百分之三百的利润，资本就敢于践踏人间一切法律。"尽管企业家的可贵之处在于"发现不均衡"，并"填补不均衡"，但追求的利润必须是在市场和法律许可的范围内。

最后，公司控制权是公共权力，不能谋私。让企业家控制公司，这是本书作为以中小创企业为对象的治理知识一再强调的基础命题。但企业家也需要清楚地认识到：自己拥有的控制权、治理权和经营权具有公共属性，自己应该承担公司的责任，不得滥用公司控制权为自己谋取私利。如案例 4-1 中大股东的所作所为，就属于滥用公司权力。尽管在该案例中，其他股东没有追究大股东的刑事法律责任，但大股东实际已经涉嫌挪用资金罪或职务侵占罪等。

总之，企业家自律的一个主要原因就是畏惧刑法惩罚，可以把此看作是企业家自律精神生成的外部原因。从这个视角来看，企业家自律是被动的，与公民守法的内在理由是一样的。

### 2. 企业家的自律精神多数是天生的

成功者多是优秀的自律者！企业家亦是如此。本书曾述：企业家精神总体上是先天生成的。那么企业家的自律是天生的，还是后天训练而成的？自律精神是企业家精神的一部分，其主要是来自先天。当然，也必须认识到企业家自律自控的行为习惯也与后天发展密不可分。对企业家自律精神具有决定性影响的是企业家后天形成的价值观。以下两种价值观，对企业家自律精神的形成至关重要。其一，企业家的事业观。对企业家来说，成功创业是其人生目标。创业是企业家的工作，甚至是其生活的全部。创业者和企业家一般都会将全部的时间和精力投入到创业活动中去。这种以创业成功为导向的事业感，成为企业家的核心使命。这种事业感也构成企业家自律的根本动因。其原因非常简单：要成功就必须自律！只有自律才能不破坏或伤害自己的创业事业。其二，企业家的人生观。企业家作为一类因先天而具有创新和冒险精神的特殊人群，成就事业在其人生观中占据的分量比较大，他们并不会把享受作为人生的目标；他们富有激情、对创业活动充满无穷的力量；他们积极乐观,相信通过自己的努力能把企业和自己的事业发展得更好;他们有责任心和使命感,对企业、事业和社会有着比普通人更高的认识;他们重视道德和企业声誉等,这样的人生观决定了企业家自律的积极性较高。

自律性也是判断企业家好坏或优劣的重要标准。企业家作为拥有公司最高和最后权力的人,要避免腐败、堕落、滥用公司公权力。实践中,上市公司大股东通过各种手段掏空公司、民营企业家"跑路"等现象,皆是不自律的非道德且不合法的行为。因此,必须借助于法律和制度等外在力量控制企业家,同时也要看到优秀的企业家是可以完成自我约束和自我治理的。所以,必须看到企业家自律对公司控制和反控制的价值。

### 3. 企业家自律的股权曲线

企业家自律除上述内在的精神因素外,其持股数量或比例也是促使企业家自律的重要原因。图 4-3 提供了企业家自律与持股比例之间的一个正相关关系。

从图 4-3 中可以看出,首先,企业家的持股数量和比例与其自律性成正相关关系。横轴的左端是职业经理人,他们并不持有公司股权,不具有内在的事业感和自律性,自然就产生了代理问题,腐败和懒惰就成为职业经理人的潜在特性;而最右端是企业家,当企业家持有公司股权越多时,它的自律曲线就是向高的。一个企业家持有公司 100% 股权时,其对应的自律性是最高的,反之,一个未持有公司股权但却拥有公司经营权的职业经理人,不能期望他的自律性,必须选择激励与约束相融的策略。其次,股权激励、员工持股和合伙人制度等制度之所以是必需的,在这里也可以找到原因,必须给予员工和合伙人一定的公司股权,让他们参与公司权力和利益的分享,激发他们潜在的股东精神、工作的积极性和自律性,进而实现股权分享或共享基础上的共赢!

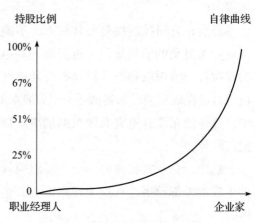

图 4-3  企业家自律的股权曲线

## 本章小结

1. 大公司治理需要解决的核心问题是代理问题,中小创公司需要解决的核心问题是生存和发展,因此,控制与制衡问题居于优先位置,大股东代理小股东问题服从于控制与制衡问题。

2. 没有控制就没有治理,没有治理就没有管理。控制权归属决定了治理权归属,治理权所有者的质量决定了管理质量。控制权是理解公司治理的前提。没有控制就没有公司的生存和发展。

3. 传统公司治理是法治化的,公司法为其提供了强制性治理制度,而且公开化程度越高，其强制性治理要求就越高。中小公司的治理主要是自治性的，其处于企业发展早期，封闭性较强，契约治理是其基本治理特性。
4. 股权控制是最直接、最有力的控制方式，所以在企业发展的早期（中小阶段），企业家一定要有绝对的股权控制力。其他控制方式都是次要的。企业家个人权威控制如果离开直接股权控制也是脆弱的。
5. 企业家团体控制优于企业家个人控制，也优于投资人控制。
6. 企业家的持股比例（控制力）与持股价值原则上是成反比例的。所以，在做大企业、放大股权价值的同时，企业家应该有计划地、渐进地推进企业股权的多元化。
7. 知情权、质询权、召集权、代位诉讼权等是法律提供给小股东的反抗性股权权能。
8. 企业家的持股比例（控制力）与其自律程度是成正比例的。股权激励是提升职业经理人或员工自律性的一种重要措施。

## 批判性思考

1. 中小公司可以成为无实际控制人公司吗？为什么？
2. 小股东与大股东之间是服从优先，还是平衡优先？

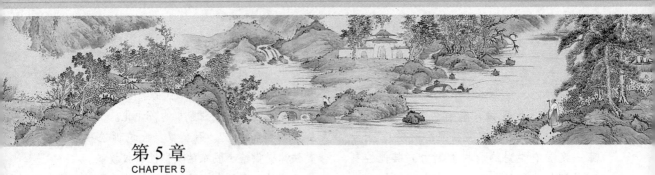

# 第 5 章
CHAPTER 5

# 股权融资中的控制权博弈

股权融资具有治理价值,体现在其必然导致公司股权结构发生变化,这种变化主要发生在投资者集团与企业家集团之间。两个集团之间会因持股比例之多少,而产生公司控制权的博弈。本章主要讲述引起两个集团控制权变更的原因,通过对对赌机制、双层股权结构和股权融资协议中的主要条款等进行阐述,解析发生在两个集团之间的控制权争夺的内在机理。

## 5.1 治理视角的股权融资

对创业者而言,融资是必经之路,也是一个"坎儿"!企业家和投资人会因为股权融资走在一起,二者共同塑造公司,共同治理公司,这使公司治理具有资本属性。所以,有必要从治理角度来看融资带给中小企业的治理问题。

### 5.1.1 资金与股权融资

在众多企业生产要素中,资金可能是最为独特的一个,因为它可以购买其他所有生产要素。资金是以投资(投资人视角)和融资(企业和企业家视角)方式进入企业的。

#### 1. 企业的主要生产要素

传统理论认为企业生产要素只有三个,即劳动力、资金和土地。到了现代,生产过程日益复杂,企业发展的要素也随之增多。其中,较为广泛接受的一种观点认为:企业系统的构成要素为八个,即"6M+1T+1I",其中的 M 包括人力资源(Manpower)、资金(Money)、材料(Material)、管理(Management)、机器设备(Machinery Equipment)和营销方法（Marketing Methods），T 指时间（Time），I 指信息（Information）。在要素论的基础上，逐渐发展出现代的企业资源论，从资源高度对具体要素进行理论整合。其中代表性观点认为企业发展依赖于七种资源，分别是：劳动力（体力）资源、技术知识资源、非技术知识资源（即扣除技术知识资源后的所有知识，其核心内容是管理知识）、资金资源、土地资源、技术物力资源、一般物力资源。其中，"劳动力、技术知识和非技术知识三种资源要素的主体系于劳动者一身"㊀，而资金和土地资源合称为"资本"。可见，在企业的诸多资源和要素中，劳动力和资本占据最核心地位，二者是最主要的企业要素，也是理解企业的核心要素。

### 2. 从"资本雇佣劳动"到"劳动雇佣资本"

"最早论述'资本雇佣劳动'这一命题的学者可以追溯到重农主义时期的魁奈和杜尔阁。但是比较明确或彻底地论述'资本雇佣劳动'这一问题的人是马克思。"㊁"马克思认为资本雇佣劳动关系的形成源于生产资料私有制下资本家和工人之间在生产资料占有上的不均等。占有生产资料的资本家享有绝对剩余权，是剩余价值的占有者和剥削者。"㊂在早期大工业化时代，工人由于缺乏谈判优势，加之工人内部非知识性劳动力竞争的原因，导致资本对劳动力具有绝对的支配力，因此，才产生了资本家对只拥有非知识性劳动力的工人阶级的剥削，工人只获得工资，而资本家独占了利润（剩余价值）。对此命题产生原因的另一个解读视角是企业风险，经济学家认为资本家之所以独享利润，是因为资本家承担了生产和销售的风险，而劳动者不用承担任何企业风险，因而只能获得工资收入。

随着知识在生产过程中价值的提高，人力资本与非人力资本的关系发生了变化，同时，人力资本内部也发生了分化。其一，随着非人力资本的货币化、证券化和信用化，非人力资本与企业的关系日渐疏离，企业对非人力资本的依赖程度不断降低，非人力资本所有者与企业的关系也越来越间接，而企业与人力资本的关系变得比以往更为紧密。其二，社会财富的积累使货币资本的稀缺性降低，人力资本挑选货币资本变得更为可能。其三，科学技术在企业生产中地位的不断提高，导致劳动者内部发生分化，拥有高科技知识的劳动者从一般劳动者中被区分了出来。企业家往往拥有核心技术，合伙人和核心员工都是拥有核心技术的知识性劳动者。这些原因使现代创业企业中出现一种明显有别于传统创业企业的现象：知识创造和技术含量越高的创业企业，越能获得市场份额、高利润和社会赞誉，能更容易获得货币资本的青睐，股票市场为这一类企业的股票的溢价交易提供公开机会，最终出现了"劳动雇佣资本"现象。知识性人力资本因其稀缺变得更有价值和地位，知识性人力资本所有者成为"雇主"，货币资本尽管依然很重要，但资本市场的存在，使货币资本之间不断竞争，进而使货币资本在知识性人力资本面前变得越来越被动。

---

㊀ 张国旺，周光. 企业资源要素相互关系新解［J］. 哈尔滨商业大学学报（社会科学版），2010（3）：59-61.
㊁ 徐敏，邢德刚. 关于"资本雇佣劳动"理论的综述［J］. 长春师范学院学报，2004（4）：8-11.
㊂ 马太超，邓宏图. 从资本雇佣劳动到劳动雇佣资本：农民专业合作社的剩余权分配［J］. 中国农村经济，2022（5）：20-35.

### 3. 债权融资与股权融资的区别

不管货币资本和人力资本的关系如何，创业企业是需要融资的，毕竟货币是企业发展的"血液"。企业融资的主要方式是债权融资和股权融资。

债权融资主要通过银行贷款、发行债券、政府贷款或者小额贷款等方式实现，提供货币一方主要是银行、金融机构或政府。债权融资的优点在于不会因贷款影响公司的治理结构和经营决策，因为原则上金融机构不"进入"企业。在我国，法律和政策不许银行进入公司治理领域。而在德国和日本，债权方会变成股权持有者（银行直接持股或因债转股而持股），这样银行就参与公司治理，甚至参与经营决策。债权融资的缺点在于需要支付利息，而需要提供担保则可以看作是这种融资方式的实质缺陷。它会导致中小创企业难以获得银行贷款。尽管国家通过政策要求银行为中小企业提供贷款支持，但收效甚微。因此，债权融资是一种对中小创企业并不友好的融资方式。而股权融资主要通过增资扩股、股权转让、公开发行股票和产权交易融资等方式来实现。其优点在于：不用偿还资金成本；可以引入外部资本，降低企业家创业风险；通过估值机制，可以放大企业价值，引起市场关注，增加交易机会；企业可通过溢价获得大量现金；因融资可引入外部的管理、技术和人才等资源等。股权融资的缺点主要是：必然改变公司股权结构，影响公司治理架构；容易在企业家及其团体与投资人之间产生公司控制权争斗；会影响公司的战略方向，甚至改变公司的战略方向等。相比较于债权融资，股权融资的优点和缺点都是很明显的。股权融资是创业企业最主要的融资方式。

表 5-1 是对两种融资方式的比较。

**表 5-1　债权融资与股权融资比较**

| | 债权融资 | 股权融资 |
|---|---|---|
| 方式 | 银行贷款、发行债券、政府贷款、小额贷款 | 增资扩股、股权转让、公开发行股票、产权交易融资 |
| 优点 | 不影响公司的治理结构<br>不影响公司的经营决策 | 不用偿还资金成本<br>引入外部资本，降低企业家风险<br>通过估值机制，可以放大企业价值<br>企业通过溢价获得大量现金<br>引入外部资源（管理、技术、人才等） |
| 缺点 | 需要支付利息<br>需要提供担保 | 改变公司股权结构<br>容易产生控制权争斗<br>会影响公司战略方向 |

### 5.1.2　认识创业投资

换个主体视角看货币资本，不仅可内观其自身特征，也可让作为货币资本的实际需求方（企业家）更加看清其合作伙伴的外在特征。股权投资是与股票市场紧密关联的一种资本交易活动。

**1. 创业投资的定义与特征**

作为股权投资的一种，创业投资的最早形式应该是 17 世纪荷兰东印度公司为募集资金，向不特定人群公开发行股票，而购买这些股票的人（主要是商人）就是早期的股权投资者。另外，公司制度的发展史也可以证明创业投资一直伴随着公司的发展，甚至构成了公司的内在组成部分。14、15 世纪地中海沿岸的海上贸易增多，由于航海风险较大，单一主体承受能力有限，有航海技术的船长和有资金且愿意冒险的人达成"康曼达"契约。他们约定：如果海上贸易成功，则按照事先约定比例分取海上贸易的利润；如果失败，则船长承担无限责任，而出资的投资人则仅承担其出资范围内的责任。在这一模式基础上，产生出来现代的有限责任公司制度，其中承担有限责任的出资人可被视为现代风险投资的雏形。

尽管大家对"风险"和"投资"这两个词的内涵与外延可以达成一致意见，但对于"风险投资"的概念，因立场不同，定义稍有差异。经济合作与发展组织（OECD）最初将创业投资定义为：创业投资是投资于以高科技和知识为基础，生产与经营技术密集型的创新产品或服务的投资。全美创业投资协会（NVCA）认为：创业投资是由专业投资者投入到新兴的、迅速发展的、有巨大竞争潜力的企业中的一种股权性资本。也有人认为：创业投资是指通过向不成熟的创业企业提供股权资本，并为其提供管理和经营服务，期望在企业发展到相对成熟后，通过股权转让收取高额中长期收益的投资行为。

显然，理解"创业投资"（Venture Capital）的核心在于理解"风险"（Venture）一词。由于创业投资概念的核心是风险，因此，更多人将创业投资等同于"风险投资"。这一表达基本上抓住了问题的要害，但只有理解了"Venture"一词，知道其表达的是"主动进行的可能需要承担风险的行为及其取得的结果"，尤其是指"冒险行为""创新行为""创业企业"等，才能达到对创业投资的深层认识。

特征是解释概念的一种方法。基于此，我们从特征角度来理解风险投资中的"风险"和"投资"特性。风险投资具有如下典型特征：

（1）投资对象为创新的、高增长的企业或行业。高新技术行业是风险投资的主要投资领域，一般并不投资于传统行业；

（2）投资期限至少 3 年，投资方式一般为股权投资；

（3）通常占被投资企业不超过 30% 的股权，原则上不要求控股权；

（4）不需要任何担保或抵押；

（5）风险投资人（Venture Capitalist）一般积极参与被投资企业的经营管理，提供增值服务；

（6）由于投资目的是追求超额回报，当被投资企业增值后，风险投资人会通过上市、收购兼并或其他股权转让方式撤出资本，实现增值。

**2. 风险投资类别**

按照不同标准，风险投资可以被贴上不同标签。比如根据投资策略，风险投资可以被分为独立风险投资和联合风险投资；根据地域，风险投资可被分为国内风险投资和国际风险投资；根据投资性质，风险投资可被分为权益类投资和债权类投资。但所有分类中，最主要的标准是根据投资阶段不同，把风险投资分为早期投资（种子期和初创期）和后期投资（扩张期和成熟期），对应的投资类型分别是天使投资（Angle Investment）、狭义的风险投资（VC）和私募股权投资（PE）。

图 5-1 展示了企业发展阶段与创业投资类型的对应关系。

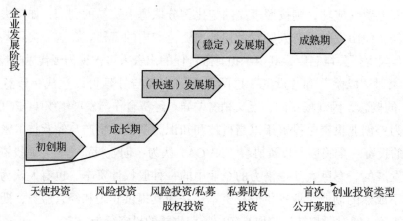

图 5-1　企业发展阶段与创业投资的对应关系

从图 5-1 展示的主体、阶段和发展规律来辨识三种典型的创业投资。

天使投资。天使投资兴起于美国。"'天使'这个词是由百老汇的内部人员创造出来的，形容百老汇的富有投资者为创作演出进行的高风险投资。20 世纪 80 年代，新罕布什尔大学的创业投资研究中心最早在学术方面正式使用'天使'一词，以此来界定特定的投资人及投资方式。"⊖一般而言，天使投资是自由投资者或非正式风险投资机构对原创项目或小型初创企业进行的一次性的前期投资，它是风险投资的一种，是一种非组织化的创业投资形式。天使投资的特征主要有以下几方面。其一，虽然也逐渐出现了一些专业组织（在我国，甚至出现了国有出资的天使基金）和机构，但天使投资人的核心主体是富有的个人（包括已成功的创业者、传统的有钱人、富有的企业高管、律师、会计师，甚至影视明星等），这不仅使天使投资被定义为非组织或非机构投资人进行的投资，也决定了投资人的资金是自有资金。天使投资是投资人的直接投资，而不像其他风险投资那样，是投资人把资金交给投资机构（对投资机构而言，则为募集资金过程），由投资机构对外投资。其二，投资对象是处于种子期的项目，该项目可能是一个创意，也可能是已经开始实施的创业活动；同时，该项目的实施主体可能是一个小团队，也可能是个人。总之，投资对象处于创业活动的最早期，这决定了天使投资也处于股权投资的最前端（时间顺序）。其三，就风险性而言，天使投资是股权投资中风险最高的一类投资。创业活动的风险等级与创业阶段具有正相关关系，即越是早期，创业活动的风险越高，天使投资人承担的风险越高。当然，基于风险与收益的关

---

⊖　吴千里，王吉培. 天使投资在我国的发展与未来［J］. 中国物价，2020（6）：42-44.

系，天使投资的高风险性决定了其具有高收益的特点。对天使投资人来说，他们的投资逻辑是概率收益，并不指望每个投资项目都有收益。某个具体项目"颗粒无收"，这对他们来说是可以接受的，因为其他成功的投资可以弥补具体项目的亏损。其四，天使投资的金额不大，这是因为投资项目处于种子期，规模并不大，所以对资金规模要求也不会很大。"我国的天使投资人以个体居多，每笔投资额大约为5万～50万美元。"㊀随着我国富裕人群数量的增长，天使投资人的数量也随之扩增，天使投资金额也在不断增加。目前，尽管我国天使投资总量低于美国等资本市场发达国家，但就项目平均投资金额而言，我国天使投资金额已经接近美国。㊁

风险投资。风险投资是最活跃的创业投资。因为风险投资在创业投资中占据核心地位，所以前述创业投资的定义与特征原则上与风险投资是一致的。下面主要从风险投资与其他创业投资的区别中来理解其含义与特征。首先，相较于天使投资，风险投资具有组织性和附加增值特征，表现为以下两方面。一者，风险投资的决策是高度专业化和程序化的，这是由风险投资的高度组织化所决定的。一方面，风险投资是以基金为基本运作方式的，基金采用有限合伙方式来组织，由风险投资公司来实施投资，这是法律化的风险投资组织；另一方面，风险投资机构雇用了专业的、有经验的投资经理人来进行投资活动，职业的投资经理人能发现有价值的创新项目，将资金投入到具有潜力的企业中去。投资成为一项职业活动，更具理性和专业。相比而言，天使投资带有强烈的主观色彩，比如富有的天使投资人就主动投资自己的亲戚、朋友或下属。二者，风险投资机构会为被投资企业提供发展所需要的其他资源，除分次或一次性提供企业所需要的资金外，还会提供企业战略规划、商业机会、管理咨询、人员推荐、财务筹划、资本市场战略规划等增值服务。此外，相较于私募股权投资，风险投资的对象的风险性和收益较高，因为其投资对象所处阶段较早。

私募股权投资。1946年乔治·多里特和拉尔夫·弗兰德斯创办了"美国研究与发展公司"（ARD），目的是解决新兴企业和小企业资金短缺问题。美国研究与发展公司的成立被视为现代私募股权投资和风险投资产生的标志。尽管私募股权投资的历史也将近八十年，但其真正发展也就是最近三四十年。"私募股权投资基金，一般是指从事非上市公司股权投资的基金。基金通过定向私募的方式向资金实力雄厚、资本构成质量较高的机构或个人投资者筹集资本，主要投资于非上市股权或者上市公司非公开交易股权，然后，通过公开上市、企业并购或管理层回购等方式，出售所持资产或股份以获取利润并实现退出。"从上述定义可以看到：私募股权投资也具有创业投资的基本内涵和特征。相较于天使投资，私募股权投资与风险投资有较多相同之处：一者，都是由专业投资人通过组织化和程序化的方式进行的创业投资；二者，都为被投资企业提供多样化的增值服务；三者，资金的来源和管理都采用基金方式。当然，私募股权投资与风险投资也存在差别：私募股权投资的企业处于

---

㊀ 吴千里，王吉培. 天使投资在我国的发展与未来［J］. 中国物价，2020（6）：42-44.
㊁ 李海涛，邱红星. 美国天使投资市场发展对我国的启示［J］. 西部金融，2019（11）：80-84.

发展后期（成熟期），而风险投资投资的企业发展阶段较早；私募股权投资的关注点在企业的行业和市场，而风险投资的关注点更多在团队和产品；私募股权投资的成功率高于风险投资，这是因为二者所投资的企业所处阶段不同，但就风险与收益的关系而言，私募股权投资的投资成本要大于风险投资；私募股权投资的资金募集对象主要是机构投资者、大型企业和富裕的个人等，其资金能力强于风险投资的募集对象。

表 5-2 展现上述三种创业投资的区别。

表 5-2 三种创业投资的区别

| | 天使投资 | 风险投资 | 私募股权投资 |
|---|---|---|---|
| 被投企业阶段 | 初创期 | 成长期 | 成熟期 |
| 投资金额 | 微小 | 较多 | 很大 |
| 增值服务 | 较少 | 较多 | 很多 |
| 资金来源 | 富裕的个人 | 机构为主 | 机构为主 |
| 投资成本 | 较小 | 较大 | 很大 |

### 5.1.3 创业投资的治理影响

投资与股东治理具有非常密切的关系。创业投资人，尤其是早期的天使投资人和风险投资商，都会以股东和投资人的双层身份，进入公司股东会和董事会，对公司治理产生深刻影响。

**1. 创业投资会改变公司的股权结构**

创业投资属于股权投资，投资人因此兼具股东身份。作为股东的投资人，因其独特性深刻影响了以企业家为主体的公司股权结构。首先，投资人是与企业家（团体）平等的股东。本书第 3 章在讲述三种股权分配关系时，将企业家（团体）与投资人之间的股权分配关系确定为第三种股权分配关系（见表 3-5），并认为这是一种必然发生的股权关系。依股权主体与企业家的关系，可将该章三种股权分配关系中的股权主体分为两类：一类是内部股权主体，包括企业家、合伙人和员工；另一类是外部主体，即投资人。划分的依据主要是股权主体与企业家的关系。在内部股权主体之间，企业家与合伙人和员工之间是不平等的，他们三者形成了一个小的"同心圆"。而投资人与企业家的股权关系则是平等的。其次，投资人是"较大的股东"，其持有的股权数量相对较大。尽管原则上创业投资者不追求控股，但其持股数量会使其成为"中等规模的股东"。持有较多比例的股权（10%以上）就可以使创业投资者成为重要股东，此时，创业投资者在股东会上的投票权具有重要影响，并通常会要求拥有一定数额的董事席位。再次，投资人是"异质股东"。投资人与企业家尽管同时持有较多股权，但双方是非"同质"的。股东属性差别使投资人成为最难被企业家左右的股东。

就公司股权结构而言，一方面，投资人以"外部人"身份打开了封闭的公司股权结构，其加入公司使公司的股权结构具有"社会化""资本化"和"开放性"的特征；另一方面，投资人的"异质"缘故、投资人持股数量较大以及与企业家的平等地位，会冲击基于股权结构的公司控制权和董事会结构。

**2. 创业投资会提升公司的治理水平**

创业投资会改善公司治理的理由在于两方面。一方面，叠合的时机。在创业初期，企业家是公司治理中心，个人治理是此阶段治理的普遍现象。如本书所述，公司治理被简化为股权治理。企业家及其团队拥有绝对控股权，可以亲自经营公司，股东会、董事会和监事会等被虚置，公司治理内部化明显。尽管股权治理有利于企业度过初创期，但其缺点在于容易阻碍企业建立规范的公司治理体系。而在初创期即使有创业资本进入，也是天使投资，而天使投资是不介入公司治理的，甚至天使投资是支持企业家的个人治理的。所以，企业发展的阶段性决定了风险投资和私募股权投资介入的企业有了一定的规模且产生了治理需求。风险投资和私募股权投资的介入是公司整体提升的好时机。创业投资与治理提升是同时发生的，这就产生了一个现象：创业投资进入提升了公司治理！另一方面，治理的需求。企业家及其团体的股权治理对公司在初创期的发展是必需的，也是有效的。风险投资人也是认可和接受这一点的。在企业从初创期到成长期的过程中，风险投资人与企业家在维护企业家的控制权、股权激励和合伙人持股等方面是同心的。但企业毕竟需要发展壮大，新的资金也需要进入，优秀的外部管理者也需要引进，核心技术人员规模也要扩大，企业组织日益复杂，在这一过程中，股权也变得多元化和社会化，公司建立董事会并以董事会为决策中心的必要性也日益凸显。此时，内部的股权治理就要迈向规范的公司治理，而风险投资人是推动这一改变的关键角色。风险投资人在股东会上表达了建立规范的公司治理体系的要求，提出占据一定数量的董事会席位和监事会席位等，甚至需要引进职业经理人，这些都会促使公司提升其治理水平。

**3. 公司控制权：企业家与投资人的潜在矛盾**

有比喻说：投资人与企业家是一对"同床异梦"的夫妻。如前文所述，投资人与企业家同为股东，二者是"异质"的。其一,二者目的是不同的。企业家股东将创业和企业作为一个长期事业来对待，其对公司是长期投入的，而投资人将企业视为一个挣钱工具，其投资公司的目的是追求财务回报。投资人为公司提供资金和其他资源等的目的都是为让公司增值，通过上市、转让或回购等方式实现财务收益。其二，由于二者目的的不同，导致二者在企业战略和重大问题决策上容易出现矛盾。投资人容易采取短视策略，比如会把资金更多的用在短时间可产出的技术应用或销售上，而忽视企业的基础性科研投入。其三，从代理视角，企业家与投资人之间是公司治理中的第三种代理关系，毕竟企业家经营着公司，拥有企业全部信息，存在着为了自己利益而牺牲投资人利益的动机，尤其当投资人成为控股股东后,企业家及其团体的角色就转变为经理层,二者之间的利益不一致就在所难免。其四,二者所有的矛盾最后都会集中在公司控制权上,因为拥有控制权就可通过股东会和董事会将自己的意志变成公司决策。见诸报端的企业家与投资人的股权斗争层出不穷,就是投资人与企业家争夺公司控制权、治理权的体现。当然,在投资人和企业家共同目标的范围内,二者可以通过协商对公司治理组织权限和治理机制进行改造,通过股权激励或者业绩对赌等,实现二者的共同治理。本章后续知识会展示投资条款,该等条款集中体现了投资人在进入公司时,如何通过法律保护自己利益,并获得公司治理优势。

## 5.2 控制权转移:融资与对赌

尽管投资人支持和帮助企业家及其团体提高公司价值,并不以获取公司控制权为投资目的,但在融资过程中,企业家及其团体的持股比例会被不断稀释,结果是企业家将公司控制权交给了投资人。所以,对企业家及其团体而言,既要获得资金,又不失去公司控制权是一个两难命题。而在投融资条款中,对赌是一个重要条款。许多案例已经证明:在投资人和企业家之间,实现公司控制转移的重要方式就是对赌条款。所以,从治理和控制角度来全面认识融资与控制权的转移,就不得不将对赌视为探究这一问题的重中之重。

### 5.2.1 高科技公司融资导致控制权转移的典型模式

以下以高科技、互联网企业融资与控制权转移的典型模式,来展示融资带来的控制权难题。

|案例 5-1|

### 黄马克股权历险记

某公司是一家高科技创业公司,其在创业初期的股权结构如表 5-3 所示。

表 5-3 某公司的初始股权结构

| 股东名称 | 股权类型 | 股份数(万) | 股份比例 |
|---|---|---|---|
| 黄马克 /CEO | 普通股 | 500 | 50% |
| 刘比尔 /CTO | 普通股 | 300 | 30% |
| 周赖利 /COO | 普通股 | 200 | 20% |
| 合计 | | 1 000 | 100% |

此公司初始时的股权结构是科学的,也是本书第 2 章中所述的"最好的股权结构"。黄 CEO 充当企业家角色,是公司的"老大",刘 CTO 和周 COO 则是公司的"小弟",此股权结构

类似于腾讯创业时的股权结构。这是个"清爽"的股权结构,为公司发展以及融资奠定了良好的治理基础。

公司为了融资,同时为体现高科技公司对技术人员的重视,也可能是融资前投资人的提示,在 A 轮融资前公司进行了员工持股,这让公司的股权结构更加合理。企业家和员工在股权结构中"相遇",形成股权利益共同体。员工持股实施后,该公司的股权结构如表 5-4 所示。

表 5-4　某公司 A 轮融资前股权结构

| 股东名称 | 股权类型 | 股份数(万) | 股份比例 |
|---|---|---|---|
| 黄马克/CEO | 普通股 | 500 | 42.5% |
| 刘比尔/CTO | 普通股 | 300 | 25.5% |
| 周赖利/COO | 普通股 | 200 | 17% |
| 员工持股 | 普通股 | 176.47 | 15% |
| 合计 | | 1 176.47 | 100% |

经过员工持股,企业家及其合伙人的股权均被稀释。这是企业家及其合伙人股权被稀释的第一步,也是最缓和的一步,因为员工持股之后,企业家及其合伙人合计持有公司 85% 的股权,依然是公司的控制人。其中,企业家黄 CEO 拥有的股权比例尽管未过公司股权总数的半数,但依然持有最大股权,再加上其合伙人持股,从而可以保证作为团体的企业家对公司的绝对控制。

在把股权结构"整理"好之后,投资人进入了公司。公司进行了 A 轮融资。融资后的股权结构如表 5-5 所示。

表 5-5　某公司 A 轮融资后股权结构

| 股东名称 | 股权类型 | 股份数(万) | 股份比例 | 控制者 |
|---|---|---|---|---|
| 黄马克/CEO | 普通股 | 500 | 24.79% | 企业家团体(58.33%) |
| 刘比尔/CTO | 普通股 | 300 | 14.87% | |
| 周赖利/COO | 普通股 | 200 | 9.92% | |
| 员工持股 | 普通股 | 176.47 | 8.75% | |
| A 轮投资人(领投人) | 优先股 | 504.20 | 25.00% | 投资者(41.67%) |
| A 轮投资人(跟投人) | 优先股 | 336.13 | 16.67% | |
| 合计 | | 2 016.80 | 100% | |

A 轮融资金额较大,投资人持股占增资后股权比例的 41.67%,即使如此,公司的控制权依然掌握在企业家团体手中。这里的企业家团体是指非外部投资人股东所结成的股权集体。之所以企业家、合伙人和员工能组成一个股权共同体,一方面是因为后两者均听命于企业家,这是相互的、长期的、深入相处后自然形成的,因为企业家决策的正确性、创业精神和组织能力等感召了后两者,企业家成为企业家团体的核心、领袖和权威。关于这一点本书第 3 章和第 4 章分别从合伙人制度和公司控制角度进行过论述,这是对前述论述的证明。此外,投资人在和企业家的融资谈判中获得了一定的优势,体现为投资人的股票类型为优先股,即投资人可先于企业家团体分得利润;同时,在确定的时间范围内,投资人的持股比例不被再融资所稀释。

在 A 轮融资后,公司的发展出现了问题,公司的销售额和利润下降等导致公司市值严重缩水。B轮投资人对公司并不看好，在此情形下，尽管公司融到资金，但是B轮投资人获得公司股权的价格较低，企业家团体的持股比例严重下降，具体如表5-6所示。

表5-6 某公司B轮融资后股权结构

| 股东名称 | 股权类型 | 股份数（万） | 股份比例 | 控制者 |
| --- | --- | --- | --- | --- |
| 黄马克/CEO | 普通股 | 399.16 | 7.07% | 企业家团体（20.84%） |
| 刘比尔/CTO | 普通股 | 239.50 | 4.24% | |
| 周赖利/COO | 普通股 | 159.66 | 2.83% | |
| 员工持股 | 普通股 | 378.15 | 6.70% | |
| A轮投资人（领投人） | 优先股（次级） | 1 411.76 | 25.00% | 投资者（79.16%） |
| A轮投资人（跟投人） | 优先股（次级） | 941.17 | 16.66% | |
| B轮投资人 | 优先股 | 2 117.65 | 37.50% | |
| 合计 | | 5 647.05 | 100% | |

通过表5-6可知：其一，最直观的是B轮融资后，投资人拥有了公司绝对的控制权（超过三分之二表决权），企业家团体失去了公司控制权，这将会影响公司治理。投资人很早就获得超过企业家团体的持股比例，这在高科技企业的发展中并不常见，主要是公司在A轮融资后业绩不好所导致的。其二，因为A轮投资者的股权属于优先股，其在投资协议中保留了不稀释条款，所以即使公司价值降低，A轮投资者的持股比例依然保持不变。在公司注册资本从2 016.80万元增加到5 647.05万元之后，A轮投资者的持股数量翻倍增长且无成本。其三，可以推定：企业家与合伙人应该与A轮投资者进行了对赌，对赌标的应该是股票。黄CEO的持股数量减少了近100万股，刘CTO的持股数量减少了近60万股，周COO的持股数量减少了近40万股。其四，员工持股尽管受到公司贬值影响，但相较于企业家及其合伙人而言，影响幅度较小。可见，如果用矛盾思维来审视持股主体的话，企业家及其合伙人与投资人是潜在的对立关系，而持股员工则是相对弱势群体，在前述两个团体的对决中属于被共同照顾的对象。

当公司进入正常发展阶段，安全度过了成长期后，为了进一步扩大规模，提升公司价值，公司进行了C轮融资。此轮融资过程中，投资人与企业家团体的关系相对平缓，所以对公司股权结构影响并不大，如表5-7所示。

表5-7 某公司C轮融资后股权结构

| 股东名单 | 股权类型 | 股份数（万） | 股份比例 | 控制者 |
| --- | --- | --- | --- | --- |
| 黄马克/CEO | 普通股 | 399.16 | 4.13% | 企业家团体（15.26%） |
| 刘比尔/CTO | 普通股 | 239.50 | 2.48% | |
| 周赖利/COO | 普通股 | 159.66 | 1.65% | |
| 员工持股 | 普通股 | 675.36 | 6.99% | |
| A轮投资人（领投人） | 优先股（次次级） | 1 411.76 | 14.62% | 投资者（84.74%） |
| A轮投资人（跟投人） | 优先股（次次级） | 941.17 | 9.74% | |
| B轮投资人 | 优先股（次级） | 2 117.65 | 21.92% | |
| C轮投资人 | 优先股 | 3 715.17 | 38.46% | |
| 合计 | | 9 659.43 | 100% | |

C轮融资中规中矩。C轮投资人为私募股权投资者，在公司经过前两轮融资之后，公司资金实力壮大，业务发展良好，距离资本市场越来越近。企业家及其合伙人和AB两轮投资人的股权数量没变，持股比例被C轮投资稀释，员工持股数量也随公司注册资本扩大而有所增加，尽管持股比例变化不大。

资料来源：新浪财经，《黄马克股权历险记》。

综上，公司以股权融资为主线，通过企业家团体股权数量和比例的变化，审视了其股权控制力衰微的过程，资本与劳动之间完成了一个漫长的交易过程，最后，资本家（投资人）主导了企业。当然，尽管企业家失去了公司的控股权，但如本书第4.3.4节所述的股权价值与股权控制力之间的矛盾所表达的那样，企业家失去了控制权，但获得了股权价值（如黄CEO在临上市前持股数量为399.16万股，如果企业上市，其股权价值可能被放大十几倍或几十倍，该等股权的价值可能过亿元，甚至更多）。几乎所有高科技公司的发展与融资都会经历上述模式或过程，本节无非将重点焦距在了公司控制权转移这一点上而已。当然，这一过程中还有很多地方值得创业者去深入研究。

## 5.2.2 赢了的蒙牛与输了的俏江南

总结已有对赌案例，可用"不成功便成仁"来形容对赌结果。似乎对赌留给企业家和企业的结果是纯粹的，也是绝对的（要么赢，要么输），没有中间地带。因为对赌成功了，结果是双赢；但如果赌输了，多数情况下企业家输得很惨。因此，对赌活动具有激烈对抗的色彩。以下两个典型例子，似乎可以印证这种判断。

案例 5-2

### 赌赢了的蒙牛

1999年，中国乳制品行业逐渐进入规范化和标准化发展阶段，同时，国家政策也越来越利于行业发展，在此背景下，蒙牛进入快速发展通道。蒙牛为扩大生产和销售，对资金的需求也越来越强烈。由于自身原因无法满足IPO的要求，蒙牛向私募股权投资基金募集资金。在融资完成后，摩根士丹利、鼎辉投资和英联投资等合计持有蒙牛境外公司90.6%的股份和49%的投票权。在此之后，三方投资人和蒙牛管理层先后进行了两次对赌。

第一次对赌的标的是公司控制权。双方达成的协议是，如果蒙牛的管理团队未能维持公司的高速增长，则由开曼公司及其子公司毛里求斯公司（这两家离岸公司是应投资者的要求设立，旨在避税和控制蒙牛的国内业务）控制的大量投资资金将转由投资方控制，该情形下外资投资者将持有蒙牛60.4%的股份，获得绝对控制权，并有权更换管理团队。相反，如果蒙牛达到了业绩增长目标，则一年后蒙牛有权将A类股以1∶10的比例转换为B类股，实现蒙牛管理团队在开曼公司中的投票权和股权比例一致，即实际拥有开曼公司51%的股权。到了2003

年 8 月，蒙牛提前实现了对赌的业绩目标，管理团队获得了对赌的胜利。通过转换，金牛、银牛（这是蒙牛管理团队和员工在境外注册的公司）将其持有的开曼公司的 1 634 股和 3 468 股 A 类股票转换成了 16 340 股和 34 680 股 B 类股票，从而持有开曼公司 51% 的股权和投票权。在国内公司中，蒙牛管理团队持有的蒙牛股份股权比例为 67.32%，而外资持有的比例为 32.68%。通过这次对赌，蒙牛的管理层成功获得了公司的控制权。

在蒙牛的第二轮融资中，投资者和管理层达成了一项以业绩为标的的对赌协议。根据该协议，从 2003 年开始的未来三年内，蒙牛乳业需要保持至少 50% 的复合年增长率。如果未能满足这一业绩目标，蒙牛的管理团队将不得不向三方投资人支付最多 7 830 万股股份，此数量占已发行总股本的 6%，或等额的现金。如果业绩目标达成，则投资人将支付等量的股份给蒙牛的管理团队。这次对赌最终呈现了双赢的局面：2004 年 6 月，蒙牛的业绩增长满足了预设目标，摩根士丹利等投资人的可转换债券得以兑现，并且在蒙牛乳业股票价格超过 6 港元时进行了股份转换；摩根士丹利等投资人决定提前终止与管理层的对赌协议，并奖励了 6 260 万股蒙牛乳业的股份给管理层，按当时每股 6 港元的价格，总价值大约为 3.75 亿港元。

资料来源：
[1] 陈妹行. 蒙牛与私募股权基金的对赌协议案例研究[D]. 沈阳：辽宁大学，2018.
[2] 叶经纬. 私募股权融资中对赌协议运用的研究：基于蒙牛乳业、华夏幸福的对比分析[D]. 合肥：安徽农业大学，2022.

| 案例 5-3 |

## 赌输了的俏江南

2000 年，当时 42 岁的张兰创建了俏江南，一家定位于高端市场的餐饮连锁店。借助张兰出色的管理和经营才能，俏江南很快成为全国著名的高端餐饮品牌。到了 2007 年，俏江南在北京已拥有十几家分店，年营业额达到了 10 亿元人民币，并被选为 2008 年奥运会的中餐供应商，标志着公司进入了一个快速发展期。随着品牌价值的提升和营业成绩的稳步增长，俏江南寻求扩大业务规模，从而对资金的需求逐渐增加。

在 2008 年 9 月 30 日，俏江南与鼎晖创投完成了一笔交易。鼎晖创投向俏江南注资大约 2 亿元人民币，获得公司 10.526% 的股权。交易中还包括一项特别的投资条款，即所谓的"对赌协议"。该条款规定，如果非鼎晖创投的原因，俏江南未能在 2012 年年底之前上市，张兰需要回购鼎晖创投持有的俏江南股份，并保证给予鼎晖创投一个合理的回报率。如果股份回购不能完成，则鼎晖创投将拥有领售权，张兰须按照鼎晖创投的要求一同出售所持股权。此外，如果俏江南遭遇清算（即股权转让超过 50%），鼎晖创投将有权优先收回投资及收益。虽然张兰在其自传《我的九条命》中对这一对赌协议表示否认，但基于其他资料和事实的证据，这一对赌条款似乎确实存在。

受国家政策变动及餐饮行业较高的税务风险影响，俏江南面临国内上市的巨大挑战。2011 年 3 月，俏江南向证监会发行部递交了上市申请，但在接下来的几个月里并未收到来自相关部门的书面回复。随着 2012 年中国的传统春节临近，证监会公布了一份中止审查的 IPO 申请名单，其中就包括了俏江南。之后，俏江南尝试转向香港寻求上市，但也未能成功。A+H 股上市的失败触发了俏江南与鼎晖创投之间的股份回购条款。然而，张兰没有足够的资金来回购鼎晖创投持有的股份，导致鼎晖创投启动了领售权和清算优先权，最终联系到欧洲的私募基金 CVC 以 3 亿美元的价格购买了俏江南 82.7% 的股权。这标志着张兰与鼎晖创投的对赌关系以张兰失去对俏江南的控制权而结束。

资料来源：蔡玲. 基于对赌协议的企业私募股权融资研究[D]. 济南：山东师范大学，2021.

蒙牛和俏江南都是传统行业，前者属于乳制品行业，后者属于餐饮业，一个成功另一个失败，所以，不能简单认为传统行业不适合对赌。两个公司的企业家都很优秀，各自的发展区域和行业都有较大潜力。因而，对赌成功与否的决定性因素到底是偶然的，还是必然的？这是一个值得深入思考的问题。

### 5.2.3 对赌的概念、类别与标准

上述案例，无论高科技行业融资中的对赌，还是传统行业中的对赌，已经将对赌的事实和逻辑展示出来。下面就从理论角度来总结一下对赌的基本知识。

**1. 对赌的概念与特征**

对赌是投融资合同中的核心条款。在形式上，无论其被称为"对赌条款"，还是"对赌协议"，其指向的内容往往都是很确定的。"对赌协议作为典型的舶来品，其英文名称 Valuation Adjustment Mechanism，简称'VAM'，直译过来为'估值调整机制'，只是国内媒体翻译过来称为'对赌协议'。"㊀ 如何理解"估值调整机制"？在《全国法院民商事审判工作会议纪要》（法〔2019〕254 号，以下简称《会议纪要》）之前，对于什么是对赌，投资与法律领域都没有明确定义，尽管大家都在运用该条款进行投融资活动。《会议纪要》第一次以官方名义对其进行了阐述。"实践中俗称的'对赌协议'，又称估值调整协议，是指投资方与融资方在达成股权性融资协议时，为解决交易双方对目标公司未来发展的不确定性、信息不对称以及代理成本而设计的包含了股权回购、金钱补偿等对未来目标公司的估值进行调整的协议"。

对赌条款或对赌协议的内容体现出其具有如下特征与性质。

首先，对赌发生的场景是投融资活动。对赌蕴含的解决未来不确定性关系中利益均衡问题的智慧和策略被人们发现并不断丰富，这一机制被越来越多的非投融资活动采用，比如经理人与实际控制人之间、外部资源者为取得公司股权与公司直接的业务或业绩对赌、员工获得激励股权等。

其次，对赌发生在投资人与企业实际控制人之间。我国第一个对赌案例就是前述蒙牛公司的两次对赌。从那以后，随着我国的投融资行业迅速发展，对赌条款或协议开始被普

---

㊀ 孙艳军. 对赌协议的价值判断与我国多层次资本市场的发展[J]. 上海金融，2011（9）：42-47.

遍采用。对赌协议主要涉及两大对象：公司的实际控制人和公司本身，但主要是针对实际控制人。这种偏向主要是因为实际控制人为个人，能承受无限连带责任，为投资方提供了一种个人保障风险的机会。相比之下，公司只能承担有限责任，不能完全满足投资者对风险防控的需求。

再次，对赌协议通常在公司计划上市前达成，对于投资者来说，其投资行为的一个重要目标便是推动企业成功上市，而企业要想顺利上市，良好且稳定的业绩表现是基本要求。因此，通过设立对赌协议，投资者和企业（或其实际控制人）之间建立起一种业绩承诺机制，旨在确保公司能够达到预定的业绩目标，从而为企业上市铺平道路。这种机制不仅为投资者提供了一定程度的风险保护，同时也促使企业及其管理层更加专注于业绩的增长和内部管理的优化，以满足上市的严格标准要求。

最后，对赌机制的出现主要是由于投资者和企业家之间存在严重的信息不对称问题。通常情况下，作为企业外部的投资者很难完全掌握企业内部的真实情况，而企业家或管理团队作为内部人士，对企业的信息了解得更加透彻。这种信息差异导致投资者在进行投资决策时可能会基于不完全或被美化的信息，从而对企业价值进行误判。为了保护投资者的长期利益并减少因信息不对称造成的风险，投资者采用了以企业家提供的信息为基础，对企业未来一段时间内的业绩或其他关键指标进行预设和调整的机制，它类似于赌博中的筹码调整，这也是其被称为"对赌"的原因。另外，由于企业估值本身的不确定性较大，即使在应用了科学的估值模型，借鉴了丰富的行业经验和行业标准后，双方仍难以就一个固定的价格达成一致意见。因此，对赌机制还能作为一种弥补传统估值方法不足的补充手段。总的来说，对赌机制是投资者用以防范风险和保护自己利益的一种策略，其得到广泛应用和发展的基础在于它能够处理交易价值的确定性问题。

**2. 对赌的类别**

根据标准不同，对赌及其协议可以被划分为如下类别。其一，按照对赌后果的承担主体不同，可分为单向对赌与双向对赌。如果投资人不承担对赌结果，则为单向对赌，比如俏江南的对赌就属于此类。其二，按照投资方式不同，可分为基于增资的对赌和基于股权转让的对赌，核心是看投资人获得的股权是从何而来。其三，按照对赌主体不同，分为与公司的对赌和与实际控制人的对赌，如前文所述，投资人基于风险考虑，多数情况下都会选择与实际控制人对赌。其四，按照对赌内容不同，可分为股权调整型对赌（未能实现对赌目标时，老股东或实际控制人将无偿或以象征性的低廉价格转让约定的部分股权给投资人）、股权稀释型对赌（未能实现对赌目标时，老股东或实际控制人应同意投资人以低价再对企业进行增资）、控制权转移型对赌（未能实现对赌目标时，无论通过股权调整，还是股权稀释，或是通过低价增资等方式，实现公司控制权从企业家手中转移至投资人手中）、货币补偿型对赌（未能实现对赌目标时，老股东或实际控制人以货币方式补偿约定的投资人未实现利润）、股权回购型对赌（未能实现对赌目标时，老股东或实际控制人以约定价格回购投资人的股权，为此，投资人在协议中会配置强制回购权、领售权等条款，俏江南的对赌就是典型案例）、股权激励型对赌（当实现对赌目标时，投资人向企业家团队无偿或以象征性价格转让部分股权给企业家团队，以表示激励）、股权优先型对赌（未能实现对赌目标时，投资人将获得一系列的优先权，如优先分红权、优先清算权等）、综合型对赌（综合利用股权调整、货币补偿和股权回购等方式进行的对赌）。

**3. 对赌的标的**

如果把对赌标的看作是赌博中的"筹码"（作为利益代表），我们会发现如下指标构成了对赌的主要标的，具体如表 5-8 所示。

表 5-8　对赌的主要标的

| 对赌标的 | 对赌指标 |
| --- | --- |
| 财务业绩 | 净利润或其增长率、营业收入或其增长率等 |
| 非财务业绩 | 活跃用户数、产品产量、销售量、技术研发等 |
| 上市时间 | 能否按约定在指定时间或地点 IPO |
| 企业行为 | 双方认定的新技术能否成功产业化、能否成功融资 |

## 5.3　特别表决权股

在普通股的范围内，企业家与投资人的股权博弈主要依赖于持股比例和持股数量，是简单的"以量取胜"。对企业家而言，这并不"过瘾"，因为融资、激励等造成的股权稀释是必然的，所以，"以量取胜"对企业家来说也是一种并不完全友好的控制策略。在资本市场发达国家，在普通股的基础上，发展出许多种类的类别股，尤其是特别表决权股，为企业家与投资人之间的股权博弈提供了可用的股权工具，其中以 B 股制度最为典型，它通过股权的"质变"，使企业家获得了多倍的投票权，进而可以在持股较少情况下，实现公司控制。

### 5.3.1　AB 股制度及其优点

"AB 股"与"双层股权结构"等概念是新进入我国资本市场和公司制度视野的词语。这源于 20 世纪 90 年代后期，我国互联网等高科技公司在美国纳斯达克等发展资本市场股份上市交易而引进的西方先进股权制度。这些概念和制度对我国资本市场制度、证券法律和公司法律都产生了一定的正面影响。

我国当时在美国纳斯达克上市的互联网高科技公司普遍采用了 AB 股模式，但京东商城的 B 股拥有的表决权倍数是其中最高之一。

|案例 5-4|

## 京东的 AB 股制度

京东是刘强东在 1998 年创立的，起初是一家位于中关村的实体商店，主营计算机及其相关配件。2004 年京东转型进入电商领域，建立了自身的在线销售平台。经过近十年的努力，京东凭借着保证商品正品、提供快捷的物流配送服务以及高质量的客户服务等核心竞争策略，吸引了众多用户，迅速发展成为国内知名的电商平台之一。其成长速度和潜力得到了国内外资本市场的高度关注和认可，获得了大规模的融资支持，并于 2014 年 5 月 22 日成功在美国纳斯达克证券交易所上市，标志着其成为首家在美股上市的中国电商公司。

京东上市前已经完成了多轮融资并发布了七版招股说明书。首版招股说明书显示，上市之前，创始人刘强东通过离岸公司和股权代理的形式，合计持有公司 23.7% 的股权和 46.2% 的投票权，而其他投资者持有剩余的股权和投票权。这表明在经历了数轮融资之后，公司的实际控制权似乎更多地掌握在投资者手中。上市前，腾讯通过战略投资变成了京东的重要投资者，刘强东通过团队代理获得了腾讯的投票权。即便在后续招股说明书公布的过程中刘强东的持股比例有所变动，但最终京东通过设立 AB 股结构，使刘强东持有的 B 类普通股总量达到 5.5 亿股，并通过委托获取了 0.09 亿股 A 类普通股，合计持股达到 5.6 亿股。虽然上市后刘强东和团队的持股比例仅为 20.7%，但他通过这种特殊的股权结构获得了超过 83.7% 的表决权，从而有效地保持了对京东的控制权。

下面是京东商城 AB 股制度规定的主要内容：

其一，刘强东持有的 B 类普通股拥有的表决权是 A 类普通股的 20 倍。

其二，A 类普通股上市交易，B 类普通股不上市交易。

其三，A 类普通股在任何时候均不可以转换为 B 类普通股，而 B 类普通股可随时自由转换为 A 类普通股。

其四，B 类普通股转让给非联属人士（联署即直系或其控制的实体）时，则自动转换成为 A 类普通股。

其五，当刘强东不再担任京东董事兼 CEO 或其他特定情况时，其持有的所有 B 类普通股将自动且立刻转换为同等数量的 A 类普通股。

其六，A 类普通股及 B 类普通股就所有呈交股东投票的事项一并投票。普通决议，出席的简单多数通过；特殊决议，出席的 2/3 通过。

资料来源：京东商城网站。

AB 股和双层股权结构可以被视为是对同一事实的不同描述，其中 AB 股是从股份属性角度进行的描述，而双层股权结构则是从股权结构分类角度进行的描述。AB 股可以看作是双层股权结构的原因，后者则是一种结果。

AB 股的优点可以简单概括为以下几点。

其一，保持创始人或团队对公司控制权的维护是 AB 股制度受到创业公司和企业家欢迎的主要原因。就像对赌机制是投资者为了限制企业家而设计的一种约束机制一样，

AB股制度则可以视作企业家为了保持对公司的控制权而对投资人施加的一种限制。企业家追求对公司长期控制的动机很简单：一方面，对于企业家及其团队来说，公司是他们长期投入和奋斗的事业，只有保持对公司的控制，才能确保公司的持续和长期发展；另一方面，企业家本人独有的创业精神和创新能力是投资者所无法复制或替代的，这种独特性是公司成功的关键。因此，即便是从投资者的视角出发，面对有卓越能力的企业家，他们也会认识到保持企业家控制权的重要性。无论从企业家的视角还是从投资人的立场来看，维护企业家的控制权都是增强企业价值不可或缺的一部分。其二，B股可以保证公司的稳定性。对企业而言，维护公司战略的稳定性非常重要。给予企业家B股，可以保证企业家用投票权维护其决策的战略性、长期性，进而实现公司发展的稳定性。刘强东通过自己持有的绝对表决权实现经营团队的战略（如坚持发展京东物流时，其他人都不看好，但刘强东依靠其控制股东会和董事会的"实力"，坚持发展京东的自营物流，结果证明这一战略决策是成功的），使京东可以发展出全产业链的业务。其三，提高公司决策效率。拥有绝对表决权与拥有绝对的直接股权控制的效果是一样的，虽然具有"人治"之嫌，但也享有其优点。在应对快速变化的市场时，拥有绝对表决权的企业家可以迅速做出决策，京东的发展已经展示了这一点。其四，激励经营管理层和投资人。已有数据证明，AB股公司相比于普通股公司更能创造出优秀的业绩，这对投资人、经营管理层和员工都是激励。同时，企业家在拥有B股时，自动承担了为A股股东创造更高价值的义务，其工作积极性会得到激励。其五，其他目的，如防止恶意收购（公众公司的私人化）、提高融资能力等。

综上，AB股体现了企业家在公司融资过程中控制权博弈的胜利。这种胜利实际是附加了很多条件的，比如企业家必须是卓越的、企业的良好业绩是可以期待的、投资人对企业家有高度的认同、企业所在行业有快速增长的潜力等。在这个意义上，B股制度内在的具有对赌的某些特征，毕竟对等才是市场交易的基本原则！

### 5.3.2　普通股与特别表决权股的区别

正如本书2.1节所述："治理权是股权的关键权能"。本书其他章节介绍的股权知识皆指普通股。B股是从普通股"变异"而来，变异主要发生在股权的核心权能，即表决权上。

**1. 普通股与类别股**

特别表决权股的上位概念是类别股。公司制度是崇尚实用主义的典范，为迎合投资者不同的投资目的，以便为公司融资广辟财源，与股份平等理念相去甚远的类别股在公司实践中日渐流行。㊀类别股可以从两个角度来理解。其一，从字面而言，类别股（类别股份）

---

㊀ 汪青松，赵万一. 股份公司内部权力配置的结构性变革：以股东"同质化"假定到"异质化"现实的演进为视角[J]. 现代法学，2011, 33（3）：32-42.

源自英文"Classified Shares"。其字面所指为："在公司的股权设置中，存在两个以上不同种类、不同权利的股份，这些股份因认购时间和价格不同、认购者身份各异、交易场所有别，而在流通性、价格、权利及义务上有所区别。"所谓类别股指存在两种以上类型的股份。其二，从比对视角，凡与普通股不一致的股份类型，即为类别股，凡与普通股权不一致的股权权能，即为类别股权。

想要理解类别股，需要先知晓普通股。普通股是享有普通权利、承担普通义务的股份，是公司股份的最基本形式。普通股的股东对公司的管理、收益享有平等权利，它构成公司资本的基础，是股票的一种基本形式，也是发行量最大，最为重要的股票。本书第 2.1 节罗列了《公司法》规定的股权的基本权能，并将其分为财产权能与治理权能两种。普通股之间的具体权能是完全一致的，如利润分配请求权、剩余财产分配请求权、异议股东退股请求权、股份转让权、表决权、股东（大）会召集权、查阅权、提案权、质询权、撤销公司决议或宣告决议无效的诉权、代表诉讼的提起权、对董事或高管的直接诉权和解散公司的诉权等。普通股是类别股的基础，类别股是对普通股某一种权能的改造。如果把普通股视为一般股份，那么类别股则为特殊股份。

表 5-9 列出了几种主要的类别股及其权能。

表 5-9 主要的类别股

| 类别股名称 | 类别权描述 |
| --- | --- |
| 优先股 | 与普通股相比，优先股的"优先"意味着持有该类股份的股东优先于普通股股东分得公司的利润和剩余财产，优先的代价是失去对参与公司经营决策的权利。该类股权的财产权利与治理权利进行了交易。广义优先股除优先分红外，还包括优先认购、优先清算等权利 |
| 可转换股 | 比如 AB 股之间的关系，A 股是普通股，B 股是特别表决权股，B 股可以还原为 A 股，但 A 股却不能转换为 B 股。除 AB 股转换关系外，可转换还可以表现为可转换为债权、优先股等 |
| 金股 | 也叫"一票否决权股"，我国官方文件中将其称为"特殊管理股"，该股权相比于普通股而言，具有一票否决其他表决权的功能 |
| 特别表决权股 | 该类股份拥有的表决权是普通股表决权的多个倍数，AB 股中的 B 股就是代表 |
| 未缴纳出资股 | 实缴股份即为普通股，未缴纳出资股份的表决权、分红权可以通过约定进行限制 |
| 库藏股 | 即公司持有的公司股份，其表决权和分红权等受到限制 |

除以上几种典型的、不同于普通股的"变异股"之外，学者从股份类别比较的角度，将记名股与非记名股、流通股与非流通股、偿还股与非偿还股等也视为类别股，尽管"记名股""流通股""偿还股"等都是普通股的别样表述。

### 2."一股一权"与"一股多权"

普通股之所以"普通"，是因为它代表了一种原则或基础共识，即所有股权的权能是一致的或相同的，任何不一致或相异就构成对共识的背离，需要特别对待。从认识顺序上，普通股是类别股的前提。不认识普通股，就无法知道类别股。就表决权而言，普通股坚持"一股一权"的原则，而类别股的"一股多权"则是例外。

普通股与类别股存在如下差别：

其一，适用公司治理体制不同。"一股一权"适用的基础是公司民主和股权民主。这种体制追求所有股东和所有股权之间的民主性，股东所持股权的法律性质是同一的，股东之间的差别仅限于其持股数量；而"一股多权"体现的是股权专制。这样的公司体制会塑造出一个"超级股东"，通过"多权"让特定股东优先于其他股东。

其二，股权价值不同。"一股一权"体现了股权平等和股东平等，尽管这种平等是指应然平等或规范平等，并不是指事实平等。股东持股数量的差别决定了股东被分为大股东和小股东；而"一股多权"是不平等基础上的平等，是以不平等为前提的，即B股与A股在投票权上是不平等的（外部不平等性），而B股和A股内部是平等的（内部平等性）。

其三，有无限制。普通股由于坚持"一股一权"或"同股同权"的原则，因此，所有普通股之间的平等都是无条件的，而"一股多权"则是有限制的平等，此限制仅为普通股和每种类别股内部的平等，而不存在相互之间的外部平等。

其四，效力来源不同。"一股一权"是公司法律强制性规定的，其规范效力是最高的，具有国家拘束力。凡是设定"一股多权"的公司和证券法律都将"一股多权"的设定权利交给了当事人，通过协议方式来自行设定，目的是在坚持法定"一股一权"原则的基础上，给予当事人自由协商和治理的空间。

其五，可否转换。如前文所述，类别股或特别股可为可转换股，普通股由于普通，不具有转化的可能。股权类别中的转换是单向的。

其六，控制主体不同。当所有股东都持有普通股时，基于股权平等和股东平等的原则，公司的控制主体是所有股东，尽管事实上的控制主体是大股东。所以，只要有足够数量的股权，就可以成为公司控制人，这样在争夺公司控制权的问题上，所有股东都是平等的。但这一点在"一股多权"情景下是不存在的，因为谁拥有多倍数的投票权，谁就实际拥有了公司控制权。持股数量在多倍数表决权股份面前是没有太大价值的。

其七，监督主体。在"一股一权"原则下，股东互相监督。公司法律为小股东配置了很多权利，用以监督大股东。而在"一股多权"情形下，"超级股东"（B股持有者）之外的人，不管持股多与少，在股东会或董事会都难以对其进行监督。所以，持有B股的企业家的自律在双层股权结构下变得尤为重要。

其八，适用公司不同。由于普通股是原则，因此，"一股一权"适用于一般企业；而类别股，其在高科技企业中被个别企业采用。

以上论述如表5-10所示。

表5-10 "一股一权"与"一股多权"比较

|  | 一股一权 | 一股多权 |
| --- | --- | --- |
| 公司根本体制 | 股权民主 | 股权专制 |
| 股权价值 | 股东平等<br>股权平等 | 股权和股权有差别的平等<br>（同类平等，不同类不平等） |
| 有无限制 | 无限制的股权平等 | 有限制的股权平等<br>（特定主体、特定市场等） |

|  | 一股一权 | 一股多权 |
| --- | --- | --- |
| 规范特点 | 强制规定 | 自主约定 |
| 相互转换 | 不得转换 | 有条件可转换 |
| 控制主体 | 全体股东 | 特定股东 |
| 监督主体 | 全体股东 | 少数股东自我监督 |
| 适用公司 | 绝大多数企业 | 少数高科技企业 |

### 5.3.3 创业者的"同股不同权"设置

创业开始，股东之间因为目标、愿望和能力等存在差别，有灵活设置股权的需求。公司法满足了中小创企业股东之间股权治理的自治要求，可通过协议实现"同股不同权"，以达到灵活治理的目的。

│案例 5-5│

**有限责任公司的"同股不同权"**

张三、李四和王五三个人决定一起创业。其中张三较为有钱，愿意投入更多资金，但张三没有经营能力，也不是技术拥有者；同时，张三有自己的事业，除向公司投资外，不能全职参与公司工作。很显然，张三在创业中的角色是典型的财务投资人。李四是一个张三和王五公认的"头狼"，有很强的经营能力，能团结合伙人，有丰富的行业经验，技术能力强，对公司战略有清晰规划，是一个典型的企业家，但李四没有多少资金能投入到公司。王五是一个典型的"小弟"，他愿意跟随李四创业，认同李四的战略规划，他技术能力较好，但资金实力一般，愿意全职投入公司。

针对以上情况，三方协商决定，张三出资51%，李四出资29%，王五出资20%，如果按照普通股思维，该公司的出资比例、表决权比例和分红权比例是一致的，如表 5-11 所示。

表 5-11 有限责任公司的"同股同权"

| 股东名称 | 出资比例 | 表决权比例 | 分红权比例 |
| --- | --- | --- | --- |
| 张三 | 51% | 51% | 51% |
| 李四 | 29% | 29% | 29% |
| 王五 | 20% | 20% | 20% |

按如上比例，会出现一个对创业极为不利的局面：张三作为公司实际控制人，却不是企业家，也不全职，缺乏公司战略和经营能力。如果让张三决定公司战略和经营的话，一方面会打压作为企业家的李四的积极性，另一方面不合适的人干了不适合的事情，极有可能导致创业失败。基于"合适的人干合适的事"的认识，三方经过讨论和协商，决定让每一个角色都"各归

其位""各司其职",将公司的经营权交给企业家李四,张三获得多于其出资的收益权。

最终该公司的股权分配如表 5-12 所示。

表 5-12 有限责任公司的"三权分离"

| 股东名称 | 出资比例 | 表决权比例 | 分红权比例 |
| --- | --- | --- | --- |
| 张三 | 51% | 40% | 60% |
| 李四 | 29% | 40% | 20% |
| 王五 | 20% | 20% | 20% |

张三将其 11% 的表决权交给了李四,同时,李四将其收益权中的 9% 作为对价交给了张三。财务投资人张三与企业家李四达到了各自的目的。作为李四"小弟"的王五的权益比例没有变化。对企业家李四而言,用了 40% 的出资,联合了自己的"小弟"王五,就可以控制、治理和管理公司。

以上设置在法律上是合法的。《公司法》第六十五条规定:"股东会会议由股东按照出资比例行使表决权;但是,公司章程另有规定的除外。"张三、李四和王五可以将上述股权分配和"三权分离"的设置写在公司章程中。当然,此"三权分离"只适用于有限责任公司,并不适用于股份有限公司。

## 5.3.4 我国科创板表决权差异安排规定

2019 年的《上海证券交易所科创板股票上市规则》对特别表决权制度进行了规定,这是我国关于双重股权结构的首次尝试。2020 年 1 月,优刻得科技股份有限公司(简称"优刻得";股票代码为:688158)在科创板上市,这是我国第一家采用双层股权结构的 A 股上市公司,之后也有超过十家企业采用了这一制度。

2020 年修订后的《上海证券交易所科创板股票上市规则(2020 年 12 月修订)》(以下简称《上市规则》)对特别表决权的规定主要表现在如下几方面。

其一,对设立表决权差异(即设立特别表决权)的公司设定了特别的业务条件。《上市规则》第 2.1.4 条规定:发行人具有表决权差异安排的,市值及财务指标应当至少符合下列标准中的一项:(一)预计市值不低于人民币 100 亿元;(二)预计市值不低于人民币 50 亿元,且最近一年营业收入不低于人民币 5 亿元。

其二,对拥有特别表决权股(超级表决权)的持有人,提出了两个实质要求,一个是"重大贡献",意指持有人应该是企业家,另一个是持股数量不能偏低。《上市规则》第 4.5.3 条规定:持有特别表决权股份的股东应当为对上市公司发展或者业务增长等作出重大贡献,并且在公司上市前及上市后持续担任公司董事的人员或者该等人员实际控制的持股主体。持有特别表决权股份的股东在上市公司中拥有权益的股份合计应当达到公司全部已发行有表决权股份 10% 以上。

其三,特别表决权股的倍数上限为 10 倍。《上市规则》第 4.5.4 条规定:上市公司章程应当规定每份特别表决权股份的表决权数量。每份特别表决权股份的表决权数量应当相同，且不得超过每份普通股份的表决权数量的 10 倍。

其四，对畸高的特别表决权进行了限制，保证公司法上的股东权利不被特别表决权淹没。《上市规则》第 4.5.7 条规定：上市公司应当保证普通表决权比例不低于 10%；单独或者合计持有公司 10% 以上已发行有表决权股份的股东有权提议召开临时股东大会；单独或者合计持有公司 3% 以上已发行有表决权股份的股东有权提出股东大会议案。

其五，特别表决权股不得在股票市场交易。《上市规则》第 4.5.1 条规定：特别表决权股份不得在二级市场进行交易，但可以按照本所有关规定进行转让。

其六，规定了特别表决权股转换的条件。《上市规则》第 4.5.9 条规定了出现下列情形之一的，特别表决权股份应当按照 1∶1 的比例转换为普通股份：（一）持有特别表决权股份的股东不再符合本规则第 4.5.3 条规定的资格和最低持股要求，或者丧失相应履职能力、离任、死亡；（二）实际持有特别表决权股份的股东失去对相关持股主体的实际控制；（三）持有特别表决权股份的股东向他人转让所持有的特别表决权股份，或者将特别表决权股份的表决权委托他人行使；（四）公司的控制权发生变更。

## 5.4 投资协议中的控制博弈

由于美国在风险投资领域一直居于领先地位，因此，目前流行的风险投资协议范本也来自美国。美国风险投资协会（National Venture Capital Association，NVCA）曾于 2004 年在总结流行于欧美的私募股权投资惯例的基础上编撰了《美国风险投资示范合同》。2006 年《美国风险投资示范合同》被我国编译成册[一]，成为国内创业投资借鉴的主要范本。本节以该示范合同为对象，从双方权利义务角度进行比较，通过解释主要合同条款，来审视投资人与企业家在融资协议中的控制权博弈。

### 5.4.1 美国风险投资示范合同的体系

既为示范，必为标准。这就是美国风险投资协会组织风险投资家、企业家和律师广泛征求意见，反复讨论制定该范本的目的。作为一种提供给风险投资商和企业家的、具有中立性质的标准合同格式，尽管不具有法律拘束力，但因其内容的可接受性被广泛采用。该示范合同的可接受性来自协议双方，自然其内容就平衡了双方的利益，也包括双方对公司控制权合同的理解。

美国风险投资示范合同体系包括了八个主要的法律文件，这些文件涵盖了风险投资交易的各个方面。具体包括如下：

---

[一] 北京大成律师事务所，北京市律师协会风险投资委员会. 美国风险投资示范合同 [M]. 北京：法律出版社，2006.

投资条款清单（Term Sheet of Equity Investment）。投资条款清单是投资者向公司发出的文件，其中列出了投资者可以接受的申请项目的主要投资条件。这份清单是双方谈判的焦点，能够帮助双方节省时间和精力，明确双方的期望。签订了投资条款清单后，双方就可以开始尽职调查。

A序列优先股购买协议（Series A Preferred Stock Purchase Agreement）。A序列优先股购买协议是风险示范合同的主合同。它规定了向投资者出售优先股的基本条件，并确定了其他融资的附件。这份协议主要内容包括所售股票的数量与价格，以及双方的陈述与担保等。

公司章程（Certificate of Incorporation）。公司章程是公司的组织文件，其中规定了公司的组织结构、管理方式、股权分配等重要事项。在风险投资交易中，公司章程需要进行相应的修改和补充，以适应新的投资者和公司的需求。

示范补偿协议（Demonstration Compensation Agreement）。示范补偿协议是对投资者和公司之间关于补偿责任的约定，其中详细规定了投资者和公司之间在何种情况下可以进行补偿，以及补偿的具体方式和金额。

投资者权利协议（Investors Rights Agreement）。投资者权利协议是投资者与公司之间签订的法律文件，其中规定了投资者享有的权利和义务。这些权利包括投票权、分红权、优先购买权等。投资者权利协议可以帮助投资者保护自己的权益，同时也能够帮助公司确保投资者的行为符合公司的利益。

管理权证书格式文本（Management Rights Letter）。管理权证书格式文本是公司授予投资者或第三方管理权的法律文件，其中规定了管理权的范围和期限，以及行使管理权的具体方式和程序。这份文本可以帮助投资者了解公司的管理情况，也可以帮助公司确保管理权的行使符合公司的利益。

优先购买权和共同销售权文本（Right of First Refusal and Co-Sale Agreement）。优先购买权和共同销售权文本是投资者与公司之间关于优先购买权和共同销售权的约定。其中规定了投资者在何种情况下可以行使优先购买权或共同销售权，以及行使这些权利的具体条件和程序。这份文本可以帮助投资者保护自己的权益，也可以帮助公司确保投资者的行为符合公司的利益。

投票协议（Voting Agreement）。投票协议是投资者和公司之间关于投票权的约定。其中规定了投资者享有的投票权范围和行使方式，以及投票的具体程序和要求。这份协议可以帮助投资者了解公司的投票情况，也可以帮助公司确保投票权的行使符合公司的利益。

以上文件可以被分为三类，投资条款清单作为谈判的前提性文件，A序列优先股购买协议是主合同，其他文件则为合同附件。

## 5.4.2 主要条款

上述投资协议文件展示了美国风险投资示范协议的形式构成，下面就其中主要合同条款进行解读，以展示投资者与企业家和公司之间的控制权博弈。

### 1. 投资者的优先权

在投资条款中，最受关注的是投资者享有的众多优先权。投资者享有优先权，就意味着企业家需要承担很多相应义务，这对企业家来说是一种不友好的压制。但如果分段审视投资者与企业家的关系，会发现投资者之所以在进入之前就要求在进入企业之后要享有这些优先合同权利，其目的在于实现平衡。理由是投资者向企业注入资金后，企业的经营权依然在企业家团队手中，会出现企业家对投资人的代理问题，比如滥用投资资金、改变公司战略等。所以，投资者拥有优先权与企业家团体拥有经营权是一种制衡。只有理解了这一点，才能理解为什么在投资合同中投资人条款设置得那么严格。

### 2. 优先分红权

作为投资者享有的一种权利，优先分红权意味着优先股股东享有在公司分红时，优先于其他普通股股东的特殊权利。

"公司在已发行优先股 A 序列股股东先行收到或同时收到每股已发行优先股所对应的利息之前，不宣告、支付或留出其他任何股种的股本所对应的利息"。此条款实际是对企业家分红的压制，目的是抑制企业家股东分红的冲动，必须用投资者给的钱进行创业而不能先行套现。其内在逻辑是：如果企业家出现分红意愿，必须先通过利息方式将分红分给投资者，在投资者收到的分红与投资金额相差无几时，企业家才可以分到红利。显然，如果优先分红权存在的话，企业家决定的分红事项必然是一种资产转移行为，即将公司资产通过分红或利息方式返还给投资者，这不是企业家愿意的。

根据优先股股东在享有优先分红权并取得一定数额的优先分红后，是否继续参与后续分红，可以将优先股分为可参与的优先分红权与不可参与的优先分红权，前者是可以再次参与后续分红的，而后者则不可以继续参与分红。根据利润分配是否可以累积，可以分为累积的优先股与不累积的优先股。

### 3. 优先认购权

优先认购权（Pre-Emption Rights）是指公司发行新股或可转换债时，原投资者可按原先持有的股份比例优先于普通股股东进行认购的权利。

"如果公司提议招股或出售新证券，则重要投资者享有优先认购权。重要投资者有权根据其认为合适的比例将其得到的优先招股权按比例在其自身和关联方间进行分配……"[一]投资者追求优先认购权的主要目的是确保他们在公司增资时能够保持其原有的持股比例和地位。

---

[一] 北京大成律师事务所，北京市律师协会风险投资委员会. 美国风险投资示范合同[M]. 北京：法律出版社，2006.

### 4. 优先购买权

优先购买权是指企业股东（主要指企业家及其合伙人）在向第三方出售股权时，投资者在同等条件下有权优先购买。

"公司优先，投资者其次（在董事会指定范围内），就创始人［和持有多余1%公司普通股的雇员（假定A序列优先股转换）］拟出售的任何公司股本股享有优先购买权，有权优先购买其他投资者未认购的股票。"

投资者追求优先认购权的目的在于：其一，防止其他不利于公司发展的"外人"进入公司；其二，防止因其他股东股份转让导致自己持股比例降低；其三，保留自己增资进而提供持股比例的机会。

### 5. 优先清算权

优先清算权是指在公司发生约定的清算事件时，享有优先清算权的投资人有权优先于其他股东获得按照约定公式计算的公司清算收益。

"在公司清算、解散或清盘时，应按下述规定分配收益：①（不参与经营的A序列优先股）首先支付各A序列优先股原始购买价1倍的金额加上累积股息，再加上已宣派而未付的股息，剩余收益再分配给普通股股东。②（有完全参与权的A序列的优先股）首先支付各A序列优先股原始购买价的1倍的金额加上累积股息，再加上已宣派而未支付的股息，然后，A序列优先股在视同转换的基础上与普通股共同参与分配……"⊖

优先清算权主要目的是保障投资人的投资收益。当公司发生清算事件时，如果投资人按照法定的清算顺序，即按照股东的股权比例分配最后的剩余财产，对投资人而言，往往是进多出少，因此，为了能够尽可能地收回投资成本，保证投资人在退出时的损失最小化，投资人往往都会设置优先清算权条款。

以下条款作为投资者与企业家及其团体关于控制权和治理权，以及管理权和收益权博弈的重要内容，也是一般投资协议中的必备条款。

### 6. 股权锁定条款

股权锁定是指将股权限制在一定期限内不能转让或出售，通常是为了稳定公司控制权、保护投资人权益、防止股权稀释等。在私募股权投资中，投资人通常会要求对被投资企业的股权进行锁定，以确保其投资安全和利益。

"所有关键股东谨此同意：在未取得管理承销商事先同意的情况下，不会在始于公司首次公开招股（即IPO）之招股说明书定本所列日期、止于公司和管理承销商确定的截止日期间（该期间不超过180天）……进行下述事项：出借、招股、抵押……或处置其在IPO即将

---

⊖ 北京大成律师事务所，北京市律师协会风险投资委员会. 美国风险投资示范合同［M］. 北京：法律出版社，2006.

生效时持有的股本股……"⊖

股权锁定可以是双向的，即企业家要求投资者锁定其股权，同时，投资者也可以要求企业家锁定股权，这主要依赖于双方对企业未来的预期。另外，股权锁定按照时间可以分为上市前锁定与上市后锁定。

风险投资协议中的锁定与股权激励和员工持股中的股权锁定都是为了维持企业在一定时期内的稳定性。

**7. 竞业禁止**

为了保持公司创始股东及其团队的稳定性，投资人在投资协议中加入了竞业禁止条款，该条款禁止创始团队在被投企业任职期间或离职后的一定期限内，兼职或从事与被投企业相竞争的业务。

首先，竞业禁止是担任董事、监事、高管人员的创始股东的法定义务。《公司法》第一百八十四条、《中华人民共和国合伙企业法》第三十二条、《中华人民共和国中外合资经营企业法实施条例》第三十七条都规定了董事、监事和高管必须承担此义务。比如《公司法》第一百八十四条规定："董事、监事、高级管理人员未向董事会或股东会报告，并按照公司章程的规定经董事会或者股东会决议通过，不得自营或者为他人经营与其任职公司同类的业务。"其次，竞业禁止与《中华人民共和国劳动法》和《中华人民共和国劳动合同法》不同的是，后者以劳动关系为基础，并不以职务为前提；最后，风险投资协议细化竞业禁止的内容，对董事、监事和高管构成更具体的约束。

**8. 回购权**

回购权是指双方约定在某个条件完成时或某个时间达到时，公司或企业家团体（企业家及其合伙人）必须按照事先约定的价格和数量回购投资者所持有的股权。这对投资者来说是一种保护性权利，此权利可以分为：强制的回购权和选择的回购权。一般而言，投资者愿意选用选择的回购权，因为这增大了其在事件发生时的选择权。本章前述所讲俏江南对赌案中的对赌标的就是此权利。

**9. 对赌条款**

由于 5.2 节专门阐述过，因此这里列示该条款仅强调其重要性，不再赘述其内容。

**10. 成熟条款**

成熟条款是投资者对企业家及其合伙人持有的股权（主要是指增发部分）的一种限制。成熟意味着企业家及其合伙人在开始持有的股权是"生的"，即自己并不真正拥有该等股

---

⊖ 北京大成律师事务所，北京市律师协会风险投资委员会. 美国风险投资示范合同 [M]. 北京：法律出版社，2006.

权,而仅是记载于其名下而已。只有当企业家及其合伙人满足设定条件后,才获得该等部分或全部股权的所有权,届时该等股权才会"成熟"。这一限制性获得股权的方式在创业开始时经常被使用,尤其在股权激励中应用更为广泛。股权成熟一般是分期限成熟,成熟期一般是4～5年,比如满2年时成熟50%,以后每年成熟25%,最终满4年成熟。实践中也存在按创始项目里程碑成熟(比如产品测试、发行、运营数据等阶段分期成熟)以及按融资阶段分期成熟。

### 11. 强制随售权

强制随售权,也称为带领权,是指投资者在投资后要出售股权时,要求其他股东随同自己一起将公司股权出售的权利。此权利为投资者的一种退出方式。当企业在一个约定的期限内没有上市,而又有第三方愿意购买企业的股权时,投资者有权要求企业家按照投资者与第三方谈好的价格和条件,共同向第三方转让股权。俏江南对赌案例中鼎晖投资就因为有此权利,不仅实现了从俏江南的退出,还最大程度地保护了自己的利益。

### 12. 保护性条款

当投资者处于小股东的地位,基于资本多数决法则,公司会被企业家团体控制,为维护自己的权益,进而获得消极控制权,投资者会在投资协议中加入保护性条款。

典型的保护性条款如下<sup>⊖</sup>:

只要［或"任何"］优先股A股为已发行股,公司就不会在未取得至少［ ］% 公司优先股A股股东的书面同意时,直接或通过修订、兼并、合并或其他方式从事下述事项:

(1)清算、解散或结束公司业务,或使名义清算事项生效。

(2)修订、改变或废止公司章程规定［以不利于优先股A股的方式］。

(3)创设或批准创设或发行任何其他可转换或执行为股权证券的、享有优于或等同于优先股A股的权利、优先权或特权的证券,或增加优先股A股的授权发行数量。

(4)先于优先股A股购买或回赎或支付股本股股息［不包括在公司雇员或顾问终止雇佣或服务时,以低于公平市价或成本的价格向其回购股票；］［经包括［ ］A股董事的公司董事会批准的除外］。

(5)创设或批准创设任何债务证券［如公司累计负债超过［ ］美元］［不包括设备租赁或银行信贷］［无股权特性的债务证券除外］［除非该债务证券得到包括［ ］A股董事的公司董事会的事先批准］。

(6)扩大或减小公司董事会的规模。

可见,保护性条款就是投资者为了平衡其与企业家团体的公司控制权,或为实现平衡治理,通过协议所设定的一种"反向的"一票否决权。这种否决权是小股东最渴望的表决机制。

---

⊖ 潘林. 美国风险投资合同与创业企业治理法律问题研究 [D]. 长春：吉林大学, 2012.

## ◆ 本章小结

1. 融资具有极强的治理功能，因为投资人的进入会改变公司的股权结构，进而会改变股东会或董事会的格局，从而对公司控制权和治理权产生深刻影响。
2. 原则上，创业投资会提升公司的治理价值。
3. 创业企业需要认真对待创业投资。创业投资对创业企业的发展具有重要价值，因而创业企业应该具有融资意识和融资能力。
4. 企业家股东（或其团体）与投资人（或其团体）存在着夺取公司控制权的潜在矛盾。
5. 对赌是发生在企业家与投资人之间的一种动态的价值平衡调整机制。当然，这种机制可以被广泛适用于企业家与员工、合伙人，甚至与客户之间。
6. 双层股权结构是企业家与投资人之间的控制权博弈，其仅适用于卓越企业家，所以这一制度应被限制性使用。

## ◆ 批判性思考

1. 企业家如何处理好与投资人的关系？
2. 为什么企业家对对赌的总体评价是负面的？
3. 分析投资人作为控股股东的优劣。

# 第 6 章
CHAPTER 6

# 股权激励概述

传统公司治理理论将股权激励视为一种治理机制，目的是解决职业经理人的代理问题。股权激励在中小公司的治理（股权治理）中极为重要，具有比大公司更显著的治理功能和地位。本书从知识和操作两个维度对股权治理进行阐述。

## 6.1 股权激励理论

股权激励作为一种治理机制，被现代创业企业广泛使用。本书亦将股权激励视为与股权结构、公司控制和合伙人制度等同等重要的股权治理的重要组成部分。本节主要介绍股权激励理论的发展历史、概念、特征和理论等基础知识。

### 6.1.1 股权激励简史

股权激励是人力资源激励体系中新兴的、具有旺盛生命力的一种激励方式。要理解股权激励就必须回到人力资源激励的大背景中，去反观其前世今生的发展变化，如此才能更好地理解它，进而为应用它打下良好的知识基础。

**1. 人力资源激励理论的发展**

"一部企业管理发展史就是一部企业人力资源激励的演进史。"[一]激励员工的方法和理论经历了六个阶段的发展，反映了激励理念在不同时期的适应性变化。

在管制性激励阶段（18 世纪中叶），工业革命带来了工厂的诞生与劳动力的集中。雇主

---

[一] 刘唐宇. 论企业人力资源激励的历史演进及其启示 [J]. 福建农林大学学报（哲学社会科学版），2006（2）：58-62.

以纪律和处罚为核心管理手段,将工人视为受管制的"工具"。免于惩罚被视为一种激励手段,同时,工资等金钱激励也开始发挥作用。这符合资本积累时期的管理特性。

进入物质激励阶段(19世纪末),强调"经济人"假设,即人受经济利益驱动,金钱是主要激励因素。将金钱看作激励工人的主要手段,通过工时研究、任务分析与定额制推广"多劳多得"的原则,促进生产效率的提升和共同利益的实现。

到了精神激励阶段(20世纪30年代),霍桑实验揭示了员工的社会心理需求,人被看作"社会人"。"管理者要调动工人的工作积极性,就必须满足人们的社会和心理方面的需求。因此,他们提倡采取新型的管理方法,以改善人际关系,提高士气,促进协作,从而提高生产效率。这就是人际关系学说。"[一]新管理方法的提出,通过满足员工的社交、归属和安全需求以及改善人际关系来提升工作效率。

在目标激励阶段(20世纪50年代中期),马斯洛认为人的需求从低级到高级有五个层次,最高层次是自我实现需求。因此,人是自我实现的人,需要发挥最大潜能,实现个人目标和不断自我创造和发展。"目标作为一种诱因,具有引发、导向和激励的作用"[二],目标管理能使员工发现工作的兴趣和价值,同时实现企业目标,达到人与事的高度统一。

进入文化激励阶段(20世纪80年代),人们更加重视管理中的"软因素",即人的因素。认为管理的差异主要在于文化的不同,文化是由人创造,同时又塑造着人。在认识到人是"文化人"之后,管理者开始重视企业文化建设,通过建设企业文化来对员工进行激励,满足员工的文化需求。成功的企业通常都具有优秀的企业文化,这种文化可以让员工产生对企业的认同感和归属感,激发员工更大的工作热情,赋予员工更大的权力和责任,进而产生更高的满足感和成就感,促使员工形成自我激励。

在战略性激励阶段(20世纪90年代末至今),员工的价值贡献差异变大,对价值回报的期望也大大增加。需求模式已不再遵循马斯洛提出的从低层次到高层次的发展模式。人的需求是混合式需求,体现出多样化、个性化和复杂化的特点。不同的人有不同的需求,同一人在不同的时期和不同的环境也有不同的需求。因此,人成为真正的"复杂人"。对员工的激励成为企业的战略性激励,强调激励主体与客体结合成双向运行方式。传统管理者的角色已转变为帮助者和指导者。激励对象扩展到企业内外部的所有人员,并更加强调长期激励。

总体来看,人力资源激励的演进过程体现了从最初的管制和物质激励,到关注精神需求和社会心理因素,再到综合考虑文化和战略因素,反映出人力资源管理领域对人的理解和方法的深化与拓展。每一阶段的激励理论都反映出当时的社会经济条件和管理观念,且在实践中逐渐转变为更为人性化和长期导向的管理方式。激励的长期化和内在化需求越来越明显。股权激励在此背景下产生。

---

[一] 刘唐宇. 论企业人力资源激励的历史演进及其启示[J]. 福建农林大学学报(哲学社会科学版),2006(2):58-62.

[二] 同[一]。

**2. 美国股权激励发展历史**

美国股权激励的发展历史可以追溯到几个世纪前，但它在20世纪后半叶，尤其是在科技行业崛起后才显著发展并被广泛采用。最初的股权激励概念可以追溯到18世纪和19世纪，有企业通过给予员工实物股份的方式来招募、留住人才。然而，这种做法并不普遍，主要局限于高级管理人员和合伙人，并没有形成正式的股权激励体系。

在20世纪20年代初，为了缓解由于经济不平等引起的社会矛盾，美国的一些工业资本家启动了被称为"新资本主义"的所有制改革运动，其中，让员工分享公司的股权成为一个重要方式。20世纪20年代末，大约2.5%的美国员工已经购买了总额为10亿美元的公司股票。然而，随着经济危机的爆发，这种股权激励的尝试基本上宣告终止。在第二次世界大战结束后，美国市场经济迅速发展，为了吸引和保留核心人才，公司开始探索多种形式的股权激励计划，包括股票期权、股票购买计划和股票赠与计划。1952年，美国的菲泽尔公司推出了全球首个股票期权计划；到了1956年，美国的潘尼苏拉报纸公司则首次推出了员工持股计划（ESOP）。

在20世纪60年代和20世纪70年代，随着美国硅谷的新兴科技公司如雨后春笋般出现，股权激励计划开始在这些公司盛行起来。由于这些公司普遍面临现金流短缺的困境，因此他们开始通过提供股票期权来吸引顶尖人才，而不是提供高额的薪资。这样的股权激励计划不仅在员工中广泛传播，还催生了一种全新的工作和财富创造文化。1974年，美国颁布的《雇员退休收入保障法》的实施以及伴随的税收优惠和信贷激励，将股权激励和员工持股计划推向了新的发展阶段。

进入20世纪80年代，随着税法的变更和市场监管政策的放宽，股权激励迎来了另一波增长势头。《经济复兴税法》（1981年）和《税收改革法》（1986年）的颁布以及大幅降低的资本收益税让股权激励变得更加吸引人。同时，美国证券交易委员会（SEC）和美国财务会计准则委员会（FASB）对股权激励采取了更为详细的规定和披露要求，进一步增加了其透明度和普及度。

然而到了20世纪90年代末，随着互联网泡沫达到顶峰，股权激励也到达了一个高点。但在2000年年初泡沫破裂后，大量的期权变得一文不值，这引发了对股权激励实践及其公平性的深刻反思和调整。随后，股票激励计划变得更加多样化，包括了限制性股票单位、股票奖励计划和新的持股计划，以适应不断变化的市场和经济环境。

现在，股权激励仍是美国公司薪酬结构中不可或缺的一部分。不只是在科技行业，越来越多的行业都开始采用这一做法，以此来吸引、激励和保留关键人才。美国90%的高科技企业和80%以上的上市公司都实施了股权激励。股权激励实践在美国具有强大的生命力。

**3. 本土创新与移植：晋商的身股制度与现代非国企的复制**

自改革开放以来，我国股权激励主体企业主要是国有企业，本章第6.2节会对此进行专门梳理，这里先梳理传统的晋商身股制度和改革开放后民营企业股权激励的简要历史。

首先，晋商的身股制度。19世纪20年代初的山西票号盛极一时，总号设立在山西，其分号遍布各地90多个城市，总分号达600多个。山西票号之所以能繁荣发展，源于其拥有一个自创的基础制度，即"身股制度"。相比于美国的股权激励，身股制度是人类历史上较早成熟的股权激励。票号由一个或多个东家（股东）出资创立，然后由东家聘请掌柜（总经理）来负责日常经营管理，东家与掌柜之间是一种合约关系。东家用金钱出资，为"银股"或"财股"，掌柜以人力出资，为"劳股"或"顶身股"。这是典型的所有权与经营权分离、货币资本与人力资本共赢的治理和管理格局。

身股制度的主要内容包括以下几点。其一，身股是根据员工的贡献和地位分配的。每个票号都通过定期的股东大会，按照成员的贡献和地位分配不同数量的股份。如大掌柜分10厘，二掌柜分7厘等。其二，身股不能像银股那样可以转让或继承。当身股持有者离职或死亡后，其股份将终止。有些企业实行了"故股"制度，即有突出贡献的人在其去世后，家人可以根据其之前所顶的身股，享受一到三个账期的分红。其三，身股持有者与银股持有者享有同等的分红权利。盈利越多的企业，分红也就越多。其四，银股对票号承担无限责任，身股对票号的亏损不承担责任。其五，身股动态可调整。一个账期（3或4年）调整一次。优秀者可增加1厘或2厘，差者会被降职。

其次，民营企业的股权激励。我国有关股权激励的知识和信息，其主体基本上都是国有企业或上市公司。这是因为：其一，改革开放前后，我国企业的主体都是国有企业，所以股权激励的引进与规范都是以国有企业或上市公司为对象的，这是其历史原因；其二，国有企业或上市公司都是被强制规范的企业，这两类企业的股权激励构成我国股权激励体系的核心，几乎所有公开的有关股权激励的规范性文件，都是为这两类企业制定的；其三，民营企业的股权激励都是非公开的、个性的和自主的，其不受任何规范性文件的约束，这些规范性文件是民营企业股权激励的指引或目标。

我国民营企业股权激励兴起时间较短，最早应该出现在2000年左右。一些发展起来的民营企业开始模仿美国公司实施股权激励，但由于股权激励是"舶来品"，没有深刻理解，没有本土化，生搬硬套的较多，因此实施效果并不好，也并不被民营企业看好。自新浪在美国纳斯达克上市开始，我国大量的互联网和高科技企业因采用股权激励而产生员工"造富"效应，再加上国家提倡的"双创"政策，所以越来越多的年轻一代投身创业。他们愿意接受"股权分享""事业分享"和"财富分享"的理念，从而股权激励逐渐成为创业企业的"标配"。培训市场出现了大量的机构或"股权大师"宣讲股权结构、合伙人制度和股权激励等，也出现了许多本股权激励书籍，但其内容大多重复。总之，民营企业的股权激励是一个新兴事物，其发展迅速，创业者的接受程度高，实施企业也日渐增多，但它存在的一个最大问题就是缺少规范化。本书的目的就是为创业企业提供一套规范的股权知识，包括规范的股权激励知识。

## 6.1.2 什么是股权激励

回到股权激励概念的原初含义，通过与相近概念比较，可找到其精准内涵，给出科学定义。当然，这一方法对所有"元概念"或"复杂概念"都是有效的，这是"助产士"式知识生产路径。

**1. 股权激励与员工持股的区别**

对大多数人来说，"股权激励"与"员工持股"这两个词是等同使用的。多数官方文件也会替换使用这两个词，如有的方案或文件，其内容是规范股权激励，但名称却是"员工持股"，或者其内容指向员工持股，而其名称却是"股权激励"。

为了能明确区分这两个相关概念，首先需要定义一个能覆盖这两个概念的"上位"词语，这一术语为"股权分享"，该术语指的是企业家及其合伙人愿意将部分所拥有的公司的股权与其他参与创业过程的人共享的做法，反映了在股权领域内企业家和创业者之间分享的精神。股权分享主要采取的形式包括股权激励和员工持股。而"股权分享"的再上位词语则是"分享"一词。在创业领域，股权分享的核心是所有者愿意将本属于自己的资源在一定条件下与其他相关者共同享有，这不仅是指股份（公司所有权）的分享，还涉及事业、利润、财产等不同方面的共享。

作为股权分享的两种基本方式，股权激励与员工持股的联系是非常清楚的：二者都是以股权作为分享之物，分享者都是创业事业的参与者；在法律上，分享者都与创业公司有劳动关系等。二者的差别主要体现在以下两点。

其一，分享对象不同。股权的"激励"是人力资本长期激励的现代体现，其激励对象主要是关键人力资本。根据"二八定律"，从公司绩效视角会发现：公司80%的绩效是由员工中20%的卓越员工实现的，相反，80%的一般员工只完成了公司总绩效的20%，这样员工就被分为"关键人力资本"和"普通人力资本"。前者相当于"火车头"，具有对整体的牵引作用，该等人力资本工作态度积极，有创造力和使命感，属于自我驱动型员工；其工作绩效非常优秀，不仅自身有很强的产出率，也对普通人力资本产生示范效应。而员工持股的对象则是普通人力资本，该等员工定位为"守成"，尽管人数众多，但整体积极性不高，他们严格遵守工作纪律，其工作态度仅把自己当作一个普通员工对待，对公司绩效是中立态度，既不积极，也不消极，属于被动型员工。因为关键人力资本的重要性决定了其可替代性差，而普通人力资本的可替代性较强。

其二，分享目的不同。目的是区分股权激励与员工持股的核心标准。股权激励的目的是"激励导向"，即通过对关键人力资本的股权刺激，使其发挥出如股东般的工作态度和热情，进而推进公司的发展速度，提高公司绩效和创造力。因此，股权激励的刺激性决定了其分享目的是追求公司业绩的"向上"。员工持股的目的则是"福利导向"，即让员工从公司发展中获得利益，是公司及其股东对员工"让予"的股权利益，在此情形下，公司分享股权的直接目的并不是激励，而是仅作为公司福利制度的一部分。因此，股权激励仅实现企业目的，而员工持股则具有社会价值（福利价值）。关于这一点，员工持股理论部分会有详细阐述。

二者的区分如图 6-1 所示。

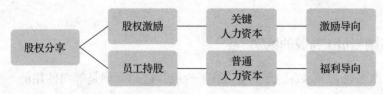

图 6-1　股权激励与员工持股的区别

员工持股有广义和狭义之分。上述"员工持股"即为狭义概念。广义的员工持股则包括了股权激励，因为其意为：凡员工持有公司股权的行为，即为员工持股，而不管持有者是董事、高管与核心员工，还是普通员工。混合使用股权激励与员工持股的现象，多是因为此原因。当然，有的股权分享中，关键人力资本与普通人力资本同时存在，这也导致该方案应被定性为股权激励还是员工持股而产生混乱。

**2. 股权激励概念**

股权激励的概念是多元的。本书选取三种常见定义。

普通定义。把股权激励作为一种现象，一般人会从观察视角给予定义。如下定义就是从百度网站上搜索而来的一个公认的定义：股权激励是通过企业经营者/员工获得公司股权，让企业经营者/员工得到一定经济权利，使他们能够以股东的身份参与企业决策、分享利润、承担风险，从而勤勉尽责地为公司的长期发展服务。

官方定义。在 2018 年证监会修订的《上市公司股权激励管理办法》中，官方采用更简洁的语言进行定义："本办法所称股权激励是指上市公司以本公司股票为标的，对其董事、高级管理人员及其他员工进行的长期性激励。"

学术定义。股权激励就是这样一种制度安排，它将人力资本的所有者的预期收益"抵押"在企业之中，是人力资本参与企业所有权的一种方式。

如果选择的话，官方的定义虽然简单，但抓住了概念的核心要素，对股权激励进行了更精准化的定义。

**3. 股权激励特征**

从以上概念可以看到股权激励具有的特征。

其一，以关键人力资本所有者为激励对象。这是其与员工持股的根本区别。关键人力资本所有者一般是根据岗位划定，主要包括董事和高管。在科技型创业企业中，核心员工也越来越被视为重要的激励对象。

其二，长期性。这是股权激励与传统人力资源激励措施的主要区别。股权激励一般都会有 3～5 年的时间条件。在第 7 章关于激励要素部分会详细阐述时间的激励价值，比如从股票期权的授予到行权或者限制性股票的获赠到解禁，这些过程常常都会设定数年的周期，鼓励员工为公司的长期成功贡献力量。之所以需要较长时间是因为只有激励对象长期而非短期的贡献才会实现股权价值的提升。

其三，限制性。股权激励不是赠予，不是单方面的法律行为，而是附条件的协议关系。激励对象获得并兑现激励股权所得利益必须满足协议约定的工作时长、个人考核、公司业绩等条件，也包括出售股份获利、解锁等时间条件约束。股权激励也是一种对价交易。

其四，以财产性权益激励为主，以身份性激励为辅。就股权持有者身份而言，股权激励的对象与合伙人持股中的合伙人之间存在显著差别，后者会享有与企业家相同的治理权，而前者以获得股权财产回报为目标，无法获得参与公司治理的权利和一个完整的股东地位。所以在所有股权激励方案中，激励对象一般都是通过一个被控制的持股平台来间接持有股权，其目的就是隔离或限制激励对象对公司控制权和治理权的分享。

其五，风险共担。作为权益的股权内含一个基本原则，即收益和风险的对等性。激励对象获得股权，其也需要承担相应的风险。比如在股票期权激励（激励对象承担最小风险的一种激励方式）中，如果激励失败，员工付出的时间以及避税支出等都是成本。除此之外，其他激励模式，比如限制性股票模式，激励对象是需要先行支付一定购股成本的，如果二级市场上股票下跌到约定价格之下，员工付出的成本就更大。管理学者统计，我国上市公司股权激励的成功率是 50% 左右，这证明股权激励是一种风险活动。

**4. 股权激励的功能**

股权激励有什么用？这是股权激励的首要问题。一般来说，好的股权激励会实现以下功效。

其一，激励功能。此乃股权激励的首要目的，也是最主要的任务。激励功能是结果主义的，衡量标准是激励前与激励后的公司业绩比较。由于公司业绩是由多种原因造成的，即"多因一果"，即使如此，在假定其他条件不变的情况下，如果能实现公司业绩增长，则证明股权激励达到刺激公司业绩增长的效果。反之，如果采取股权激励后，公司绩效没有增长或出现负增长，对企业家和企业而言，就说明该股权激励是失败的。企业获益是企业进行股权激励的出发点和目的。

其二，吸引和留住人才。人才市场的竞争会造成关键人力资本的流动。越来越多的激励经验证明：股权激励对人才既是一种吸引力，也是一种拘束力，可以达到吸引潜在的优秀人才加入公司，也可以起到让现有人才留在公司的目的。

其三，约束管理者的短视行为。这是把股权激励作为公司治理的一种机制的视角观察到的功效。从代理角度，经理人会为了高报酬而将未来资源投入到现在的业务中，目的是在自己短期的经营期限获得额外报酬；如此，会提早消耗公司战略资源，会造成企业资源浪费。为解决此问题，代理理论认为对经理人进行股权激励，可以减少其经营安排的短视行为。

其四，增强企业凝聚力，建立积极的企业股权文化。股权激励也是一种企业文化，可以让潜在的求职者知道企业分享股权的意愿；同时，员工分享公司的利润会增强员工对企业的使命感、责任心和工作积极性。华为就是一个典型的例子。

其五，优化企业治理结构。风险投资者把是否实施股权激励视为一个合理股权结构和公司治理结构的标志。尽管大多数激励股权持有人并不拥有公司治理权，但将一定股权分享给关键人力资本所有者持有，至少能形成对企业家的股权制约。因此，股权激励具有治理价值。

其六，优化企业财务和税务结构。股权激励可以成为企业进行财务筹划的一部分，通过合理的设计满足公司融资和股东结构的调整需求。同时，由于国家通过税收优惠鼓励企业进行股权激励，因此，通过良好设计的股权激励计划可以降低企业的税负。

### 6.1.3 股权激励的理论

经济学和管理学从不同角度对股权激励进行理论诠释，股权激励因此有了多种理论来源，如企业理论、管理激励理论、委托代理理论、人力资本理论、现代公司治理结构理论和马斯洛需求层次理论等。下面介绍其中最为常见的三种理论。

**1. 委托代理理论**

在公司治理结构内，股东被视作委托人，而公司的管理层则被认定为代理人。这种结构的主要挑战在于管理层（代理人）在决策时，可能并不总是为了股东（委托人）的最大利益来行事，这主要是由于存在信息的不对称和双方利益不完全对等。为了缓和这种委托人与代理人间的潜在冲突，委托代理理论推荐使用股权激励机制。股权激励能够从以下几个方面来解决代理问题。其一，利益对等：通过为管理层和员工（即代理人）提供公司股权或股票期权，将他们变成公司的股东，使他们的收入直接与公司的股价和长期表现挂钩，这样可以激励代理人更关注公司（委托人）的长期利益。其二，降低监控成本：当管理层持有公司股权时，股东所需支付的监督成本可能会降低，因为管理层的财务利益与股东一致，这降低了股东进行监督的需求。其三，提高透明度：股权激励通常需要公司更为透明地披露信息，因为管理层知道他们的收入和股权收益与公司业绩紧密相关，这促进了他们推动公司提高信息透明度。其四，风险共担：股权激励把管理层的收益潜力与公司风险直接联系起来，鼓励管理层在做决策时更加审慎地评估风险，从而减少因个人对风险的厌恶而可能导致的过分保守的行为。其五，长期绩效的关注：股权激励方案通常包含一定的锁定期和绩效目标，迫使管理层更加关注和专注于公司的长期发展和业绩表现，而不只是短期成果。

总之，在委托代理理论的框架下，股权激励是一种常见而又有效的解决方案，用于缩小委托人与代理人之间的利益和信息的不对等问题,以此提高公司治理效率和推动公司价值的增长。

**2. 人力资本理论**

人力资本是体现在人身上的资本,即对生产者进行教育、职业培训等支出及其在接受教育时的机会成本等的总和,表现为蕴含于人身上的各种生产知识、劳动与管理技能以及健康素质的存量总和。在经济增长中,人力资本的作用大于物质资本的作用。由于人力资本被隐含在其持有者身上而难以分离,因此,持有者的积极性、态度和价值观等决定了人力资本的效能。

在人力资本理论看来,股权激励是必要的,因为股权激励是提升人力资本价值、增强人力资本持有者积极性的重要措施,主要表现为以下几点。其一,股权激励可激发人力资本持有人的投资激励:当员工受到股权激励时,他们更有可能通过如提升专业技能、增强领导能力或提高工作效率等,来提高公司的绩效和自己的个人价值。其二,长期承诺激励:股权激励方案通常包含一定的期权行权条件,如服务期要求或绩效目标,这激励员工长期承诺于公司,其间他们将持续投资于个人的能力提升,从而增加其人力资本价值。其三,招募和留住人才:高效的股权激励计划可以吸引具有高人力资本价值的人才加入公司,并且有助于留住这些关键员工。因为股权激励反映了公司对员工长期贡献的认可和回报。其四,创造所有者心态:当员工成为公司的股东时,他们的思维方式可能会发生转变,从普通员工变成有所有者心态的合伙人。这种转变可以鼓励员工更积极地参与到公司管理、决策中,进一步开发他们的创新、战略规划等能力。其五,企业文化和价值观培养:股权激励能够促进企业内部共同的价值观念和文化建设,这本身也是一种对员工人力资本的投资,有助于员工理解公司方向,提高工作满意度和动力。其六,对外展示信心:通过实施股权激励,企业对外宣示对自己团队的信心。这种信心能够吸引客户、供应商和潜在投资者,可能会帮助企业获得更好的外部条件,为员工的人力资本发挥创造更好的环境。其七,激活隐性知识:股权激励还可以激发员工分享隐性知识和经验,这类非正式但对公司非常有价值的资源,一旦得到共享和应用,可以增强公司的核心竞争力。

人力资本理论通过股权激励与员工的个人发展目标相结合,激发员工不断提升和增值自身的人力资本,给公司带来更大的效益,同时,员工也能从公司成长中获得实质性的收益。

**3. 马斯洛需求层次理论**

马斯洛的需求层次理论(Maslow's Hierarchy of Needs)是心理学领域一个著名的关于人类动机的理论。它将人类需求分为五个等级,从基本需求到高级需求依次是:生理需求、安全需求、社交需求、尊重需求和自我实现需求。在这个理论框架下,股权激励可以被视为满足员工在某些高层次需求的一种手段。

从员工成长角度来看，股权激励也是满足员工高级需求的一种解决方案。从下面张三在公司的成长过程，可看到马斯洛需求层次理论在员工发展不同阶段的体现。

|案例 6-1|

### 马斯洛需求理论的示例

张三大学毕业刚入职公司，年龄不大，尚未结婚，其需求主要体现为生理层面，比如有足够的工资收入满足其对住宿、食物、衣服等基本生活的需求；在工作三年后，张三升职为主管，同时，张三组建了家庭，工资有所上涨，并通过按揭方式购置了房屋，此时工作稳定成为其主要需求；再工作三五年后，张三升职为部门经理，有了自己管理的团队，也承担了完成团队绩效目标的责任，此时的他有了事业感，希望事业能继续向前发展，获得领导和公司的重视，团队和事业归属以及社交成为其主要需求；再过了三五年，张三已成为公司的部门总监，带领公司较大的团队管理公司某一部分业务，此时的他已经成为一个较为成熟的经理人，其年龄三四十岁，处于精力旺盛阶段，工作能力较强，其人力资本较有优势，希望被领导赏识、被下属尊重，愿意成为公司的合伙人，有较强的事业感，同时，其收入已经较高，家庭住房和子女教育等均已得到满足，此时的他追求自我和尊重，对股权激励非常看重；最后，经过在公司二十多年的工作，张三已经成为公司总经理，他有了很强的组织能力和管理能力，在行业有了一定的声誉，自身技术、资源和各项能力已经成熟，可以独立经营公司，此时的他希望自己成为公司的"老大"，能在公司决策中起到决定作用，为此，他愿意持有公司较多股份，迫切希望被公司激励。所以，在总监和总经理这些职位层面，就必须给予股权激励，因为张三的下层需求已经得到满足，工资或其他薪酬难以完全满足其需求，就需要进行股权分享或事业分享。

## 6.2 员工持股的中美路径

本文是从狭义角度来使用员工持股这一概念的，它是与股权激励并行的一种股权分享方式。本节在讲述员工持股知识的基础上，主要展示美国员工持股与我国员工持股的不同方向、经验和教训。

### 6.2.1 什么是员工持股

本节将从概念、特征与理论三个维度来展示狭义员工持股的基础知识。

**1. 概念**

《关于上市公司实施员工持股计划试点的指导意见》（2014年）中，用"员工持股计划"来表述员工持股。"员工持股计划是指上市公司根据员工意愿，通过合法方式使员工获得本公司股票并长期持有，股份权益按约定分配给员工的制度安排。员工持股计划的参加对象为公司员工，包括管理层人员。"比较本章第6.1节证监会文件中对股权激励的定义，会看到：一方面，在持股对象上，股权激励强调其主要对象是董事和高管，次要对象是其他员工（核心员工），而员工持股计划的主要对象是广义上的员工（与公司存在劳动关系的人），次要对象包括管理层人员，二者在持股对象上的区别就已经表明了其实质差别；另一方面，股权激励定义中突出了激励目的，而员工持股计划则没有表述此意。尽管员工持股计划也会产生激励作用，但其主要目的是福利性而非激励性的。

**2. 特征**

作为一种股权分享方式，员工持股具有如下特征。

其一，持股对象的广泛性。任何与公司存在劳动关系的员工都有持股资格。持股对象的广泛性意味着参与者人数众多。我国上市公司披露的员工持股计划显示，参与员工持股的人数少则几十人，多则几百人，甚至上千人，比如华为，2023年参加其虚拟受限股的员工人数将近15万。对于研发型企业而言，其员工持股人数占比会超过员工总数的50%。

其二，福利为主，激励为辅。员工持股从开始就具有强烈的社会目的。在这个意义上，员工持股是真正的股权分享，是股东（工业革命时期，可用"资本家"一词来替代，所不同的是工业革命时期的资本家是产业资本家，而不是现在的金融资本家）作为股权和利润的所有者，愿意将原本归于他的利润以股权方式分享给大多数员工。从企业内部而言，员工持股是为了提高员工收入，激励员工的工作积极性和凝聚力；从社会层面而言，员工持股是为了缓和劳资矛盾和社会阶层收入矛盾。凯尔索的双因素理论和其他员工持股理论很好地诠释了员工持股的社会价值。

其三，参与感。让大多数员工在内心完成一个角色转换，即自己不光是企业的劳动者，同时也是企业的所有者和事业的拥有者。前文关于人力资源激励理论和股权激励理论所述，在这个问题上具有同样的说服力。

其四，持股方式的多样性。在美国的员工持股实践中，发展出丰富的员工持股方式，如直接购买计划、期权计划、股票匹配计划、股票赠与计划、员工所有权计划、员工收购计划等。尽管我国证监会对上市公司的员工持股计划规定得较为严格，但由于员工持股计划在法律上依然属于自治治理的范畴，因此非上市公司的员工持股的形式依然多样。企业都在探索具有企业自身特色的员工持股方式，其中最具有代表性的是华为公司的虚拟受限股制度。

其五，其他与股权激励共同的属性，如长期性、税收优惠、条件限制、风险与回报的共享、激励性等。

**3. 理论**

员工持股与股权激励共享一些理论，如代理理论、激励理论、团队生产理论、合作社理论等。相比而言，以下几种理论对员工持股具有较强的解释力。

凯尔索的双因素（Two-Factor）理论。凯尔索为现代员工持股计划的建立与发展做出了创新性的贡献。员工持股计划是美国"人民资本主义"的倡导者凯尔索律师于20世纪50年代提出并亲自付诸实践的。作为员工持股理论的开创者和实践的先驱，凯尔索不仅提出了这一理念，还推动了相关的政策和立法工作在美国的展开。凯尔索的双因素理论揭示了传统资本主义模式下的财富与收入不均的问题，并指出这是因为大量的资本集中在少数人手中，使得这部分人群可以获得大多数经济增长过程中的利益。他认为通过将资本的所有权拓展到普通工人中，让其成为生产资本的拥有者并让其直接参与到经济增长的好处中，可以作为一种解决方案。员工持股计划（ESOP）正是凯尔索理论中推广资本所有权的具体实践途径之一。ESOP作为一种机制，允许员工通过工作获得公司的股份，而不是直接用现金购买。这种做法不仅让员工成为工资的获得者，也成为资本的受益者。凯尔索认为，员工持股能够有效促进财富的再分配，实现更加公平的社会财富分配，同时也会增加员工的工作激励和社会生产力，并提高员工对福利的期望。美国在1974年通过的《雇员退休收入保障法案》（ERISA）为员工持股计划在美国的进一步发展提供了法律支持，凯尔索在该法案包含的ESOP相关条款的形成中发挥了重要作用。

利润分享（Profit Sharing）理论。利润分享是指公司将一部分利润分配给员工的一种激励和补偿方式。利润分享理论的核心观点是，企业的利润是由员工的努力工作和投入所产生的，因此员工应该有权分享企业的利润。通过让员工分享企业的利润，可以提高员工的积极性和工作效率，从而推动企业的发展；利润分享也可以促进企业与员工的共同成长，增强员工对企业的信任和认可，从而帮助企业吸引和留住人才，保持员工队伍的稳定性和竞争力；利润分享还可以降低代理成本，即企业所有者和经营者之间的利益不一致所产生的成本。通过让员工成为企业的股东之一，可以减少经营者的短视行为，降低代理成本，从而提高企业的经营效率和经济效益。利润分享理论还强调了长期激励机制的重要性。通过让员工持有企业的股票，可以让他们更加关注企业的长期发展和价值创造，从而促使企业更加注重创新、质量和服务等方面的提升。这有助于企业在市场竞争中占据有利地位，提高市场份额和盈利能力。利润分享有多种实现方式，包括直接现金分红、延迟分红计划（如养老金计划的一部分）以及股权（股票或期权）形式的分红等。

所有权理论（Ownership Theory）。这一理论着重于分析资产所有权对经济活动的作用，强调当员工拥有公司股份时，其角色从普通员工转变为公司的部分所有者时的变化。这种拥有感能够促使员工更加关注公司的长远发展和业绩表现，因为这直接关系到他们个人的财务福祉。此外，所有权理论指出，在传统的公司架构中，经常存在所有者与经理人之间的代理问题。当员工持有股份时，代理成本可能会因决策更符合所有股东利益而有所降低。该理论还提出，持有公司股份的员工更可能积极地参与日常工作和决策，因为他们了解到自己的努力可以直接影响到公司的表现和个人股权的价值。通过股权分享，员工对公司的忠诚度可能会提高，并可能因为财务上的投入而减少跳槽的可能性，进而提高员工的留存率。员工持股视作一种向低收入者转移财富的方法，可以通过这种"内部"分配机制，让社会财富分配得更加均衡。同时，作为股东的员工参与公司治理，可能更有效地监督管理层，减少管理浪费，并提高效率。然而，持有公司股份的员工也要承担经营风险，特别是在公司经历困难时，他们的股份价值可能会下降，因此对风险的认识可能会激励员工更加努力，以确保公司的稳定发展。

### 6.2.2 美国员工持股计划的特点

员工持股起源于美国，也成熟于美国。依赖其成熟的资本金融市场，美国发展出有自身特色的杠杆式员工持股模式，深刻影响了其他西方发达国家的员工持股制度。

**1. ESOP 概述**

美国的员工持股与员工所有权可以视为同义。广义的员工持股或员工所有权的形式很多，比如员工股票购买计划（ESPP）、员工收购计划、限制性股票计划等，以及狭义的员工持股（ESOP）。尽管 ESOP 一词被当作"员工股票期权计划"（Employee Stock Option Plan），但其被更普遍的理解是员工持股计划的缩写。美国员工持股联合会（The ESOP Association）认为：员工持股计划（Employee Stock Ownership Plan）是一种员工受益机制，旨在使员工主要投资于雇主公司，并成为公司的股票持有者。通过这种计划，员工可以获得公司股票的所有权，并分享公司的成长和利润，从而增加其财富和退休收入。从 ESOP 的角度来看，1974 年通过的《雇员退休收入保障法案》使 ESOP 必须遵守其规定。这意味着 ESOP 不仅被合法化，而且被视为员工所有权实践的一部分，并被纳入员工福利体系中。因此，ESOP 可以享受税务优惠。

**2. 杠杆型 ESOP 与非杠杆型 ESOP**

美国的员工持股计划主要分为杠杆型 ESOP 与非杠杆型 ESOP 两种。不管是杠杆型还是非杠杆型，操作时连接企业与员工的是一个信托基金，它承载 ESOP 的核心功能。所以，在实施 ESOP 之前，需要先建立起一个信托基金（其受托管理人可以是银行或信托公司，或是与企业利益不相关的个人、公司管理者或一般员工），由信托基金会拥有企业或股东以股票形式提供给员工的资产，如企业或股东提供给员工的资产是现金，信托基金会将用这些现金购买企业的股票。公司可以选择向 ESOP 信托基金捐赠新发行的股票或用于购买公司股票的资金。ESOP 信托基金将根据员工的薪酬情况或更公平的标准将这些股票分配到员工的个人账户中。当参与 ESOP 的员工因退休或其他原因离职时，公司将以公平的市场价格回购员工的股票。如果公司不是上市公司，则需要让专业的外部评估机构对公司股票进行年度评估，以确定员工股票的价格。

非杠杆型 ESOP 操作原理相对简单：公司每年向 ESOP 提供的贡献金（赠予而非购买）

最高不超过工资总额的 15%。这些贡献金可以以股票形式发放，也可以是现金。这样可以使员工所有权逐渐积累，同时稀释和分散公司其他股东的所有权。对于非杠杆型 ESOP，其实施过程与其他大多数税收优惠计划类似。

杠杆型 ESOP 是美国最常采用的员工持股方式。杠杆型 ESOP 的操作原理如下：ESOP 可以从本公司或其他金融机构借款，通常的操作流程是银行先向公司提供贷款，然后公司将这笔资金转借给 ESOP。ESOP 使用这笔款项购买的股票将暂时存放在过渡账户中，直到贷款全部偿还完毕后才会转移到员工账户。按照法律规定，公司每年至少需要为 ESOP 提供相当于其年度偿还额的资金支持。此外，ESOP 所承担的债务利息以及持有股票的合理股息也将另行计算，其操作模型如图 6-2 所示。

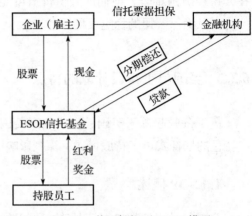

图 6-2　美国杠杆型 ESOP 模型

### 3. 美国 ESOP 的特征

美国 EOSP 作为员工福利计划的一部分，一般与其他员工福利组合运行，很少单独实施。与其他福利不同的地方在于：ESOP 由于其股权性质，并向员工保证固定收益，因此它仅将员工所在企业股权收益视为福利来源之一。ESOP 的福利属性、股权属性等使其具有如下特征。

其一，参加 ESOP 的员工人数众多。虽然并不是企业的全部员工都参加 ESOP，因为加入 ESOP 采取的是自愿原则，而非强制，但整体上绝大多数员工都会参与其中，毕竟所持股份是无偿获得，而且还有银行贷款支持，这大大降低了员工个人持股的风险。

其二，持股员工不需要个人出资购买企业股票。员工所获得的股票源自企业向 ESOP 信托捐赠的新发行股票或用于购买现有股票的现金，以及 ESOP 信托通过贷款购买的企业股票。ESOP 的政策目标是在不消耗劳动者储蓄的情况下，让更多劳动者成为资本所有者。这也是凯尔索提出 ESOP，并用于提高员工福利，改善劳资关系的初衷。

其三，信托是专业的持股平台。参加 ESOP 的员工都有具体的持股数量，虽然这些股份的所有人是员工，但这些股份并不由员工直接持有，而是交给员工持股信托基金会或其他公共信托机构代为持有，且集体管理。

其四，员工股份权益的受限性。就股份的投票权而言，已分配到个人账户的股份员工个人享有投票权，未发放到个人账户的股份可以由受托人（ESOP 信托基金）投票；就股份的转让权而言，只有在员工退休或离职时，才有权将属于自己的股份按照公允的市场价转让给公司其他员工或者由公司回收，这样员工才能通过转让实现现金回收。

其五，较好的税收优惠。由于被视为福利计划的组成部分，法律给予了很大的税收优惠，这可以被视为美国 ESOP 特征中最突出的一个。税收政策起到了极大的推动作用，这主要体现为税收优惠较多。①公司可因此享有税收优惠。公司在一定范围内向 ESOP 提供用于偿还利息和本金的资金可以享受减税优惠。②金融机构可因此享有税收优惠。为了鼓励金融机构向 ESOP 提供贷款，政府会给予税收激励，从而使 ESOP 可以以低于公司贷款的利率获得借款。③员工也可以因此享有税收优惠。员工用于偿还债务的现金红利也可以享受减税优惠。所有参与者因其 ESOP 行为均可享受税收优惠，这为刺激该等主体参与 ESOP 提供了法律和税务基础。

美国法律给予 ESOP 的各种优惠如表 6-1 所示。

表 6-1　美国 ESOP 的优惠

| 优惠对象 | 优惠内容 |
| --- | --- |
| 持股员工 | 股本与红利在提取使用前免个人所得税；股份变现收入转入退休基金免个人所得税 |
| 售股股东 | 员工持股超过 30% 的公司，股东售股收益投入另一公司，该部分收益免交 28% 的所得税 |
| 售股公司 | 以现金支付红利减税；员工持股还贷期间免公司所得税 |
| 贷款金融机构 | 向员工持股超过 30% 的公司贷款，利息收入减半征收所得税 |

**4. 美国 ESOP 的成就**

根据美国国家雇员持股中心（NCEO）的统计数据，截至 2023 年 2 月，美国共有 6 467 家企业实施了员工持股计划，有近 1 400 万名员工参与了该等计划。尽管自 21 世纪初以来，ESOP 数量有所下降，但参与人数却逐年上升，具体数据如表 6-2 所示。

表 6-2　美国 ESOP 的数量

| | ESOP 数量（个） | 参与人数（百万） | 所涉金额（亿美元） |
| --- | --- | --- | --- |
| 私人公司 | 5 887 | 193.49 | 2 215.25 |
| 上市公司 | 580 | 1 201.28 | 16 123.27 |
| 总计 | 6 467 | 1 394.77 | 18 338.52 |

数据来源：NCEO 网站。

## 6.2.3　中国员工持股实践与问题

"员工持股"一词的汉语所指与美国的 ESOP 是不一样的。ESOP 指的是狭义的员工持股，而"员工持股"一词在我国则是从广义角度来使用。我国在借鉴和移植这一概念时，甚至出现了"员工持股的股权激励化"倾向。

**1. 我国国有企业员工持股的历史发展**

我国现代员工持股是改革开放后，伴随着国有企业改革、计划经济向市场经济转型而逐步展开的。自 20 世纪 80 年代开始，我国员工持股制度的实践主要发生在国有企业，这是由我国经济的国有基础所决定的。员工持股制度在国有企业的探索，因其涉及国有资产的产权转移（国有资产的私人化）难题，所以其发展颇为曲折，出现了"一放就乱，乱了就收，一收就死"的怪圈。

在对我国国有企业员工持股历史阶段的诸多归纳中，如下阶段划分[1]最清晰地描述了这一过程。

第一阶段为早期探索期（1984—1991年）。改革开放后，在国有企业实行"放权让利""承包制"改革的同时，城乡集体企业率先开始了股份制的尝试，一些地方的中小型国有企业也紧随其后。1986年12月，国务院发布了《关于深化企业改革增强企业活力的若干规定》，其中指出："各地可以选择少数有条件的全民所有制大中型企业，进行股份制试点。"随之全国的部分省市开始挑选一些国有大中型企业进行股份制试点。据原国家体改委统计，1991年年末共有各类股份制企业三千多家。其中原来是集体企业的占63%，国有企业的占22%，其他类型占15%。"当时，全国3 200家各类股份制试点企业中有86%的企业都实行了员工持股，员工个人持股金额达3亿元，占总股本的20%左右"[2]。此阶段的内部员工持股是以筹措资金、搞活企业为主要目的的，因此鼓励职工大范围参与，但忽略了股权结构、股份对应权责划分等治理问题。

第二阶段为早期推广期（1992—1994年）。截至1993年6月，超过1 700家企业尝试员工持股计划，ESOP持股总额达到近235亿元。随后因快速推广中出现的不规范现象，1993年4月国务院转发原国家体改委等部门《关于立即制止发行内部职工股不规范做法意见的紧急通知》，指出存在"超范围、超比例发行内部职工股，有的以法人名义购买股份后发给个人，有的在报纸上公开发布招股说明书在全国范围内招股。一些地方还出现了内部职工股权证的非法交易，造成'内部股公众化，法人股个人化'"。该通知之后的规范化检查使得职工内部股热潮逐渐降温，也开始了其规范化进程。

第三阶段为规范探索期（1995—1998年）。作为经济特区的深圳，在员工持股规范化方面为全国提供了宝贵的经验。深圳作为我国试点的典型地区，于1994年和1997年先后颁布了《关于内部员工持股制度的若干规定（试行）》和《深圳市国有企业内部员工持股试点暂行规定》，逐步全面推进员工持股计划，并取得了良好成绩。华为、万科等企业的员工持股就是从此阶段开始探索而成的。对于深圳采取的以员工持股会或工会为员工持股平台的探索，1998年工商总局给予肯定。但后续由于员工股对股票市场的冲击，1998年12月，证监会下发《关于停止发行公司职工股的通知》，要求股份有限公司公开发行股票一律不再发行公司职工股。

第四阶段为以管理层收购为代表的深入探索阶段（1999—2004年）。1999年9月十五届四中全会提出，在企业改革中允许进行股权分配方式的探索。员工获得股权被定义为是一种参与企业分配的方式。这一阶段国有企业改革的目标是建立现代企业制度以及国有企

---

[1] 黄群慧，余菁，王欣，等. 新时期中国员工持股制度研究[J]. 中国工业经济，2014（7）：5-16.
[2] 同[1].

业脱困。在"主辅分离"改革中，大量国有企业采取了管理层收购和员工用经济补偿金购买国有企业资产入股。但由于缺少必要的制度约束和有效监管，出现了管理层"自卖自买"等低价收购行为，导致国有资产流失。2003 年以后，财政部、国资委、证监会纷纷出台文件对管理层收购提出了更严格的政策约束。如国务院国资委 2004 年 6 月颁布了《关于进一步规范国有企业改制工作的实施意见》，该文件对国有企业改制过程中的管理层收购进行了规定，要求管理层在收购过程中必须遵守法律法规和国有资产监管制度，不得牟取不当利益。此外，该文件还要求管理层在收购过程中必须履行企业职工代表大会或者股东大会的批准程序。

第五阶段为员工持股的风险控制阶段（2005—2012 年）。上一轮改革中管理层收购带来的"阵痛"，使国家对员工持股更加谨慎。这一阶段国家对员工持股采取的是限制、清理和规范，很多地方甚至停止了员工持股工作。其中代表性的规范性文件是 2008 年 9 月国务院国资委发布的《关于规范国有企业职工持股、投资的意见》（国资发改革〔2008〕139 号）。为进一步规范员工持股，国务院国资委 2009 年 3 月再次发布了《关于实施〈关于规范国有企业职工持股、投资的意见〉有关问题的通知》（国资发改革〔2009〕49 号）。这两个文件对员工持股中出现的问题进行了总结，严格控制持股范围、资金来源和持股形式，明确了定价原则，强化了员工持股的审批程序，指出清退范围和违规处理方式，提出了加强监督的措施等。总之，这一阶段主要是解决以往员工持股中的遗留问题，防范员工持股中的国有资产流失。

第六阶段为混合所有制背景下员工持股激励化阶段（2013 年至今）。新时期员工持股的特点为：准许实施员工持股的企业主要限定在高科技行业，持股人员限定在董事、高管和核心员工，不动存量只用增量，现金入股等，这样的员工持股呈现出股权激励的特征。由于吸取了上一轮国有企业改制和管理层收购的教训，这一轮员工持股更为谨慎，表现为将员工持股的目的限缩为（股权）激励，并不断强化此目的。2013 年 11 月党的十八届三中全会通过的《中共中央关于全面深化改革若干重大问题的决定》中提出，允许混合所有制经济实行企业员工持股。2014 年 6 月，证监会发布《关于上市公司实施员工持股计划试点的指导意见》，为我国上市公司实施员工持股计划提供了政策依据。2015 年中共中央、国务院印发的《关于深化国有企业改革的指导意见》对混合所有制企业员工持股提出试点先行、稳妥推进等要求。2016 年 2 月，财政部、科技部和国务院国资委联合发布了《国有科技型企业股权和分红激励暂行办法》（财资〔2016〕4 号）。2016 年 8 月，国务院国资委、财政部和证监会联合发布了《关于国有控股混合所有制企业开展员工持股试点的意见》（国资发改革〔2016〕133 号）。2017 年 11 月，国家发展改革委等 8 部门发布了《关于深化混合所有制改革试点若干政策的意见》，提出员工持股应依法合规、公开透明、立足增量、不动存量、同股同价、现金入股、以岗定股、动态调整等原则。2022 年 11 月，国务院国资委办公厅印发《以科技型企业为主开展国有控股混合所有制企业骨干员工持股操作指引》，对新时期员工持股做了细化规定。

## 2. 我国员工持股的特征与问题

要反思我国员工持股存在的问题，就需要再次审视"员工持股"的概念。如前文所述，广义的员工持股应该等同于"股权分享"，狭义的员工持股与股权激励是有区别的。另外，员工持股计划仅指一个被科学定义的具体方案，该方案模式和要素具有相同性，它是广义员工持股概念的最小、最具体、最模式化的一个表达。在框定员工持股概念的基础上，来反思我国四十年来所谓的员工持股历程，就会找到统一的评价标准。同时，需要剔除一个错误认识：不是员工持有公司股份就应被视为员工持股。如改革开放初期的股份制改造中的员工持股，其目的多是筹集资金，既非激励更非福利。应该正本清源，按狭义的员工持股概念来审视我国的员工持股实践的方向和意图。由于概念错位，实践就表现出同一概念之下的相异实践，导致理论与实践无法统一。缺少对概念和理论的本土化（中国特色的员工持股知识体系）导致员工持股实践与制度建设的凌乱，没有一个统一的主线来指导理论建构和实践规划。

我国员工持股实践中存在的问题是阶段性的，因为每个阶段员工持股的形式与目的是各异的，但总的问题是：员工持股容易成为侵占国有资产的一种方式。比如探索时期因为员工持股目的是募集资金，出现了外部人持股、超比例持股、公开募集股份或其他变相公开募集股份等现象，特别是在管理层持股阶段，此现象更为集中，出现了高折扣贱卖国有股权、平均持股、强制持股等现象。所以，如何归纳出我国员工持股存在的问题是有难度的，这就决定了如果遵循"先总结问题再提出解决方案"的思维是无法应对员工持股问题的。

即使如此，纵览被"分段"的员工持股历程，会看到以下特征。

其一，缺少对员工持股的全面和深刻认识。回顾员工持股的发展，之所以每个阶段表现不同，主要在于其服从于阶段性的经济任务。其实施过程的方法论就是"摸着石头过河"的思维；而且，在"放"和"管"之间一直在循环，没有找到员工持股的普遍规律。这反映了对员工持股和股权激励及其功能没有深刻认识，没有从更高视角来发掘其中应有的价值，所以就没有更高层面的顶层设计。

其二，员工持股一直作为国有企业改革的措施而存在，没有展现其独立价值。国有企业和上市企业是我国的主导企业，其规范程度也最高，股权激励和员工持股的政策也是针对这两类企业制定的。梳理股权激励和员工持股的文件会看到：股权激励主要存在于国有企业和上市公司，而员工持股目前主要存在于上市公司。另外，股权激励和员工持股并没有成为独立的公司治理机制。我国的员工持股尽管原理上或方案上或名称上借鉴了美国等国家的相关知识或措施，但实际运行中并没有很好地推动公司治理。

其三，缺少法律规范的建构。这集中表现为员工持股和股权激励的持股平台的选择问题上。最初在"老三会"的治理组织范围内，选择了工会作为持股平台，这主要是深圳探索的结果，如华为的工会就持有其99%以上的股权。而随着《中华人民共和国工会法》的修改，工会作为持股平台的法律基础就难以维系；之后，修改了《中华人民共和国合伙企业法》，设立了有限合伙形式，我国普遍采用有限合伙企业作为持股平台，但普通合伙人却多为有限责任公司,又规避了普通合伙人的无限责任。另外,员工持股的管理平台应该如何设置,尽管证监会对上市公司有明确要求,但很多国有企业却采用的是传统的行政管理方式。

## 6.3 股权激励模式

股权激励和员工持股的模式是确定方案要素及其组合的"地基"。员工持股有其"规定动作",而股权激励的模式较为灵活。本节主要讲述股权激励的模式。

### 6.3.1 经典股权激励模式

所谓"经典",就股权激励模式而言,是最标准的,也是公开程度最高的激励模式。

**1. 股票期权**

股票期权是股权激励中最经典的、最具代表性的一个激励模式。股票期权(Stock Option)是被授予者的一种选择权,是指被授予者享有在未来规定的若干年内按照授予时约定的价格和数量购买公司股票的权利。

│案例 6-2│

**股票期权激励示例**

某公司在某个时点授予员工可以以每股 5 元的价格购买公司一定数量的股票的权利。员工在获得这个权利后,就需要接受激励协议的约束,其中形式上的约束是必须遵守锁定期和行权期的义务,比如在 12 个月或 36 个月的锁定期内,必须履行劳动合同;比如在 6 年或 8 年的行权期内,员工可以以每股 5 元的价格购买约定数量的股票,然后出售获利,如图 6-3 所示。

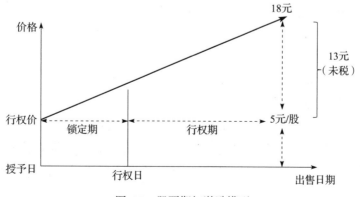

图 6-3 股票期权激励模型

股票期权有如下几个特征。其一，权利指向未来。即员工获得的购买权在未来才会实现，员工并不获得公司当下的、真实的股票。其二，员工获得的是一种权利而非义务。股票期权在法律性质上是一种选择权，这意味着：如果股价走低，员工可以无法律负担地放弃这一权利。这一法律性质对激励对象是十分友好的，可以帮助员工避免不必要的损失（如果员工获得的是股票，而非选择权，当公司价值降低时，员工就会遭受实际的财务损失）。这一点是股权激励模式最为核心，也是最为巧妙之处。这让股票期权只具有激励属性，而没有约束性（如果有损失约束的话，也仅仅是时间而不涉及金钱）。这在所有股权激励模式中都是最为独特的一点。其三，股票属性。这就意味着股权激励的实施主体只能是上市公司，非上市公司无法使用这一工具。因为只有上市公司，股票交易市场才能提供股票可流动性，这让员工能迅速将选择权变现；同时，二级市场可提供及时、准确的价格信息，这也让员工可以更加准确地做出实施选择权的判断。其四，利益来自外部市场。股票期权的运作原则是"企业请客，市场买单"，即企业用自己的股票作为工具，激励被授予者努力工作，获得更大的市场价值，从被授予者工作的增量业绩中套现。

股票期权的优点远大于缺点，其最明显的两个优点是：第一，激励性强。激励性来自图 6-3 所示的增长夹角相对较大，原因是使用股权激励的企业多为高新技术企业（比如我国使用股票期权激励最为成功的是在纳斯达克上市的互联网和其他高科技企业），这些企业所在行业是新兴行业。而且这些企业都处于领导地位，其业务呈倍数或几何级数式增长，其营业额和利润等关键业务指标增长强劲。企业价值增长越快，夹角就越大，员工所获收益就越大，对员工的激励刺激就越明显。第二，成本小。对员工而言，没有资金压力，与最终收益成本相比，其授予的购买成本都较小，比如我国在纳斯达克上市的公司多采用 VIE（可变利益实体）结构，不仅员工获授成本少，而且这些企业多在境外上市，采用离岸公司避税方式，这两种方式都把员工的获授成本降低到最低。对企业而言，由于股权激励模式的原理是"企业请客，市场买单"，企业授予员工的是增量收益，即员工分取的是自己创造出来的新收益，并未分取股东的既有利益。

### 2. 限制性股票

限制性股票（Restricted Stock）是指公司按照预先确定的条件授予激励对象一定数量的本公司股票，激励对象只有在工作年限或业绩目标等条件满足后，才可获得或出售限制性股票，并从中获益。

限制性股票的法律性质是附条件的民事法律行为，此乃这种激励方式被称为"限制性"的意蕴。《上市公司股权激励管理办法》对限制性股票的定义也强调了这种附着于股票上的约束或条件，本办法所称限制性股票是指激励对象按照股权激励计划规定的条件，获得的转让等部分权利受到限制的本公司股票。限制性股票在解除限售前不得转让、用于担保或偿还债务。对授予人而言，限制体现在两个环节：在获得股票时，员工必须满足工作时间、岗位等条件；在处分股票时，也受时间和其他条件约束。

限制性股票有如下特征。

其一，获得实股。激励对象最先获得的是一种权利，而不是实在的股票。企业授予激励对象的权利可以是全部的，也可以是部分的。如果将股票及其全部权利授予被激励人，一旦获得股票且约束条件成就后，激励对象就可以获得实在的股票，与股东拥有的股票权利是相同的；如果给予激励对象的是部分股票权利的话，该等激励就具有虚拟股票性质。在这一点上，股票期权激励和虚拟股权并无二致。限制性股票激励的最后结果是员工可以获得公司发行股票的全部权利。

其二，有成本。我国上市公司运用最多的激励方式是限制性股票，主要是因为这种激励模式是一种别样的对赌，对员工具有较强的约束力，这一约束力的集中体现就是购入成本。尽管公司对激励对象均有优惠，但优惠幅度是有限的。《上市公司股权激励管理办法》第二十三条规定：上市公司在授予激励对象限制性股票时，应当确定授予价格或授予价格的确定方法。授予价格不得低于股票票面金额，且原则上不得低于下列价格较高者：（一）股权激励计划草案公布前1个交易日的公司股票交易均价的50%；（二）股权激励计划草案公布前20个交易日、60个交易日或者120个交易日的公司股票交易均价之一的50%。另外，激励对象是要用现金购买这些股票的，这对于激励对象就构成压力。而股票期权则不一样，如果激励对象不选择时，就不需要承担任何成本。

其三，激励稳健。股票期权是高强度刺激型的股权激励方式，只要公司上市或增长迅速，被授予者可实现"一夜暴富"的愿望，对于即将上市的创业公司而言，股票期权是一副真正的"金手铐"。所以，其在互联网等高科技创业企业中使用最为广泛。而限制性股票则相对保守，其为成熟型的上市公司所用。"成熟"意味着企业的增长是有限的或平缓的，这就决定了员工从限制性股票中获得的利益也是有限的。限制性股票激励是一种中低等强度的激励模式。

### 3. 上市公司员工持股计划

如前文所述，"员工持股"与"员工持股计划"是两个概念，尽管二者有内在联系。前者是抽象概念，其广义外延也包括了股权激励，而"员工持股计划"则是一个描述性概念，它只是一种具体的员工持股方案。由于员工持股计划对普通员工也具有激励作用，因此，本书也将我国上市公司员工持股计划植入股权激励的模式中，目的是为展示其与股票期权与限制性股票的区别。

《关于上市公司实施员工持股计划试点的指导意见》的主要内容包括：一是原则，从企业的角度规定了自愿原则，即企业不得强迫员工持股，从员工角度规定了风险自担原则；二是股票来源，主要是上市公司回购本公司股票、二级市场购买认购非公开发行股票、股东自愿赠与等；三是员工购股资金来源主要是自有资金，公司不得提供资金支持；四是员工持股期限，该文件规定"每期员工持股计划的持股期限不得低于12个月，以非公开发行方式实施员工持股计划的，持股期限不得低于36个月"；五是持股规模，包括公司员工持股规模与个人持股规模,"上市公司全部有效的员工持股计划所持有的股票总数累计不得超过公司股本总额的10%,单个员工所获股份权益对应的股票总数累计不得超过公司股本总额的1%"。

由于持股计划人数众多,企业上市时遇到的问题就是会突破公开发行股票中的200人限制。为此,2020年3月1日修订后生效的《证券法》对此进行了立法豁免,这也是我国首次从法律层面对员工持股计划的规定和认可。其第九条第二款的规定,"公开发行证券"三种认定情形中的"向特定对象发行证券累计超过200人"增加了"但依法实施员工持股计划的员工人数不计算在内",即员工持股计划作为一个整体来计算,其中包含的员工数量在《证券法》中被豁免计算。

### 6.3.2 非典型激励模式

上市公司和国有企业多采用上述经典激励模式,除此之外,民营企业或非上市企业会灵活采用其他个性化的激励模式,包括:期股、业绩股票、MBO(管理层收购)持股、账面价值增值权等。

**1. 期股**

期股(Futures Share)是指未来的股权或股票。其原理来自限制性股票,是非上市公司借鉴上市公司的限制性股票激励模式发展出来的适用于创业公司,尤其以职业经理人为激励对象的非典型激励模式。该模式的核心内容是:企业家(控股股东)与职业经理人签署协议,授予职业经理人一定数量的公司股权,但是职业经理人要先支付一定的成本,比如经评估或双方认可的股权价格的50%,约定在一定时间(比如3年)如果公司业绩达到某种条件(比如翻倍)后,企业家(控股股东)将该等股权赠予(不用支付剩余50%对价)职业经理人,职业经理人拥有该等股权的全部权利,或者协议生效后职业经理人拥有该等股权的分红权,用每年的分红支付剩余交易对价。由于非上市公司的自治性,且双方之间的激励与被激励是协议关系,所以该等协议内容会多样化、个性化。

**2. 业绩股票**

业绩股票(Performance Share)顾名思义就是用业绩来获得股票或股权。在《关于上市公司实施员工持股计划试点的指导意见》(2014年)和《上市公司股权激励管理办法》(2016年)两个文件颁布之前,业绩股票是我国上市公司采用最多的激励模式。在此模式中,公司向员工授予的是以实现预定业绩目标为条件的股票激励,而不是传统的股票期权。这意味着员工获得的股票数量取决于在一定期限内公司或个人业绩是否达到了事先设定的目标。业绩指标包括股东回报率、营收增长、利润水平、市场份额扩大、成本节约等。这些业绩指标通常会为期数年,以确保员工不仅关注短期业绩,而且注重长期的公司成长和稳定性。

业绩股票通常需要在满足业绩条件的情况下，经过一段时间的归属期（Vesting Period）之后，员工才能拥有这些股票。由于这种激励模式直接关联到公司的整体业绩，对于公司激励公司高层管理人员和关键员工以实现长期目标来说更为有力。业绩股票由于将公司业绩与个人股票或股权直接对应，因此其优点就是由这种直接关联关系决定的。业绩股票的优点主要表现为：加强了员工和公司之间的利益一致性，因为员工的奖励直接与公司业绩相关联，员工更倾向于努力提高公司绩效；同时，强调长期价值的创建，鼓励员工考虑和实施在较长时间内能产生效益的策略和决策。

### 3. MBO 持股

MBO 持股（Management Buy-Out Holding Stock）是指让公司管理层出资购买公司部分或全部股权，以实现对管理层激励的一种模式。这一激励模式建立的基础依然是委托代理理论，认为管理者只有在经营自己产权的业务时，才没有代理成本。所以，MBO 持股能将管理层的利益与公司业绩紧密地结合在一起，激发他们的工作积极性和创造性，从而提高公司的整体价值。MBO 持股的优点也体现在其内在的产权关系上，由于管理层成为公司的实际拥有者（全部或重要部分），因此，他们自然会更加关注公司的长期发展和业绩，也会更加积极工作。

### 4. 账面价值增值权

账面价值增值权（Book Value Increase Right）是一种赋予激励对象（通常是公司的管理层或关键员工）在公司账面价值增加时获得一定收益的权利。账面价值增值权是一种不需要实际出资购买股票的激励形式。在实施账面价值增值权时，需要设定一个基准日（如计划实施时的日期），并记录公司该日的账面价值。未来在特定的时间点，再次评估公司的账面价值。如果该价值有所提升，员工将根据事先约定的比例获得增值部分的奖励。当然，这个时间点通常是在事先约定的激励计划到期后，或者是员工退休、离职等特定事件发生时。

账面价值增值权的优势在于其不用稀释原有股东的股权，还可以激励员工关注公司的内在价值和可持续发展。

## 6.3.3 华为的虚拟股权模式

作为一家注册于中国深圳的有限责任公司，华为已经取得了世界性成就。不同寻常的股权结构和治理结构是诠释华为成功的基本视角，因为这二者是公司的"轨道"和"操作程序"。只有理解此二者，才能更好地理解虚拟股权激励模式。

### 1. 非同寻常的股权结构与治理组织

华为的股权结构是非同寻常的，即员工持股超过 99%，而创始人持股不超过 1%。在这个意义上，华为可以被认定为是一个纯粹的"集体企业"或"员工企业"，是一个真正践行了员工所有权（Employee Ownership）的中国企业。

华为的股权结构如图6-4所示。

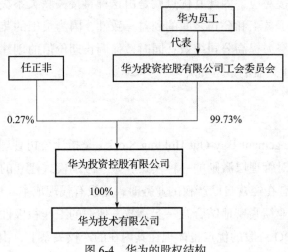

图6-4 华为的股权结构

从所有制角度来理解华为会看到：首先，这不是一家私人企业，因为其私人股东任正非持股比例太小，不能决定企业的所有制属性；其次，华为没有国家所有权或城镇与城乡集体所有权，即企业不是国有企业或我国法律上的集体企业；最后，员工持股达到99.73%，说明华为是一个员工享有几乎全部所有权的企业。这样的股权结构对于理解虚拟受限股的激励方式是有帮助的，因为从员工所有中可以看到员工持股的重要性。

华为是一个有限责任公司，其公司治理组织符合《公司法》规定，有股东会、董事会和监事会等组织。华为公司网站和华为年报显示，三个治理组织的职权均在《公司法》规定的范围内。这些寻常的治理组织是形式意义上的，其不寻常却是实质性的。

首先，治理价值上，华为宣称公司在治理层实行集体领导，不把公司的命运系于个人身上，集体领导遵循共同价值、责任聚焦、民主集中、分权制衡、自我批判的原则；公司拥有完善的内部治理架构，各治理机构权责清晰、责任聚焦，但又分权制衡，使权力在闭合中循环，在循环中科学更替。在"集体领导"和"权力制衡"原则下的华为的公司治理过程完全不同于国内其他公司。

其次，股东会和工会成为了名副其实的"壳"。因为华为的股东会中就两个股东，一个是自然人任正非，另一个是工会，其中任正非由于持股数量极少，从多数决角度，其表决权可以忽略不计，所以，股东会的实际权力在工会。而工会又是一个特殊的历史产物，其不具有经济功能和作为股东的行为能力，因此，工会在行为能力上受限。运用"揭开公司面纱"的原理，会看到华为公司真正的权力拥有者是一个集体组织，即华为的持股员工代表会。

再次，持股员工代表会是最能体现华为集体主义治理观念的组织。"工会履行股东职责、行使股东权利的机构是持股员工代表会。持股员工代表会由不超过 115 名持股员工代表组成，代表全体持股员工行使有关权利"，另外，华为年报显示，华为的董事和候补董事、监事以及候补监事均由持股员工代表会选举产生，而非股东会选举产生。

最后，华为的董事会是非同寻常的。一方面华为尽管是集体主义的治理，但华为的治理中心是董事会，而非股东会。华为非常清楚地罗列了董事会的职权，该等职权明确了华为的"董事会中心"立场；另一方面，华为设置了轮值董事长制度，这在其他公司中是不会出现的。董事长是华为的"元首"，不具有实际权力，仅具有对外象征作用。华为的实权掌握在轮值董事长手里。为制约轮值董事长的权力，华为设置了六个月周期的轮值制度。"公司董事会及董事会常务委员会由轮值董事长主持，轮值董事长在当值期间是公司最高领袖。"同时，产生了多种董事，如常务董事、列席常务董事、候补董事等，并规定了相应的董事列席和递补制度。此外，依照董事会模式设置了华为特色的监事会，以及独立的审计师制度等。

### 2. 虚拟受限股的特点

虚拟受限股是华为激励体系的核心，但不是全部。华为的虚拟受限股不是一蹴而就的，是在国际知名管理咨询机构辅导下长期探索的结果。图 6-5 是华为股权激励机制的探索历程。

从图 6-5 可见，尽管华在不同阶段采用了多种股权激励方式，但真正具有华为特色或者成就华为大业的是虚拟受限股激励模式。

虚拟受限股是华为投资控股有限公司工会授予员工的一种特殊股票。拥有虚拟股的员工，可以获得一定比例的分红以及虚拟受限股对应的公司净资产增值部分，但没有所有权、表决权，也不能转让和出售。在员工离开企业时，股票只能由华为投资控股有限公司工会回购。

华为虚拟受限股有四个明显特点。

其一，人数众多。一方面，持股员工人数从六万多人增长至十五万多人，这对

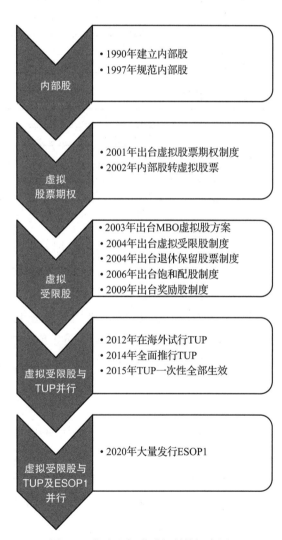

图 6-5 华为股权激励机制的探索历程

资料来源：卓雄华，俞桂莲. 股动人心：华为奋斗者股权激励 [ M ]. 北京：中信出版社，2022.

一个有限责任公司来说是非同寻常的，即使对一个上市公司来说，也是难以想象的。从公开的数据来看，我国没有任何一家公司的持股员工人数达到十万量级；另一方面，从比例来看，华为持股员工占比最高在70%左右，如此发展，可能会变成全员持股。新冠疫情期间，员工持股人数和比例都是迅猛增长。华为持股员工人数与比例如表6-3所示。

表6-3　华为持股员工人数与比例（2009—2023年）

| 年份 | 员工总数（人） | 持股员工数（人） | 持股员工占比 |
| --- | --- | --- | --- |
| 2023年 | 约207 000 | 151 796 | 73.33% |
| 2022年 | 约207 000 | 142 315 | 68.75% |
| 2021年 | 约195 000 | 131 507 | 67.44% |
| 2020年 | 约197 000 | 121 269 | 61.56% |
| 2019年 | 约194 000 | 104 572 | 53.90% |
| 2018年 | 约188 000 | 96 768 | 51.47% |
| 2017年 | 约180 000 | 80 818 | 44.90% |
| 2016年 | 约180 000 | 81 144 | 45.08% |
| 2015年 | 约170 000 | 79 563 | 46.80% |
| 2014年 | 约160 000 | 82 471 | 51.54% |
| 2013年 | 约150 000 | 84 187 | 56.12% |
| 2012年 | 约150 000 | 74 253 | 49.50% |
| 2011年 | 约140 000 | 65 596 | 46.85% |
| 2010年 | 约110 000 | 65 179 | 59.25% |
| 2009年 | 约95 000 | 61 457 | 64.69% |

数据来源：华为历年年报。

其二，非公开。虽然华为每年都发布年报，披露公司财务状况和业务情况，但却没有对外公布公司员工持股的具体情况，只是每年通过华为内部员工论坛"心声社区"发布分红预案，该预案主要包括分红人数、虚拟受限股每股价格和分红金额等信息。因此，对华为持股员工来说，虚拟受限股在内部也是非公开的。

"每年此时，表现优异的华为员工们会被主管叫到办公室里去，这是他们一年当中最期待的时刻。这些华为公司的'奋斗者'们会得到一份合同，告知他们今年能够认购多少数量公司股票。这份合同不能被带出办公室，签字完成之后，必须交回公司保管，没有副本，也不会有持股凭证，但员工通过一个内部账号，可以查询自己的持股数量。"⊖

其三，高分红。华为虚拟受限股的收益主要来自分红和增值。但就增值而言，华为似乎有意控制每股的增值空间，将员工收益主要锁定在分红。华为员工股每年的分红都是引人注目的，其中，2023年分红总额为770.85亿元，2022年分红总额为719.55亿元，2021年分红总额为614.04亿元，即使是受美国制裁的艰难的2020年，华为分红总额也是400多亿元。

表6-4是华为历年的股价与分红情况。

---

⊖ 资料来源：上游新闻。

表 6-4　华为历年的股价与分红情况（2010—2023 年）

| 年度 | 股价 | 分红 | 分红收益率 |
| --- | --- | --- | --- |
| 2023 年 | 7.85 元 / 股 | 1.50 元 / 股 | 19.1% |
| 2022 年 | 7.85 元 / 股 | 1.61 元 / 股 | 20.5% |
| 2021 年 | 7.85 元 / 股 | 1.58 元 / 股 | 20.1% |
| 2020 年 | 7.85 元 / 股 | 1.86 元 / 股 | 23.7% |
| 2019 年 | 7.85 元 / 股 | 2.11 元 / 股 | 26.9% |
| 2018 年 | 7.85 元 / 股 | 1.05 元 / 股 | 13.3% |
| 2017 年 | 7.85 元 / 股 | 1.02 元 / 股 | 13.0% |
| 2016 年 | 6.81 元 / 股 | 1.53 元 / 股 | 22.5% |
| 2015 年 | 5.90 元 / 股 | 1.95 元 / 股 | 33.1% |
| 2014 年 | 5.66 元 / 股 | 1.90 元 / 股 | 33.6% |
| 2013 年 | 5.42 元 / 股 | 1.47 元 / 股 | 27.1% |
| 2012 年 | 5.42 元 / 股 | 1.41 元 / 股 | 26.01% |
| 2011 年 | 5.42 元 / 股 | 1.46 元 / 股 | 26.93% |
| 2010 年 | 5.42 元 / 股 | 2.98 元 / 股 | 54.98% |

数据来源：作者根据网上公开资料整理而成。

其四，强大的融资功能。华为的发展需要强大的资金进行支撑，但华为不是一个符合《证券法》标准的公司，难以通过公开发行股票获得市场资金。虽然华为也公开发债，但其数量相比通过虚拟受限股获得的内部资金来说，是相对较少的。华为自成立以来，一直不断增发虚拟受限股，走出了一条不同寻常的内部融资之路，这也是华为虚拟受限股的独特功能。

下面是华为自成立以来，工商登记显示的注册资本不断增长的数据。鉴于工商登记的注册资本来自虚拟受限股的扩充，所以，该数据也可以看作是华为虚拟受限股融资的体现。

华为历年虚拟受限股发行数量如表 6-5 所示。

表 6-5　华为历年虚拟受限股发行数量（2003—2023 年）

| 变更时间 | 股份总数 | 新增股数 | 增发比例 |
| --- | --- | --- | --- |
| 2003 年 3 月 14 日 | 3 268 396 585 | | |
| 2004 年 3 月 10 日 | 3 616 029 807 | 347 633 222 | 11% |
| 2004 年 12 月 29 日 | 4 311 511 820 | 695 482 013 | 19% |
| 2005 年 12 月 14 日 | 4 709 260 078 | 1 093 230 271 | 9% |
| 2006 年 12 月 28 日 | 5 415 649 090 | 706 389 012 | 15% |
| 2007 年 12 月 29 日 | 5 686 431 545 | 270 782 455 | 5% |
| 2008 年 12 月 17 日 | 6 823 717 854 | 1 137 286 309 | 20% |
| 2009 年 12 月 14 日 | 7 506 089 639 | 682 371 785 | 10% |
| 2010 年 9 月 15 日 | 8 256 698 603 | 750 608 964 | 10% |
| 2011 年 11 月 14 日 | 9 990 605 310 | 1 733 906 707 | 21% |
| 2012 年 11 月 5 日 | 10 989 665 841 | 999 060 531 | 10% |
| 2013 年 12 月 16 日 | 12 088 632 425 | 1 098 966 584 | 10% |
| 2014 年 12 月 16 日 | 12 813 950 370 | 725 317 945 | 6% |
| 2015 年 12 月 29 日 | 13 582 787 392 | 768 837 022 | 6% |

(续)

| 变更时间 | 股份总数 | 新增股数 | 增发比例 |
| --- | --- | --- | --- |
| 2016 年 12 月 27 日 | 14 941 066 131 | 1 358 278 739 | 10% |
| 2017 年 12 月 28 日 | 16 435 172 744 | 1 494 106 613 | 10% |
| 2018 年 12 月 30 日 | 22 236 788 722 | 2 021 526 247 | 35% |
| 2019 年 12 月 19 日 | 29 352 561 113 | 2 668 414 647 | 32% |
| 2020 年 12 月 9 日 | 34 050 445 281 | 2 552 138 953 | 16% |
| 2021 年 6 月 24 日 | 36 450 445 280 | 2 569 756 392 | 7.05% |
| 2021 年 8 月 17 日 | 38 863 012 072 | 2 572 731 399 | 6.62% |
| 2022 年 8 月 22 日 | 44 692 463 883 | 3 265 342 530 | 7.53% |
| 2023 年 8 月 9 日 | 51 396 333 465 | 7 709 450 019 | 15% |

注：2021—2023 年数据是作者根据华为工商登记进行推算得出的。

数据来源：卓雄华，俞桂莲. 股动人心：华为奋斗者股权激励 [M]. 北京：中信出版社，2022.

## 本章小结

1. 股权激励是员工激励中发现的一类长期激励措施，是企业和企业家对员工的"最终激励"。
2. "股权分享"一词具有宽泛的解释力，它不仅包括股权激励，也包括员工持股计划，它揭示了企业家与员工分享股权、利润和事业的重要性。
3. 股权激励的对象是关键人力资本所有者，员工持股的对象是普通人力资本持有者；前者目的是激励，后者目的是福利。
4. 杠杆型 ESOP 是美国最常用的员工持股方式。
5. 股票期权和限制性股票是最典型的两种激励模式。

## 批判性思考

1. 对中小创企业而言，股权激励是必需的吗？为什么？
2. 我国国有企业适合员工持股吗？
3. 华为的虚拟受限股激励模式成功的条件是什么？

第 7 章
CHAPTER 7

# 股权激励方案要素

股权激励方案是各激励要素的集合，其性质是一个实施和操作指南，是对外宣示的一种计划；股权激励协议是公司或大股东与激励对象之间就方案内容达成的私人协议。所以，就可操作的股权激励来说，激励方案与激励协议构成了股权激励的主要文本。本章以股权激励为蓝本，分拆其构成要素，并逐一进行细致解析。

## 7.1 目的、模式、时点与来源

股权激励的目的、模式、时点，以及来源是四个重要的要素，需要认真梳理。

### 7.1.1 激励目的

"股权激励"概念中的"股权"是手段或媒介，实现"激励"才是目的。由于员工的积极性只能奖励而不能惩罚，因此，获得员工精神中的积极态度是股权激励的目的。

由于历史文化和公司制度的不同，各国股权激励的目的侧重点各有差异。在美国，股权激励的主要目的是激励性，同时又具有强烈的福利性。将股权激励和员工持股一同视为解决员工退休福利的一种股权手段。在此目的之上再追求：增强企业内部员工的凝聚力，提高劳动效率；稳定股东队伍，防止公司被他人恶意收购；获得减税，合理避税，以及获得银行方面非融资支持等。而在英国和日本，实施股权激励更多的目的是要激励经营者的积极性，以应对来自美国公司的竞争压力，但这样的目的缺少福利性。

正如第 6 章在对狭义股权激励与员工持股进行界分时确定的目的一样，狭义股权激励与狭义员工持股不同之处在于：前者以激励员工（关键人力资本）的积极性为主要目的，后者则是以普遍福利为主要目的。

就激励目的而言，其可分为如下七个具体目标。

其一，留住关键人力资本所有者（核心人才）。企业通过提供股权或期权等方式，激发他们有长期在公司工作的动机，从而降低人才流失率。这是股权激励目的的形式价值。

其二，以事业和利益为驱动力，提高员工积极性。股权激励可以让员工分享公司成长的果实，进而提高其工作积极性和创造性，让他们更加勤奋地为公司工作。

其三，实现利益共享。员工通过持股或期权，可以享受到公司发展所带来的经济利益，这可以增强员工与企业之间的利益共同体意识。

其四，促进企业文化建设。股权激励有助于培养员工的主人翁意识，促进企业文化的建设，使员工更认同公司的价值观。

其五，激发长期价值创造。与短期奖励（如现金奖金）相比，股权激励更加关注企业的长期发展，可以激励员工着眼于提升公司的长期价值。

其六，优化企业管理。持股员工作为公司股东参与决策，有助于促进信息的开放和共享，优化企业的决策和管理。

其七，资本运作需要。在企业上市、融资或并购重组等资本运作过程中，股权激励可以作为一种工具，帮助企业实现各种战略目标。

其中以上前三点是一个成功的股权激励方案皆可达成的基础目的，也是这三个目的构成企业实施股权激励的动因。后面四个目的是附带目的，是成功股权激励的边际收益。

| 案例 7-1 |

### 闻泰科技的激励目的

上市公司闻泰科技股份有限公司（简称"闻泰科技；股票代码：600745）在其《2023年股票期权激励计划》的第二章对激励目的进行了清晰表述："人才是上市公司最核心的'无形资产'。一直以来，公司致力于通过增加正向激励、实施薪酬调节等方式建立和完善公司中长期激励与约束机制，以有效吸引和留住公司优秀人才，提升核心团队凝聚力和企业核心竞争力。在此基础之上，公司通过践行薪酬证券化改革，以激励、保留公司的核心优秀人才，进一步激发其积极性和创造性，形成人力资源优势，确保公司长期战略目标实现。作为公司薪酬证券化改革的第一步，公司制定本激励计划将有效绑定公司利益与员工利益，实现公司目标与员工目标的一致性，从而为公司、股东及员工创造更大价值及更高效回报。"

警惕利用股权激励之名而行内部融资之实。有私人企业，借用股权激励的私人和契约属性，用股权激励之名行内部融资之实。尤其是高估公司股权价值，通过强制或其他约束手段要求职业经理人或员工购买公司股权，目的仅是为公司增加流动资金。所以，职业经理人或员工在参与股权激励或者员工持股时，要尽量获得有关信息，识别股权激励的真实目的，防止被"套牢"。尽管华为的虚拟受限股已经让"奋斗者"普遍高收益，由于其具有内部融资功能，因此也被质疑。当然，更要防止的是利用股权激励进行非法融资或诈骗。

## 7.1.2 激励模式选择

我国上市公司广义的股权激励模式有三种，即股票期权、限制性股票和员工持股计划。上市公司如何选择激励模式，尤其是在股票期权和限制性股票之间如何进行抉择？管理学研究表明：其一，股权激励模式的选择是激励方案多方参与者博弈的结果。股东、董事、高管和员工都会参与其中，其中博弈的中心是方案制定主导者。所以，上市公司最终无论是选择股票期权，还是主流的限制性股票，都是最有利于方案主导者的。其二，我国上市公司股权激励的数据显示，股票期权适用于企业内在有巨大发展潜力，但目前发展并不迅速的企业，尤其是适用于高科技企业，而限制性股票则适用于企业目前发展较为迅速的企业。当然，每家上市公司最后选择的股权激励模式都是在综合以上参与者因素和企业因素的基础上形成的。

国有企业与上市公司一样，其股权激励模式也是被规定的。目前规定国有企业股权激励（不含国有上市公司）的政策性文件及其激励模式主要有：其一，《关于国有控股混合所有制企业开展员工持股试点的意见》（国资发改革〔2016〕133号，简称"133号文"），其中在限定可实施员工持股企业的范围（商业类企业、非公有资本股东所持股份应达到一定比例、建立市场化的劳动人事分配制度和业绩考核评价体系、营业收入和利润90%以上来源于所在企业集团外部市场）的基础上，员工可通过间接持股获得激励；其二，《国有科技型企业股权和分红激励暂行办法》（财资〔2016〕4号，简称"4号文"）提出，以企业股权为标的，采取股权出售（有对价）、股权奖励（无对价）等方式实现股权激励，或者以科技成果转化收益为标的，采取项目收益分红方式进行分红激励，或者以企业经营收益为标的，采取岗位分红激励；其三，2021年1月19日国务院国有企业改革领导小组办公室发布《"双百企业"和"科改示范企业"超额利润分享机制操作指引》，规定商业一类"双百企业""科改示范企业"可以采用超额利润激励方式。"超额利润分享机制，是指企业综合考虑战略规划、业绩考核指标、历史经营数据和本行业平均利润水平，合理设定目标利润，并以企业实际利润超出目标利润的部分作为超额利润，按约定比例提取超额利润分享额，分配给激励对象的一种中长期激励方式。"

中小创企业的股权激励模式选择相比是自由的，甚至可以自己创造，并不像上市公司和国有企业那样"被规定"。中小创企业选择股权激励模式时，需要考虑三个因素。其一是行业。相对而言，科技类企业对人才及其工作积极性有较强依赖，适合股权激励，在选择模式上可选择时间型或业绩型激励模式，如限制性股权或期股。其二是激励对象。对于中小创企业来说，激励对象的范围不能大，否则会影响后续的股权稀释。因为中小企业的激励对象主要是员工或潜在的合伙人，所以一般采用有限合伙为平台，以期权为模式，以业绩为导向。其三是动态激励。激励模式没有一成不变的，要随着企业发展阶段来修改。华为的股权激励模式就是在不断探索中,才确立了以虚拟受限股为核心的激励模式。

### 7.1.3 激励时点

应该什么时候进行股权激励?这一问题与"要不要激励?""对谁激励?"等是一个问题的多个方面。就上市公司而言,由于上市公司均为成熟企业,因此任何时候都可以进行股权激励。对国有企业而言,何时进行股权激励,在于政策允许和监管者责任,即国有企业政策允许时,国有企业的监管者何时把股权激励作为一项工作任务时,股权激励即可推行。当然,如果国有企业的党委会和董事会何时觉得应该进行股权激励也是一个可选时机。对中小创企业来说,激励时点是一个具有挑战性的命题。上市公司和国有企业识别激励时点的主体是各专业机构,这两类企业股权激励的时点选择是相对确定的。而非上市企业,尤其是中小创企业选择激励时点则是相对不确定的,这需要企业家的智慧,由企业家来识别激励机会。企业家除激发和鼓舞合伙人团体的创业精神外,也必须激励对企业有长期价值的员工。对中小创企业来说,原则上,股权激励的时机宜早不宜晚,应该在创业开始就确立激励模式、激励标准,建立企业的激励文化,这对激发团队精神是有利的。

### 7.1.4 激励来源:股权与资金

激励所用股权(股票/股份)的来源主要包括:其一,《上市公司股权激励管理办法》第十二条规定,激励股票来源包括向激励对象发行股份和回购公司股份两种方式。133号文坚持使用"增量引入"原则来解决激励股份来源问题,"主要采取增资扩股、出资新设方式开展员工持股"。4号文规定股权激励方式采用增发股份、向现有股东回购股份和现有股东向激励对象转让股份三种方式。

以上三种激励股份来源指向的股份是"实股",即可以记载于股东名册的股份。对中小创企业来说,激励股份来源当然也包括增发、回购和转让这三种方式。但回购对中小创企业来说,基本不存在。由于大股东转让股权时容易产生税负,且由于中小创企业的股权结构柔性较大,因此,企业一般都采用增发方式解决激励股份来源。除此之外,在采用虚拟股权激励时,可以通过"虚股"方式来实现激励目的。如华为一样,将公司注册资本放大多倍,让员工持有虚构的(而非工商登记的)股份,以实现股权激励的目的。

我国禁止采用金融杠杆进行股权激励,所以,激励对象出资原则上来源自有资金。《上市公司股权激励管理办法》第二十一条规定:激励对象参与股权激励计划的资金来源应当合法合规,不得违反法律、行政法规及中国证监会的相关规定。同时,特别强调上市公司不得为激励对象提供诸如担保等财务资助。133号文规定:"试点企业、国有股东不得向员工无偿赠与股份,不得向持股员工提供垫资、担保、借贷等财务资助。持股员工不得接受与试点企业有生产经营业务往来的其他企业的借款或融资帮助。"4号文在做出同样规定的同时，还特别强调："企业要坚持同股同权，不得向激励对象承诺年度分红回报或设置托底回购条款。"而中小创企业则没有上市公司和国有企业那么严格，其资金来源也是由激励对象自筹，但为达成激励目的，实践中出现了很多灵活做法，比如大股东借款给激励对象、允许激励对象延期支付，甚至帮助激励对象从银行贷款等。

## 7.2 激励对象与持股数量

上述激励要素是激励方案的基础要素，在其铺就的轨道上，选择对哪些人进行激励，给予激励对象多少数量或比例的股权，才是激励方案中最关键的要素。

### 7.2.1 激励对象

衡量一个员工的价值的主要标准是其工作职务和岗位。公司的激励对象主要包括：董事、高级管理人员以及核心员工。"以岗定股"是选择激励对象最主要的具体标准。

《公司法》规定，董事和高级管理人员是企业中的重要岗位，分别负责制定公司策略和监督策略的实施，以及执行公司具体运营。这两类岗位员工通常是股权激励计划的核心受益者。简而言之，股权激励方案主要是对这些岗位员工进行奖励。《上市公司股权激励管理办法》第二条在定义股权激励时，就将激励对象作为定义的关键组成部分，即"本办法所称股权激励是指上市公司以本公司股票为标的，对其董事、高级管理人员及其他员工进行的长期性激励"。

#### 1. 核心员工

核心员工是股权激励对象的重要组成部分，它是指能够帮助企业实现公司战略目标和保持、提高公司的竞争优势，或能直接帮助管理者提高管理业务能力、经营能力和抵御企业管理风险能力的员工。一方面，由于核心员工具有较强的工作能力，对公司具有重要的人力资本价值，这使核心员工的可替代性降低，导致其流动性提高；另一方面，根据马斯洛需求层次理论，追求自我价值的实现是核心员工的主要需求。这些都内在地决定了应该对核心员工进行长期股权激励。

核心员工主要包括：与企业家股东一起打江山并掌握了一定经营或技术秘密的"元老"（可能是合伙人）；企业内部晋升上来的精英员工；企业因发展所需而花费高昂成本或挖或借而来的职业经理人。

根据工作性质，核心员工主要包括核心技术人员（具有专业技能）、核心销售人员（具有广泛外部关系或能建立广泛外部关系）和核心管理人员（具有管理技能）。如果董事和高级管理人员是最标准的激励对象的话，那么核心员工则是次标准的核心员工（即证监会或监督机构可标准化衡量的员工）。

公司如何认定核心员工？上市公司、国有企业的一般做法是：首先，由董事会提名，并经过董事会审议通过《关于核心员工提名的议案》；其次，将上述提名向全体员工进行公示并征求意见。其次，监事会会议审议通过《关于认定核心员工的议案》，并发表明确意见，监事会认为公司核心员工的认定程序符合相关法律、法规的规定，认定程序合法有效，同意认定上述员工为公司核心员工；最后，股东大会审议批准提名员工为公司核心员工。之所以经历如此繁杂的认定过程，是因为在形式上，将员工"升级"为股东，这一过程应该是审慎的，它涉及原有股东的利益和地位；另外，正式而公开的认定过程也会产生"神圣感"，让员工感知到获得激励的深刻意义。

### 2. 有价值的其他员工

除以上所讲的核心员工外，公司可以自行定义具有核心价值的企业员工。《上市公司股权激励管理办法》第八条规定，"公司认为应当激励的对公司经营业绩和未来发展有直接影响的其他员工"也可以成为激励对象。

|案例 7-2|

#### 新宙邦特殊激励对象的认定

深圳新宙邦科技股份有限公司（简称"新宙邦"；股票代码：300037）在其《2023年限制性股票激励计划（草案）》中，周忻［第二大自然人股东周达文（持股比例接近8%）的女儿］成为此次激励对象，而《上市公司股权激励管理办法》规定："单独或合计持有上市公司5%以上股份的股东或实际控制人及其配偶、父母、子女，不得成为激励对象。"但该公司董事会认为周忻属于可认定为激励对象的其他员工，所以给出如下说明："本次激励计划首次授予的激励对象中包含持有公司股份5%以上股东周达文先生的女儿周忻女士。周忻女士在公司担任董事长助理，协助处理董事长的日常事务，参与公司投资发展及国际业务相关工作。因此，本激励计划将周忻女士作为激励对象符合公司的实际情况和发展需要，符合《深圳证券交易所创业板股票上市规则（2023年修订）》等相关法律法规的规定，具有必要性和合理性。"

### 3. 外籍人员

外籍人员可以成为激励对象。《上市公司股权激励管理办法》规定："在境内工作的外籍员工任职上市公司董事、高级管理人员、核心技术人员或者核心业务人员的，可以成为激励对象。"

| 案例 7-3 |

### 广立微外籍员工作为激励对象的认定

杭州广立微电子股份有限公司（简称"广立微"；股票代码：301095）在《2023年限制性股票激励计划（草案）》中就授予1名外籍员工限制性股票，并给出了以下说明："以上激励对象包含1名外籍员工，CHRISTINE TAN PEK BOEY作为公司副总经理，对公司的战略规划、经营管理、业务发展等重大决策具有重要的影响力，对公司的长远发展起到关键作用。因此，本计划将CHRISTINE TAN PEK BOEY作为激励对象符合公司的实际情况和发展需要，符合《深圳证券交易所创业板股票上市规则》等相关法律法规的规定，具有必要性和合理性。"

### 4. 其他特殊人员

独立董事和监事不能成为激励对象。尽管在境外法域中，不禁止独立董事和监事成为激励对象，但我国顾及独立董事的中立性以及监事的监督性，为保持二者的客观性和独立性，上市公司和国有企业均做出禁止性规定（国有企业禁止对外部董事进行激励）。

供应商和客户的关键人员能否成为激励对象？原则上，激励对象是与公司具有劳动合同关系的员工。但在实践中，企业为激励客户、供应商或其他业务伙伴，把公司股权视为一种业务激励手段，在设计股权激励方案时，会把供应商和客户等纳入激励范围，这实际是违背股权激励的原理的。因为无法对供应商和客户按照对员工那样的时间条件和业绩条件来进行考核、授予、约束、调整等。所以，企业应该采用业绩对赌的方式来让供应商和客户等持有公司股权。

| 案例 7-4 |

### 索菲亚经销商激励方案

索菲亚家居股份有限公司（简称"索菲亚"；股票代码：002572）于2015年6月27日发布《关于经销商持股计划进展公告》。该公告披露了其经销商持股计划方案的要点，包括：①本次2015年经销商持股计划拟筹集资金总额上限为12 141万元，计划资金来源为经销商自筹资金；②经销商持股计划委托民生证券股份有限公司管理，并全额认购民生证券索菲亚4号集合资产管理计划的次级份额；③索菲亚4号资管计划的主要投资范围为购买和持有索菲亚股票、固定收益及现金类产品的投资等，其中索菲亚股票主要通过在二级市场购买取得并持有；④索菲亚4号资管计划份额上限为36 423万份，按照2∶1的比例设立优先级份额和次级份额；⑤公司控股股东江淦钧、柯建生为索菲亚4号资管计划优先级份额的权益实现提供担保；⑥经销商持股计划的存续期为30个月，自4号资管计划成立之日起算，索菲亚4号资管计划所获得的标的股票的锁定期为12个月，自公司公告最后一笔标的股票过户至索菲亚4号资管计划名下时起算；⑦为支持持股计划的实施，公司实际控制人之一柯建生先生已和民生证券代表的索菲亚4号资管计划签订了《股份转让协议》，约定柯建生先生向索菲亚4号资管计划转让股票的价格为29.6元/股。本次经销商持股计划涉及的标的股票总数量约为1 230.51万股，涉及的股票数量约占公司现有股本总额44 099万股的2.79%，累计不超过公司股本总额的5%，每位经销商所获股份权益对应的股票总数累计不超过公司股本总额的1%。

事业单位编制的人员能否成为激励对象？原则上事业编人员（非参公管理）不能成为激励对象，但在国企股权激励方案中，研究开发机构、高等院校的科研人员中的普通科研人员（非领导干部）在征得单位同意的前提下，可以获得股权激励。有的中央企业和地方国有企业对此会有自己的内部规定。

### 5. 不能成为股权激励对象的人员

《上市公司股权激励管理办法》规定了不能成为股权激励对象的人员，统一了《公司法》和《证券法》中关于禁止持股的规定。不能成为股权激励对象的人员包括：最近12个月内被证券交易所认定为不适当人选；最近12个月内被中国证监会及其派出机构认定为不适当人选；最近12个月内因重大违法违规行为被中国证监会及其派出机构行政处罚或者采取市场禁入措施；具有《公司法》规定的不得担任公司董事、高级管理人员情形的；法律法规规定不得参与上市公司股权激励的；中国证监会认定的其他情形等。

### 6. 中小企业如何选择激励对象

对中小企业而言，"激励谁"这个问题没有标准答案。由于这类企业的企业家及其合伙人都是企业经营者，公司即使有董事，也是由企业家与合伙人共同担任，高管也是如此。他们已经是持有多数股权的人，不需要另行激励。所以，上市公司和国有企业激励对象的标准无法适用于中小创企业。那么中小创企业应该激励谁？原则上是分阶段来确定激励对象的，比如成长期可以激励中层管理人员，他们的岗位决定了公司发展在此阶段具有关键作用；当企业发展到成熟期时，原有的企业家（大股东）和合伙人的持股比例被稀释，而他们又是公司发展的核心力量，此时就应对他们进行激励。总而言之，"激励谁"是要看企业发展阶段的，看该发展阶段中哪些岗位的人对企业具有突出价值就去激励他们！

### 7.2.2 激励数量

股权激励的数量问题包括两个层面：一个是公司层面，可用于激励的股数（激励总量）；另一个是个人层面，可获得的股数（激励个量）。

**1. 公司应该拿出多少股权用于激励**

《上市公司股权激励管理办法》规定："上市公司全部在有效期内的股权激励计划所涉及的标的股票总数累计不得超过公司股本总额的10%。"133号文规定国有控股混合所有制企业开展员工持股时"员工持股总量原则上不高于公司总股本的30%"。4号文规定国有科技型企业进行股权和分红激励时，"大型企业的股权激励总额不超过企业总股本的5%；中型企业的股权激励总额不超过企业总股本的10%；小、微型企业的股权激励总额不超过企业总股本的30%"。

中小创企业股权激励总数的确定必须服从于公司控制权战略。由于中小创企业是站在企业发展的起点上进行股权激励的，而企业发展是需要外部资金不断进入的，因此，中小创企业股权激励必然会稀释企业家及其合伙人团队的股权。如果因股权激励而大量稀释股权，就会在中后期融资时造成公司控制权旁落，这对中小创企业是非常危险的。早期的股权激励必须保证企业家及其团队拥有越多的股权。一般而言，会把10%作为一个基准，在5%～15%之间来确定股权激励所需要的股权总数。正如本书第3章在阐述股权分配时提及的，必须坚持"老大"主导与"老大"可控原则。因此，在设计股权激励方案时，应该把主导和可控作为检验激励方案是否成功的一个标准，毕竟"没有控制就没有公司"！在这两个原则的基础上，可以根据企业所处的行业、阶段和团队特点等来设定激励数量，不一定非得拘泥于某一个确定的激励股数标准。在公司控制权战略的基础上，公司再综合考虑如下因素来确定激励总数，如公司资本战略、薪酬与福利的整体安排等。这些因素构成了确定激励股份总数的背景。任何一个因素都会对激励股份总数造成影响。在此意义上，确立激励股份总数是上述各个因素综合平衡的结果。

**2. 个人应该获得多少股权**

《上市公司股权激励管理办法》规定："非经股东大会特别决议批准，任何一名激励对象通过全部在有效期内的股权激励计划获授的本公司股票，累计不得超过公司股本总额的1%。"133号文规定国有控股混合所有制企业开展员工持股时"单一员工持股比例原则上不高于公司总股本的1%"。4号文在规范国有科技型企业股权激励时规定"单个激励对象获得的激励股权不得超过企业总股本的3%"，而在规范分红激励时要求"激励对象获得的岗位分红所得不高于其薪酬总额的2/3"。

中小创公司不受上市和国资监管影响，股权激励方案设计的自治性集中体现在激励对象所获股数上。没有来自监管和政策的限制，中小创企业自治存在一个问题，即用什么标准来确定激励对象的股数？一般而言，人力资源管理者会从如下角度来找到适用标准。第一个是岗位标准。岗位标准是处于生存期和发展期初期企业可采用的最简单的方法。该标准的一个基础假想是：岗位是员工价值的静态体现。所以，岗位是确立现有员工工资和激励股数的统一标准。另一个基础假想是"股随岗走"，即岗位与股数是对应的，是不能分开的。因而，越是早期，公司就越可以用岗位薪酬直接计算股数。这种确定股数的方法，对非高管和董事是有优点的，因为对中小创企业来说，董事和高级管理人员均是企业家及其合伙人，早期是不需要对这些创业者进行股权激励的，相反，他们是激励的发起者，中层管理人员和核心员工才是需要激励的人。一般来说，激励对象所获激励股权的数量限定在其年薪的30%是比较合理的。[一]第二个是级别标准。股权激励中的一个原则是"差别就是公平"，实践证明任何平均股权（无论合伙股权分配，还是激励对象股份授予）都是违反正义原则的。公司员工之间的差别体现在员工的职级、业绩薪酬、价值贡献等很多方面。其中，激励时最主要的差别是员工的职级差别。其理由与岗位差别是一致的。员工之间的职级差别也体现了员工的价值差别，而这种差别与岗位差别均为企业对员工人力资本的内在"定价"。比如董事长可以给10分，总经理给7分，中层管理人员给5分，核心员工给3分，普通员工给1分等。第三个是贡献标准。虽然岗位确定了一个员工的基础价值，但同一序列或相同岗位上的员工的贡献是有差别的。形式差别在于员工的工龄。一般认为，工龄越长，员工对公司的忠诚度越高，越应该得到更多激励和奖励，所以，企业需要根据工龄设定一个系数，比如每一年工龄定义为1分，这样可以在岗位激励股数的基础上，给予老员工更多的股数。实质差别在于员工的绩效评价。公司可以根据员工考核结果，赋予不同结果以一定系数，比如考核优秀的员工给予10分，良好的员工给予8分，称职的员工给予6分，不称职的员工给予3分等。最后，就是将以上三个主要标准的所得分综合起来，给予一个员工激励价值的分数，再根据分数与股数之间的关系最终确定每个激励对象应该获得的股数。

### 3. 股数不是持股比例

本书第3章在阐述动态合伙人制度建设时，就合伙人股权分配确立了类似于股权激励一样的分配原则。一方面，如果是静态的合伙关系，即一旦合伙人分配到一定比例股权后，其股权比例是不变的，比如无论公司资本如何变化，合伙人一直会持有公司5%的股权。这时，合伙人获得的是比例，而不是股数。另一方面，如果是动态合伙关系，合伙人随岗位升降，其持有的股数或比例也是变动的。但无论如何，合伙人持股整体是以比例为持股单位的，而且此比例是不变的，这主要是由合伙人身份所决定的。但激励对象持有的激励股权则应以股数为单位，而不应该以比例为单位。之所以如此，是激励对象的身份所决定的。激励对象对企业家来说是次紧密关系，而合伙人对企业家来说则是紧密关系，所以，在股权分配关系上，激励对象与企业（企业家及其合伙人）之间是第二次（次要的，非必要的）股权分配关系。

用股数作为激励对象的核心理由是只有股数不会伤及公司的整体股权，企业家及其团队不会陷入被动之中。所以，无论上市公司、国有企业，还是境外上市公司，其股权激励协议中记载的都是股数。国外有的上市公司甚至将公司股权/股份总数视为公司的秘密，就是为了防止激励对象产生比例计算的冲动。假如公司注册资本100万元，在激励员工时，

---

[一] 崔师振，宋明辉. 股权的秘密：揭示助推企业发展的力量 [M]. 北京：中国法制出版社，2018.

告知员工将获得公司注册资本的 1%（对应股数为 1 万股）的股权激励，随后公司融资时，公司注册资本增长为 1 000 万股，员工依然持有公司注册资本的 1%。此时，公司可用于后续激励其他员工或者引入新股东的股权比例就会越来越少。而且，员工在任何额外工作都没做的情形下，持股数量增长 10 倍，这也违背了价值和正义原则。如果激励时告知员工将获得 1 万股激励，那么就不会对公司后续通过增资扩股进行融资或再进行股权激励时造成"股权空间挤压"。

## 7.3 价格、条件与时间

股权激励的价格是一个核心指标，它对激励对象的积极性会产生直接影响，它也会直接影响激励效果。激励要求的业绩和时间都是附加条件，是激励对象的成本。

### 7.3.1 激励价格

激励价格与激励数量一样，是激励方案中的关键要素，也是激励对象最关注的地方。激励对象在审视激励方案时，一般都会用这两个数据作为评判标准，因为这会直接决定激励对象的得与失。

上市公司和国有企业采用了严格标准。首先，上市公司分别对限制性股票和股票期权的授予价格和行权价格确定办法给出了强制性规定。《上市公司股权激励管理办法》规定了较为详细的确定办法。其中，限制性股票授予价格确定方式为：授予价格不得低于股票票面金额，且原则上不得低于下列价格较高者：（一）股权激励计划草案公布前 1 个交易日的公司股票交易均价的 50%；（二）股权激励计划草案公布前 20 个交易日、60 个交易日或者 120 个交易日的公司股票交易均价之一的 50%。上市公司采用其他方法确定限制性股票授予价格的，应当在股权激励计划中对定价依据及定价方式作出说明。股票期权行权价格确定方式为：行权价格不得低于股票票面金额，且原则上不得低于下列价格较高者：（一）股权激励计划草案公布前 1 个交易日的公司股票交易均价；（二）股权激励计划草案公布前 20 个交易日、60 个交易日或者 120 个交易日的公司股票交易均价之一。其次，由于涉及国有资产，特别是怕出现国有资产流失问题，国有企业对激励价格是非常敏感和在乎的。133 号文规定"员工入股价格不得低于经核准或备案的每股净资产评估值"，4 号文对股权激励行权价格也做了同样的规定。用最低标准保证了国有资产不被侵犯。

中小创企业该如何确定激励价格？要确定激励价格，需要先确定公司股份的每股价值，而要确定每股价值，则要先确定公司的整体价值。但中小企业和创业公司相较于大企业或成熟企业而言，其价值是不确定的。创业企业的成立时间与其价值之间的关系是：成立时间越早，其价值越不确定，这导致各种估值模型都很难精确地计算出其价值。对创业者来说，越是早期，无论融资还是股权激励，都会面对企业价值确定性难题。此阶段，解决此问题的主要方法是经验和感觉。从投融资视角，风险投资，特别是初创期的风险投资，他们投资企业更多的是根据自己对行业的理解和判断，往往将投资重点放在企业家及其团队身上，一个重要的原因就是希望通过优秀团队的确定性来对冲项目的不确定性。尽管不确定，但企业还是需要定价的，尤其是第一次定价极为重要，它为企业以后的定价打下基础。

如何在价值不确定阶段来确定企业的相对价值？以下原则和方法是值得借鉴或遵守的：其一，是同行业比对原则。当难以用科学方法确定企业价值时，企业可以寻找那些最相近的企业（同行业、同阶段，最好是直接竞争的企业）是否被资本市场定价，企业如果已被定价，企业就可以直接参考它的价值。其二，近资本市场的企业（是指那些即将上市或已经准备上市的企业）价值相对确定。对于互联网、信息技术、通信等资本市场喜欢的企业，投资人会用科学的财务定价方法和定价模型来估算企业价值，其定价结果是相对客观的。企业可以找几个风险投资商，在他们尽职调查的基础上，根据风险投资商报价测得企业价值区间。其三，成熟阶段的公司估值方法有市场法（与竞争同行比较）、成本法（以重构成本为计价标准）等。尽管这些复杂而专业的估值方法不能直接适用于初创企业，但对中小创企业估值也有借鉴意义。确定了企业价值，就等于确定了公司股份的每股价值。公司价值、每股价值与激励价格之间是紧密关联的。

在前述方法的基础上，基本上可以确定一个中小创企业的价值，以注册资本为基数就可以得出每股价值。衡量每股价值最常用的方法是每股净资产法。因而，在最近一期每股净资产的基础上，通过加减乘除就可以得出激励价格。这是一种被中小创企业普遍采用的价格确定方法。

原则上，同批次激励对象获得的价格应该是一致的，而不管他们的岗位和贡献，这是激励公平性的一种体现。作为例外的是，公司的"元老们"可以获得低于同批次激励对象的价格，因为他们对公司的长期忠诚是应该得到额外奖励的，所以他们的较低价格是在激励基础上的奖励。

不同激励方式的激励价格也是有差别的，风险越大的激励模式的激励价格应该越低，相反，风险越小的激励模式的激励价格就应该越高，这个逻辑与投资逻辑是一致的。股票期权的价格要低于限制性股票激励价格。另外，在企业价值没有大幅变化的情况下，越早期的股权激励价格也要低于其后期的激励价格。

### 7.3.2 激励条件

股权激励中的约束条件因对象不同分为两类，分别是：针对企业的约束条件和针对激励对象的约束条件，这两类条件往往是交叉在一起的。两类条件中都包括时间约束和业绩约束。而针对激励对象的约束条件主要包括：获得激励资格的条件、获得激励权利的条件和丧失激励的条件，其中获得激励权利的条件是最关键的。

首先，企业进行股权激励的条件。《上市公司股权激励管理办法》从反面对激励企业进行了约束,其第七条规定:"上市公司具有下列情形之一的,不得实行股权激励:(一)最近一个会计年度财务会计报告被注册会计师出具否定意见或者无法表示意见的审计报告;(二)最近一个会计年度财务报告内部控制被注册会计师出具否定意见或无法表示意见的审计报告;(三)上市后最近36个月内出现过未按法律法规、公司章程、公开承诺进行利润分配的情形;(四)法律法规规定不得实行股权激励的;(五)中国证监会认定的其他情形。"国有企业政策则对激励企业做出更为严格的规定。133号文第二条以"试点企业条件"对可实施员工持股的国有企业做出了严格限制,包括:"(一)主业处于充分竞争行业和领域的商业类企业;(二)股权结构合理,非公有资本股东所持股份应达到一定比例,公司董事会中有非公有资本股东推荐的董事;(三)公司治理结构健全,建立市场化的劳动人事分配制度和业绩考核评价体系,形成管理人员能上能下、员工能进能出、收入能增能减的市场化机制;(四)营业收入和利润90%以上来源于所在企业集团外部市场。"4号文只许可"国有科技型企业"才可进行股权激励和分红权激励,并且对国有科技型企业做出了严格认定,只包括:转制院所企业、国家认定的高新技术企业、高等院校和科研院所投资的科技企业、国家和省级认定的科技服务机构等。《"双百企业"和"科改示范企业"超额利润分享机制操作指引》对超额利润分享机制企业限制更严格,是用批准方式限定在国资委认定的"双百企业"和"科改示范企业"两类。

非国有企业和非上市公司实施股权激励是企业的"私事",法律并不禁止,只要不违反强制性法律规定即可。所以,任何非国有企业和非上市公司,尤其是中小创企业,可以不受限制地在本企业实施股权激励。

其次,激励对象激励权利所受限制。股权激励是有对价的,除付出金钱外,激励对象还需要满足时间和业绩等条件。股权激励中的条件主要体现在三个时点上,分别是:获得激励资格时、获得激励权利时和丧失激励时。其一,激励对象并不因为与公司具有劳动合同关系而直接获得激励,其获得资格的条件主要包括时间和岗位。一个员工是否值得被激励,必须建立在该员工被了解、被定价的基础上,因此,需要有足够时间去验证员工的能力。比较普遍的时间限定在12个月,因为人力资源部门的经验是12个月足够一个人全方位展现自己。领导、同事和人力资源部门根据该员工12个月的表现,对其做出一个相对客观的评价。另外,被激励员工应该是具有高价值的,而表现其价值的形式则是岗位。所以,中小创企业选定激励对象时一般会在12个月工作时间的基础上,选择关键岗位的员工进行激励,因为关键岗位的员工可以被视为关键员工或关键人力资本所有者。其二,获得激励权利的条件(ESOP中称之为"行权条件")原则上包括两类四种,其中两类条件是指企业条件和个人业绩条件,四种条件是指企业的时间条件和业绩条件,以及个人的时间条件和业绩条件。在激励时,无论上市公司,还是中小创企业都可以设定这些条件,差别在于详细程度,其中上市公司的条件更具体、更详细,而中小创企业的条件粗略一些,这是由企业价值和价格信息的确定性程度决定的。时间条件和业绩条件是直接关联的,时间又构成了业绩条件的条件。

|案例 7-5|

### 晶瑞股份限制性股票激励方案

创业板上市公司晶瑞电子材料股份有限公司（简称"晶瑞股份"；股票代码：300655）在其《第二期限制性股票激励计划（草案）》中，就规定了企业的时间条件和业绩条件。只有达到事先规定的两个企业条件时，员工才可以获得所授激励利益。表 7-1 是晶瑞股份限制性股票激励的企业条件。

表 7-1　晶瑞股份限制性股票激励的企业条件

| 归属安排 | 考核年度 | 绩效考核指标 |
| --- | --- | --- |
| 第一个归属期 | 2020 年 | 2020 年营业收入不低于 10 亿元，或 2020 年净利润不低于 6 000 万元 |
| 第二个归属期 | 2021 年 | 2021 年营业收入不低于 12.50 亿元，或 2021 年净利润不低于 8 000 万元 |
| 第三个归属期 | 2022 年 | 2022 年营业收入不低于 16 亿元，或 2022 年净利润不低于 10 000 万元 |
| 第四个归属期 | 2023 年 | 2023 年营业收入不低于 20 亿元，或 2023 年净利润不低于 12 000 万元 |

从表 7-1 可见，员工要想获得激励利益，那么公司必须在每一个年度内都完成其营业收入或净利润指标，否则，企业不能实施激励，员工自然就不能获得所授利益。

业绩条件，尤其是公司的业绩条件，尽量设置成"经激励后，可以达到"的。业绩条件太低或太高，都达不到激励目的，特别是过高的业绩条件会伤害激励对象对激励方案的积极性和信心！中小创企业早期进行激励时，目标（业绩条件）越简单越好，比如用销售额、利润等宏观指标作为业绩条件即可，太繁复的指标不好操作，也容易导致失败。

在激励协议或方案中，规定了员工获得激励收益的时间限制，由于股权激励属于中长期激励，其时间规定都是三年以上。同时，激励协议或方案也会规定员工的个人业绩条件。表 7-2 是晶瑞股份规定的员工个人绩效考核等级与对应可归属比例之间的关系。

表 7-2　晶瑞股份规定的员工个人绩效考核等级与对应可归属比例之间的关系

| 个人绩效考核等级 | 对应可归属比例 |
| --- | --- |
| 优秀 | 100% |
| 良好 | 80% |
| 不合格 | 0% |

丧失激励权利的条件将会在股权激励退出机制部分阐述，这里就先不赘述。

### 7.3.3　激励中的时间

股权激励作为民事法律行为，时间构成行为的条件，因此，股权激励就是有条件的法律行为。股权激励方案中的时间，既包括一些时间点，如激励时点、进入时点、退出时点、卖出时点、分取红利时点等，也包括一些时间段，如获得时间限制、禁止转让时间限制、有效期限制等。这些时间点和时间段是对激励对象行为的约束。

## 1. 获授时间

在股权激励条件部分，已经阐述过如何获得股权激励资格时的时间条件，这里以限制性股票和股票期权为对象，展示获得激励利益的时间，而丧失激励利益的时间在退出机制部分再述。激励对象的获授时间分为锁定期、行权期和禁售期。

锁定期是指在约定时间，激励对象获得的股票权利是完全被"锁定"的，在此期间激励对象无法激活所获股权利或利益。锁定期的起点是授予日，终点是行权日。表 7-3 中第一个归属期（行权期）的起点即为锁定期之终点，"自限制性股票授予之日起 12 个月后的首个交易日"，其中"12 个月"即为锁定期。

行权期，也称为解锁期，是激励对象在满足时间条件后可以获得股票权利（包括变现）的过程。一般来说，锁定期结束后就进入行权期，二者之间是紧密相连的。行权期内，激励对象不能一次性获得激励利益，因为如果激励对象一次性获得激励利益，那么激励将缺失约束性，这会导致激励对象一方获利，而公司没有获得激励对象的时间和工作绩效。激励与约束必须对等。没有无激励的约束，也没有无约束的激励；否则，就违反交易正义原则。为此，企业在设置激励方案时，都用多次时间作为约束条件，即分次解锁。股权激励方案中设置了多个归属期或分次归属。

### 案例 7-6

**博思软件的限制性股票激励方案**

福建博思软件股份有限公司（简称"博思软件"；股票代码：300525）在其《2023 年限制性股票激励计划（草案）》中就设置了三个归属期（解锁期），每个归属期间隔 12 个月，也就是说每 12 个月激励对象才能获得约定比例的激励权益。经验表明：为激励并约束对象的短期行为，三年或四年的归属期是合理的，因为这个时间段是最短的长时间，是激励与约束的时间平衡点。表 7-3 是博思软件限制性股票激励中的归属期设置。

表 7-3　博思软件限制性股票激励的归属期

| 归属安排 | 归属时间 | 归属权益比例 |
|---|---|---|
| 第一个归属期 | 自限制性股票授予之日起 12 个月后的首个交易日至限制性股票授予之日起 24 个月内的最后一个交易日止 | 30% |
| 第二个归属期 | 自限制性股票授予之日起 24 个月后的首个交易日至限制性股票授予之日起 36 个月内的最后一个交易日止 | 35% |
| 第三个归属期 | 自限制性股票授予之日起 36 个月后的首个交易日至限制性股票授予之日起 48 个月内的最后一个交易日止 | 35% |

《上市公司股权激励管理办法》第三十一条规定:"在股票期权有效期内,上市公司应当规定激励对象分期行权,每期时限不得少于12个月,后一行权期的起算日不得早于前一行权期的届满日。每期可行权的股票期权比例不得超过激励对象获授股票期权总额的50%。"股票期权的等待期与限制性股票的归属期性质一样,均是有时间条件的行使权利。

|案例 7-7|

### 指南针股票期权激励方案

北京指南针科技发展股份有限公司(简称"指南针";股票代码:300803)在其《2023年股票期权激励计划(草案)》中规定了18个月和30个月为间隔的行权期限。表7-4展示了指南针股票期权激励的行权安排。

表 7-4 指南针股票期权激励的行权安排

| 行权期 | 行权时间 | 行权比例 |
| --- | --- | --- |
| 第一个行权期 | 自授予之日起18个月后的首个交易日起至授予之日起30个月内的最后一个交易日当日止 | 50% |
| 第二个行权期 | 自授予之日起30个月后的首个交易日起至授予之日起42个月内的最后一个交易日当日止 | 50% |

比较表7-3和表7-4,二者的逻辑是一致的,都是以12个月以上为间隔,将激励对象的利益进行了分割,目的不是单纯限制激励对象一次性获授利益,而是实现时间约束与获授利益之间的交易。从这个视角来看,时间是获授利益的对价。

禁售期是指激励对象获授的限制性股票归属后其售出限制的时间段。对上市公司来说,激励对象应先遵守强制性规定,比如激励对象为公司董事和高级管理人员的,其在任职期间每年转让的股份不得超过其所持有本公司股份总数的25%,在离职后半年内,不得转让其所持有的本公司股份;再如激励对象为公司董事和高级管理人员及其配偶、父母、子女的,将其持有的本公司股票在买入后6个月内卖出,或者在卖出后6个月内又买入,由此所得收益归公司所有,公司董事会将收回其所得收益。若相关法律法规和规范性文件对短线交易的规定发生变化,则按照变更后的规定处理上述情形。

### 2. 有效期

股权激励的有效期是股权激励方案中的必备条款。作为民事法律行为的股权激励,以协议形式对企业和激励对象产生法律约束力。任何协议都是有有效期的,所以,股权激励也是有有效期限制的,即激励对象的权利保护不是无期限的,必须在约定的时间内行使,否则,就会失去相关利益。我国上市公司的股权激励的有效期最长不超过10年,而且,有效期由锁定期、行权期构成,其时间线如图7-1所示。

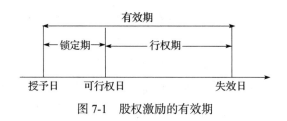

图 7-1 股权激励的有效期

**3. 中小创企业激励中的时间设置**

上市公司股权激励中的时间设置是通用的,对国有企业和中小创企业也是一样适用的,即基于相同的原理,各自根据具体情况进行个性化设置。

对创业企业来说,股权激励和合伙人制度设计的原理也是相同的,其中的时间约束也是相同的。本书第 3 章阐述了合伙人晋升及其等级,从初级合伙人晋升到高级合伙人的过程中也有时间条件,如一个普通员工要成为一个初级合伙人必须有至少 12 个月的公司工作时间以及岗位或业绩,而一个初级合伙人有 3 年公司工作时间才有可能晋升为高级合伙人等。同样,在股权激励中,可以为持股设置时间条件,比如初级合伙人的股权先由大股东代持,36 个月后,如果其可以晋升高级合伙人,则可以进入有限合伙企业持股平台;再经过 6 年的验证,如果其不仅是一个合格的高级合伙人,也是一个对公司忠诚的战略人才,就可以记载于公司股东名册,实现直接持股。这样实现时间锁定与持股形式的统一,可以使创业企业股权激励中的约束更符合创业企业特色。

## 7.4 期权池、持股平台、退出机制、异动与争议解决

期权池是为未来预留的、解决将来激励对象持股的一种设置,其提升了股权激励和股权结构的灵活性。退出机制是中小创企业股权激励方案中最受企业家关注的一个要素。而持股平台、异动与争议解决均属于"标准动作",各类企业适用的标准大体相同。

### 7.4.1 期权池

期权池(Option Pool),即为预留股份,是公司股权的"蓄水池",是指有一部分公司股权当下并不归属于某个主体,而是为将来不特定主体所用,一般留作用于员工股权激励或奖励,甚至股权融资等目的。期权池的法律形式在持股平台部分阐述。

为什么需要期权池?其一,解决未来所需股权的来源问题。创业企业在早期设计股权结构时,无法预知未来的参与者,只能先留下一部分股权,即为"期权";成熟企业进行股权激励时,也会留足期权池,感召新的人才,让其知道公司为其保留了未来的激励股权。在招聘有较高价值的员工时,在其薪酬体系中,就可以确定给予一定预留股权,这对吸引和保留人才是很有帮助的。其二,期权池设置是确定公司控制权的必要措施。期权池设置

的出发点是公司股权结构的可控性。从股权结构的整体，可将股权分为已获授的股权（股权已归于具体主体）和未获授的股权（股权未归于具体主体），如此划分的优点是公司可以迎接未来的股权持有者，而不至于稀释已有持股者的持股比例。这样，公司股权结构在未来也是确定不变的。其三，在融资前设置期权池，也是企业家团体维持其股权比例的有力措施。如果在融资后再设置期权池，会进一步缩减企业家及其合伙人的持股比例。如果在融资前就设置了期权池，就相当于增加了企业家及其合伙人的队伍，毕竟员工在选择企业团体和投资人团体时更容易与企业家团体站在一起。

期权池的大小。比较常见的比例是15%左右，大概范围是5%～20%。创业企业大多将期权池确定在总股本的10%～15%之间，这主要是因为不能太少，否则，激励范围不大，激励强度不够；同时，也不能太多，因为除考虑公司控制权之外，太多还会引发"股权不值钱的怀疑"，会影响后续激励。在确定期权池大小时，必须综合考虑企业发展阶段、规模、行业、同行业激励情况等多个因素，设计出一个适合本企业的期权池。

### 7.4.2 持股平台

激励对象如果直接记入股东名册成为公司股东，至少存在三个问题：第一个是小股东"捣乱"的问题；第二个是人数众多的问题；第三个是如何解决激励对象的流动性问题。因此，将激励对象放入一个间接平台而不变成公司的直接股东是各国和各类企业的普遍做法。

**1. 合伙人持股与激励对象持股的区别**

对创业公司而言，企业家股东是核心，其是股权的主导者，第一次股权分配产生了合伙人，第二次股权分配产生了激励员工，第三次股权分配产生了投资人。同样作为持股人，后三者与企业家的关系亲疏是有别的。这种亲疏有别的股权分配关系就体现在合伙人与激励员工的持股方式上。原则上：合伙人是直接持股，激励员工是间接持股。

激励员工为什么间接持股？这是因为：其一，需要理解股东身份的重要性。第1章在阐述股权治理以及第2章在阐述股权权能时，强调股东身份的法定性和激励性等知识。直接持股意味着持有者拥有"完整的"股东身份，能获得公司法律和民事法律的完全保护，能行使股东身份的所有权利，即一个完整的股权或股东权利。拥有完整股东身份的股东是以企业为事业目的的企业家团体，是企业真正的拥有者或实际的"主人"，其内部又分为起主导作用的"大主人"（企业家）和起辅助作用的"小主人"（合伙人）。根据所有权理论，员工难以具有公司股权的完整权利，因为员工在公司里边投入的仅是劳动，公司回报其薪酬，公司与员工之间的交易是充分的。由于员工没有出资，其不仅不能获得剩余控制权和分配权，也不能获得企业的事业成就感。显然，股权激励的目的就是试图去填平劳动与出资之间的鸿沟。公司的本质决定了股东可以将其部分股权及其股权权能分享给员工，目的仅为激励员工的工作积极性和责任感，而不是将股东所有的权利无偿或低价让渡给员工。因此，员工身份决定其不能直接持股。其二，激励员工重在财务目的，而不看重治理参与。合伙人相对稳定，而员工的流动性更强；合伙人比激励员工对公司更为忠诚；合伙人比员工对企业更有长期事业心，员工获得激励的主要目的是经济利益；合伙人会参与公司治理，其股权的投票权的应有功能更强，而激励员工一般不参与公司治理。其三，股权激励的对象人数一般较多，这使得在法律层面，企业难以实现将每个激励对象记载于股东名册。因为每一个员工都成为直接股东的话，必然会扩大公司的股东人数，结果是要么违反法律规定（我国有限责任公司股东人数不超过50人，股份有限公司人数不超过200人），要么难以组织公司股东会（股东会和董事会均为委员会制度，人数较多，不利于决策）。为此，法律不得不介入，我国修改后的《证券法》，将员工持股计划视为一个股东，就是为了解决此问题（激励人数众多的持股问题）。

间接持股的股份代持。这是一种介于直接持股与平台持股之间的持股方式。股权激励中的股份代持是大股东与员工之间的代持关系，不同于合伙人关系中的大股东与小股东之间的代持。这种代持的特点是：在代持权利上，是最消极的一种代持，即激励对象只享有分红或增值权利，也就是激励对象只享有财产权利，而不能享有身份权利。

### 2. 传统持股平台：工会和职工持股会持股

自股权激励开始至今，依其合法性差别，员工持股平台先后经历了早期合法性质疑的工会持股阶段和现在合法的有限合伙与有限责任公司持股阶段。如第6章描述华为虚拟受限股模式中，华为股权结构显示：华为投资控股有限公司工会委员会是华为绝对大股东。华为员工持股的平台是工会。工会和职工持股会作为持股平台仅是历史产物，是员工持股规范探索期的结果。在《公司法》生效后，如何解决公司内部员工持股平台，当时的法律并没有提供合法可用的组织形式。深圳等地探索工会和职工持股会形式代为持有员工所获股权。但在2000年7月，民政部办公厅发布的《关于暂停对企业内部职工持股会进行社团法人登记的函》（民办函〔2000〕110号）明确规定了对企业内部职工持股会不再进行社团法人登记。2000年12月，《中国证监会关于职工持股会及工会能否作为上市公司股东的复函》（法律部〔2000〕24号）中明确规定，不允许职工持股会或工会持有公司股份。至此，否定了工会和职工持股会的合法性。对于不需要上市的工会代持现象，国家政策一直鼓励企业工会不再代持，还原工会原有群众组织性质。华为工会持股是一个历史遗留问题，华为也因此被国外研究者质疑其持股性质。《中华人民共和国工会法》修改后新成立的公司，无论国有企业还是民营企业，均不存在工会持股的可能性，企业登记部门对此已经严格禁止。

### 3. 两种持股平台

在2006年《中华人民共和国合伙企业法》修改之前，激励企业一般都选有限责任公司作为激励持股平台。在该法新增有限合伙企业之后，有限合伙企业成为目前最流行的持股平台，尽管也有部分企业继续选择有限责任公司作为持股平台。

有限责任公司和有限合伙企业的法律差别：其一，企业类型之别。有限责任公司属于法人企业，其具有民事权利能力和行为能力，可以在法律上拥有自己的财产，并对其债务承担独立的法律责任。有限合伙企业属于非法人企业，不具备独立的法人资格，其权利和义务通常受到一定的限制。其二，责任不同。这是企业类型和性质差别中最为重要的一点。有限责任公司及其股东承担有限责任，即企业以其注册资本总额为限对外承担债务，股东以其出资额为限对公司承担出资责任。有限合伙企业中，有限合伙人以其出资额为限承担有限责任，而普通合伙人则对合伙企业债务承担无限责任。其三，人数之别。尽管总数都可以达到50人，但有限责任公司可以是一人股东，即一人有限责任公司。有限合伙企业属于合伙企业的一种，必须有两人及以上，才可称为合伙。所以，《中华人民共和国合伙企业法》规定：有限合伙企业由二个以上五十个以下合伙人设立，且至少有一名普通合伙人。两个主要持股平台的法律比较如表7-5所示。

表7-5 两个主要持股平台的法律比较

| | 有限责任公司 | 有限合伙企业 |
| --- | --- | --- |
| 企业类型 | 法人企业 | 非法人企业 |
| 人数限制 | 1～50人 | 2～50人 |
| 责任 | 公司以注册资本为限对公司债务承担责任，股东以出资额为限对公司承担出资责任。 | 普通合伙人承担无限责任，有限合伙人以出资额为限，承担有限责任 |

以上区别是法律意义上的，难以说明二者作为持股平台的优劣。税务和可控性才是有限合伙企业胜出的主因。其一，有限合伙企业具有税负优势。如采用有限责任公司形式，激励对象想要拿到激励收益需要承担两层税负：由于作为持股平台的有限责任公司是公司的股东，其首先需要从公司中分得利润，此时需要缴纳企业所得税25%，然后，该平台有限责任公司再把红利分给每一个持股人，此环节持股人需要再缴纳所得金额20%的个人所得税。而有限合伙企业采用合伙企业的税务原则，作为持股平台的有限合伙企业作为公司股东，从公司分得利润时不需要缴纳企业所得税，而是一步到位，直接分给持股人，此时持股人只需要缴纳20%的个人所得税即可。其二，有限合伙企业具有控制优势。由于有限责任公司奉行"股权平等""股东平等"原则，尽管持股有大小，但如第4章阐述过的小股东表决权的反控制或控制价值那样，虽然持股员工个人持股数量少，但如果持股员工联合起来，则可以形成对企业家股东的挑战，进而对公司控制和治理造成潜在影响。而有限合伙企业有利于企业家股东对持股对象的控制，因为虽然有合伙人大会来对有限合伙企业重大事情进行表决，但法定的执行事务权利却被企业家股东所控制。《中华人民共和国合伙企业法》第六十七条规定：有限合伙企业由普通合伙人执行合伙事务。控制了日常事务执行权就等于控制了有限合伙企业。表7-6展示了有限责任公司与有限合伙企业的持股优劣比较。

表 7-6　有限责任公司与有限合伙企业的持股优劣比较

| | 有限责任公司 | 有限合伙企业 |
|---|---|---|
| 税负 | 双重税：企业所得税 25%+ 个人所得税 20% | 单层税：仅合伙人缴纳 20% 的个人所得税，合伙企业不纳税 |
| 控制 | 股东身份平等，用股权"说话" | 大股东或其代表在自己控制的有限责任公司做普通合伙人，然后再指定大股东做执行事务代表，控制合伙企业，再让激励对象做有限合伙人，仅享财产性权益，不参与合伙事务 |

除有限责任公司和有限合伙企业外，上市公司和国有企业员工持股平台还包括信托计划和资产管理计划等。

### 7.4.3　退出机制

如果说股权激励的对象、时间、条件和价格等要素都是站在"入口"来建构激励方案的话，退出机制就是在构建激励失败的"出口"。没有任何一个激励方案会绝对成功，所以，约定激励失败时的救济措施就显得尤为重要。中小创企业的企业家股东，在制定激励方案时都会特别关注退出机制的细节。

**1. 退出机制的重要性**

股权激励方案中的退出机制与第 3 章合伙人制度中的退出机制，在原理和原则上是相同的，在细节上也有可借鉴之处。

无论是设计合伙人制度，还是股权激励方案，退出机制都是重点之一。之所以如此，原因在于以下两点。

其一，退出机制设置不好，容易引起激励纠纷。创业企业在设置上述两个方案时，往往将注意力集中在权利分配上，从而忽视了双方不合作时的解决方案。2024 年 9 月 3 日，以"股权激励"为检索词，在"中国裁判网"上检索到 6 129 个裁判文件；以"员工持股"为检索词，发现有 7 257 个裁判文件，这些案件大多是由于退出机制设置原因所导致的。作为新兴商事纠纷和股权纠纷，股权激励纠纷越来越值得重视，尤其是从企业角度更需如此，因为不能把一个好事（激励）办成坏事（纠纷）。

其二，"有进有出"才能达到激励目的：如果不设置退出机制，从员工角度来看，"有进无出"容易让激励对象觉得激励是骗局；从企业角度来看，如果没有退出机制，则容易引起股权激励纠纷，会给企业家和企业带来复杂的股权诉讼，影响企业的健康发展。因而，激励方案中的退出机制是激励方案的"命门"！

**2. 激励对象的退出条件**

合伙人退出和激励对象退出的区别。股权激励方案中的退出与第 3 章合伙人制度中的退出在性质上有些许差别，表现为：由于合伙人与大股东关系紧密，同属于创业者，也承受了事业发展的风险，因此，其退出价格相对较高，退出条件和程序并不严格。激励对象则不同，其与企业家关系并不紧密，距离较远，并且因为岗位和职位的原因，相对处于不平等地位，也没有承担企业发展中的风险，所以，其退出价格相对较低，获益有限，退出条件和程序也较为严格。合伙人与激励对象的退出机制比较如表 7-7 所示。

表 7-7  合伙人与激励对象的退出机制比较

|  | 合伙人退出 | 激励对象退出 |
| --- | --- | --- |
| 与大股东关系 | 平等关系（"老大"与"小弟"） | 不平等（激励与被激励） |
| 风险承担 | 较高风险 | 较低风险 |
| 退出价格 | 较高 | 较低 |
| 退出条件 | 不严格 | 严格 |

根据必须退出的程度和必要性，退出条件可以分为两种。

第一种是绝对退出条件，是指如果完成下列条件，激励对象就必须退出，该等条件包括：其一，激励对象主动辞职或擅自离职、或劳动合同到期后拒绝与公司续签合同，此为激励对象的主动退出。股权激励的前提条件是员工身份，而劳动关系是确立员工身份的法律标志，失去激励身份，自然就必须退出。其二，激励对象因违反法律法规、公司规章制度被公司解除劳动合同的，理由同上。其三，激励对象因重大过错等原因被降职、降级的，前两个条件导致全部退出，而本条件下激励对象则是部分退出，理由是坚守"股随岗走"原则。其四，激励对象触犯法律法规被追究刑事责任的，之所以如此，是因为触犯刑法会导致解除劳动关系。其五，激励对象违反职业道德、泄露公司机密、失职或渎职等行为损害公司利益或声誉的，此等行为可以导致激励对象因严重违反公司规章制度，而被合法解除劳动关系。

第二种是相对退出条件，核心就是本章讲述过的行权条件，即满足激励条件中的业绩条件和个人考核结果，通过行权获得激励收益，然后退出激励。当然，行权退出时往往也不会一次性或全部退出，如前文所述，都是分次分批退出的，将公司业绩、个人业绩或个人考核结果作为退出条件。

### 3. 退出价格

退出价格是退出机制中的关键点。退出价格设置的合理性与否决定了退出机制的成败。退出价格主要是由退出原因（退出条件）所决定的。退出原因包括：激励对象的无过错原因退出、重大过错原因退出，以及非过失退出。

上市公司的退出价格是最清晰的。国有企业对退出价格规定得比较严格，其中《关于国有控股混合所有制企业开展员工持股试点的意见》规定：持股员工因辞职、调离、退休、死亡或被解雇等原因离开本公司的，应在 12 个月内将所持股份进行内部转让。转让给持股平台、符合条件的员工或非公有资本股东的，转让价格由双方协商确定；转让给国有股东的，转让价格不得高于上一年度经审计的每股净资产值。

对于非上市的创业企业，退出价格遵循一个原则：激励对象过错越大，退出价格越低，反之亦然。创业公司退出价格的参考依据为出资价格和净资产价格。最后的退出价格以这两个价格为主，以评估价格为辅。另外，退出价格关联的问题就是退出方式，常见的退出方式是回购与转让。所以，创业公司在设计退出机制时，不光要重点关注退出价格，也要解决"退给谁"的问题。一般由持股平台回购，由企业家股东（大股东）或其指定的人受让。

创业公司的退出价格与退出原因之间的关系是：其一，如果激励对象是主动辞职、不续签劳动合同，甚至是擅自离职的，由于并未对公司造成直接的较大伤害，因此，退出价格的原则是给激励对象较高的收益。退出发生在锁定期内的，退出价格是在出资成本、出资成本加银行同期利息（如果出资对象出资）和最近一期经审计的净资产之间进行选择，选其高者给激励对象，目的是不让激励对象吃亏。如果退出发生在锁定期结束后（意味着完成了基本义务），如果企业已上市，则按资本市场规则办理；如果企业未上市而需要退出的，退出价格同上处理。其二，如果激励对象对公司有重大过错的，如被解除劳动的、被降级、被刑事处罚的等，那么退出价格采用惩罚原则。在出资成本或最近一期经审计的净资产或评估价格（融资价格的 5 折或 3 折）之间选择价低者，目的是不能让激励对象从错误行为中获益。其三，如果激励对象因业绩未达成或职务下降，导致岗位调整，需要部分退出的，对已经获得的部分由大股东或有限合伙企业受让，价格应该是成本价，这样既不会让其损失，也不让其获益。

### 7.4.4 异动与争议解决

异动与争议解决是"出口"的"出口"，意在解决退出机制中的特殊情况和法律技术问题。

**1. 异动**

所谓异动是指非激励员工自身原因导致的股权激励变更的情形，这些情形会在退出机制约定中出现。虽然异动情形出现的概率不高，但它在现实中确实也会发生，从逻辑上来说，也是激励方案中不能缺少的内容。在这些特殊的退出情形中，由于非激励员工的错误，其退出具有价格以宽容为主，不能有惩罚的色彩。

表 7-8 是四种常见异动情形及其退出处理。

表 7-8 四种常见异动情形及其退出处理

| 异动情形 | 退出处理 |
| --- | --- |
| 退休 | 对创业公司来讲，激励员工的退休是一件可以预见的事情，原则上，可以对临近退休的员工不进行股权激励；如果需要进行股权激励，可以设置较为宽松的退出条件，比如退休之前的激励利益（财产利益）在退休后，可以继续保留，但不参与公司治理 |
| 丧失劳动能力 | 这里的丧失劳动能力是指因为执行职务负伤而丧失劳动能力，其已经获得的股权激励权益应该保留，至于未获得的是否继续，每个企业可以根据企业文化决定 |

（续）

| 异动情形 | 退出处理 |
| --- | --- |
| 死亡 | 死亡之前的激励利益应该保留；对死亡引起的继承进行限制，只继承财产权益，不能获得激励身份，必须将其获得的激励权益转让给有限合伙的执行人，退出价格可以是死亡时的评估值或净资产或激励价格中最高的一个 |
| 离婚 | 根据司法判例和公司法，夫妻对财产具有同等法律地位，除非夫妻协议确定，否则，原则上离婚后，持有人配偶只享有股权的财产权利，不能享有身份权利。创业企业的股权激励方案可对此约定 |

**2. 争议解决**

股权激励方案是一个民事协议，其争议解决和管辖问题与一般民事纠纷并无二致。以下仲裁和诉讼方式及其选择，是平时民事诉讼常用的解决方式。

其一，任何因激励计划而引起的争议，各方应通过友好协商解决。如争议发生后30日内未能通过协商解决争议，则任何一方可将争议向仲裁机构提出仲裁申请，并按其仲裁程序和规则进行仲裁。仲裁结果为终局裁决，对签约各方均有约束力。

其二，因激励计划发生争议，本着友好协商的原则，由公司和激励对象进行协商解决；公司和激励对象不愿通过协调解决或者协调不成的，任何一方可向仲裁机构申请仲裁，或者直接依照相关法律法规向人民法院进行起诉。

## ◆ 本章小结

1. 股权激励的目的应该是正当的，防止任何试图通过股权激励进行非法融资或"套牢"员工的不当行为。
2. 规范的或法定的股权激励模式主要是上市公司采用的股票期权和限制性股票。其他股权激励模式多是在对这两种典型激励模式改造基础上产生的。
3. 中小企业可以在合法的前提下，探索具有企业自身特色的激励模式，因为其他企业的激励模式不一定适用。
4. 公司给予激励对象的应该是股数，而不是比例，但公司给予合伙人的股权应该是比例，而不是股数。
5. 激励价格应该以公司净资产为基础来确定，尽量不要溢价。
6. 有限合伙企业是我国目前最为流行的持股平台，其具有明显的税负优势和控制优势。
7. 退出机制是股权激励方案中最为关键的一个环节，必须认真对待。

## ◆ 批判性思考

1. 传统行业适合进行股权激励吗？
2. 股权激励法律纠纷是一个劳动法律纠纷，还是一个公司法律纠纷？
3. 需要制定《股权激励法》或《股权激励条例》等类似法律法规吗？

# 参考文献
## REFERENCE

［1］李建伟. 公司制度、公司治理与公司管理：法律在公司管理中的地位与作用［M］. 北京：人民法院出版社，2005.

［2］费方域. 企业的产权分析［M］. 上海：上海三联书店，1998.

［3］吴淑琨，席酉民. 公司治理与中国企业改革［M］. 北京：机械工业出版社，2001.

［4］李维安，郝臣，崔光耀，等. 公司治理研究40年：脉络与展望［J］. 外国经济与管理，2019，41（12）：161-185.

［5］宁向东. 公司治理理论［M］. 北京：中国发展出版社，2005.

［6］刘有贵，蒋年云. 委托代理理论述评［J］. 学术界，2006（1）：69-78.

［7］汪青松，赵万一. 股份公司内部权力配置的结构性变革：以股东"同质化"假定到"异质化"现实的演进为视角［J］. 现代法学，2011，33（5）：32-42.

［8］陈建波. 中小企业界定标准：国际比较与中国实践［J］. 多层次资本市场研究，2021（1）：49-62.

［9］爱迪思. 企业生命周期［M］. 王玥，译. 北京：中国人民大学出版社，2017.

［10］李作战. 从美国中小企业管理局的战略定位看小企业帮扶体系的构建［J］. 投资与创业，2023，34（6）：155-158.

［11］施天涛. 公司法论［M］. 4版. 北京：法律出版社，2018.

［12］郑指梁. 合伙人制度：中小企业股权设计与资本规划［M］. 北京：清华大学出版社，2022.

［13］柏拉图. 理想国［M］. 郭斌和，张竹明，译. 北京：商务印书馆，1986.

［14］张维迎，盛斌. 企业家：经济增长的国王［M］. 上海：上海人民出版社，2014.

［15］北京大成律师事务所，北京市律师协会风险投资委员会. 美国风险投资示范合同［M］. 北京：法律出版社，2006.

［16］卓雄华，俞桂莲. 股动人心：华为奋斗者股权激励［M］. 北京：中信出版社，2022.